本书为中国博士后科学基金第 70 批面上资助项目"社会资本对疫情期间社区居民防疫与健康的影响"（批准号：2021M701364）的阶段性成果

桂子山社会学论丛

Subject, Context, and Time

Impacts of Social Capital on
the Health of Chinese Residents

主体、情境与时间

社会资本对

中国居民健康的影响

姜俊丰 | 著

社会科学文献出版社
SOCIAL SCIENCES ACADEMIC PRESS (CHINA)

目　录

第 1 章　社会资本与健康：理论视角及其扩展

1.1　研究背景

健康与长寿是人类社会的永恒追求目标之一，从上古时期的神农尝百草传说，到当前新冠病毒肆虐背景下人们奋力抵抗疫情，人们对健康的追求贯穿了整个人类社会发展史。然而，人们身心健康发展的决定因素纷繁复杂，并且社会现代化发展本身也产生了诸多影响健康的因素，这也成为研究者在该领域内孜孜以求不断探索的原动力。自 Engel（1977）提出"生理－心理－社会"的现代医学模式以来，越来越多的研究者和政策制定者开始强调社会因素对于健康的关键作用，认为社会因素对于健康的影响远大于个体生物或基因及心理因素（Marmot，2005；Braveman et al.，2011；唐钧、李军，2019）。基于这一新型医学模式，医学社会学、健康经济学、社会流行病学等分支学科在近几十年间蓬勃发展，这也从侧面反映出人们对健康社会决定因素的日益关注。

健康社会决定因素既包括宏观与中观社会环境，又包括微观社会行为以及其他形形色色的非生物因素，其中，社会资本是一个重要且特殊的健康社会决定因素。社会资本的重要性在于其内生于人的社会性本质，即社会联系之中。人的社会性本质决定了个体需要与社会和群体产生联系（吉登斯，2013），而这一联系恰恰是社会资本产生的源头。社会资本的特殊性在于它不是单独存在于个体之中，而是存在于个体之间的联系之中，无法超脱（Bourdieu，1986；Coleman，1988；Lin，2001）。自身与他者相联系使得他者拥有的或者因联系而产生的社会资源可为自身所用。上述资源既可能是他者所拥有的物质或地位等工具性资源（如金钱等），也可能是他者所拥有的表达性资源（如情感支持等）（Lin，2001；Kawachi et al.，2008；赵延东，2008），还可能是由个体间的联系带来的、独立于个体而存在的突生的集体性资源（如社会规范等）（Coleman，1988；Putnam，1995a）。即使拥有者仅仅是占有而不去使用其社会资本，它也会成为一种象征性的符号性资源而产生影响。

在当前发展环境下，重新审视社会资本对于我国居民健康的作用是必要的。一方面，作为一个快速发展的中等收入国家以及人口最多的国家之一，我国居民健康问题吸引了诸多研究者和卫生政策制定者的关注。从疾病谱的视角来看，我国居民健康问题有如下两个重要特征：第一，作为发展中国家，我国居民依然面临各类新发传染病的威胁，且其多发于我国农村地区以及中西部欠发达地区；第二，随着我国社会经济的快速发展以及老龄社会的加速到来，慢性病逐渐成为我国居民健康的主要威胁。当然，健康在内涵和外延上远比疾病要更加丰富宽广，我国居民健康状况甚至健康的内涵本身深受现代化过程的影响。在经济尚不发达的情况下，上述趋势的加速发展极大地增加了我国居民的生活负担。在社会现代化、人口快速老龄化（胡湛、彭希哲，2018）、疾病谱从传染性疾病向慢性非传染性疾病转变的背景下（Vos et al.，2017；余成普，2019），社会决定因素而非生理性因素成为进一步提高中国居民健康水平的关键因素和制定与实施相关干预措施的主要出发点。我国政府也高度关注人口健康问题，并提出"健康中国2030"等一系列健康战略及政策，强调各类社会因素对于健康的关键作用（李斌，2017）。

另一方面，我国近几十年来社会经济发展迅速，同时伴随着城镇化的浪潮，而这一过程中伴随着农村人成为城市人的角色转变，大量农村人在经历反复的"进城—返乡"迁移后最终成为常住在城市的城市人（夏柱智、贺雪峰，2017），而这一过程实际上瓦解了农村人基于地缘而形成的、相对稳定的社会人际关系网。大量研究表明，这种快速现代化的发展模式会带来社会的原子化危机，即人与人之间的关系越发疏离，个人与周围人之间的人际联系变得越来越弱（西美尔，2001；田毅鹏，2009；周晓虹等，2017）。而社会资本恰恰是根植于这种稳定的社会人际联系之中的，社会原子化可能造成社会资本整体的式微或者表现形式发生转变（Jiang and Kang, 2019），对社会资本的重视本质上是对现代化背景下社会关系疏离的一种反思。关于社会资本健康效应的研究在过去几十年来不断增加，同时也出现了越来越多针对该议题的综述性研究（Murayama et al., 2012a; Moore and Kawachi, 2017; Villalonga-Olives et al., 2018; Xue et al., 2020），这直接反映了人们对于这一健康社会决定因素的长期关注，同时也间接映射出研究者对当前社会原子化现象所做出的一种反思。

诚然，目前关于社会资本与健康关系的研究文献已经相当丰富，但社会资本的一些固有属性决定了以下一些问题值得关注。第一，社会资本带有一定的文化色彩，因为人际联系及互动模式是嵌入地方性文化规范之中的，且其内涵也会随着时代的发展而不断自我丰富。由于最初的社会资本理论缘起于西方资本主义文化，因此其在我国的文化适用性还有待探讨，直接照搬西方的概念和操作化方式而不考虑我国国情的做法是不恰当的。目前来看，社会资本的概念和测量框架都有本土化和完善的空间，例如，在社会资本概念中融入具有共享性特征的家庭元素等。此外，时代的发展赋予了社会资本新的表现形式和内涵，其突出体现之一便是互联网的发展所带来的人们日常社会交往方式的变革（Dang, 2021），因此新时代下还需要关注这种新的社会资本形式。第二，一些研究表明，我国城乡居民的社会资本内涵和存量存在较大差异（胡荣、胡康，2008; Meng and Chen, 2014; Wang et al., 2019），这在很大程度上取决于城乡文化及社会经济发展结构和水平的差异（Zhang and Jiang, 2019），另外在长期存在的社会性别分工文化影响下，男女社会互动网络具有结构性差异，也可能导致社会资本在内涵、存量及健康效果方面的性别差异。因此，研究者在探讨社会资本的健康效应时需要使用合适的测量方式去更好地捕捉不同性别和城乡间社会资本的合理内核，研究社会资本健康效应的性别与城乡差异以及其他潜在的群组差异。第三，社会资本内生于人的社会生活之中，社会资本的形成和积累内生于个人选择和社会构建之中，这使得社会资本健康效应的因果性存在争议且不易从实证层面进行辨析。常见的反向因果证据是，身体健康及积极乐观的心理状态增加了社会互动及社会网络构建的可能性（Rocco et al., 2014; Arezzo and Giudici, 2017b），这增加了我们分离社会资本健康效应的难度。因此，社会资本对健康的因果效应的检定还需要恰当的研究理念、设计及方法等。第四，社会资本与健康都是贯穿个人生命历程的固有属性，因此社会资本影响健康的过程具有时间性特征，其不仅包括早年生命阶段的社会资本对生命后期健康的持续性影响，还包括社会发展背景下社会资本对健康的时间异质性影响，这使得时间维度下社会资本健康效应具有复杂性。因此，研究者应当基于时间维度进一步扩展社会资本与健康研究的相关理论视角，由此贡献新的知识图式。这些正是本书的出发点及尝试解决的核心问题。

1.2　社会资本：概念化与操作化

本书试图扩展已有的社会资本操作化框架，继而在新的操作化框架下探讨社会资本对健康的因果性影响。因此，首先对社会资本已有的概念化和操作化知识进行系统的梳理是十分必要的，这也为后续提出新的测量框架提供理论知识基础。

1.2.1　社会资本的理论缘起及概念

目前认为，社会资本的理论起点可追溯至涂尔干的"集体意识"研究和齐美尔关于"信任"及"互惠交换"的研究（方然，2014）。涂尔干指出，社会是不依赖具体个体而存在的、相对独立的突生现实，而集体意识则是将个体整合在一起构成社会的关键（涂尔干，2000），集体意识的缺乏会造成社会整合度低，从而带来如自杀、犯罪等不良社会后果（迪尔凯姆，1996）。齐美尔使用广义上的社会互动或交往指代社会本身，并认为人与人之间的互动构成并整合了社会（西美尔，2002a），这与更早的马克思提出的社会联系是人的本质有异曲同工之妙。齐美尔认为，社会交换是社会整合与团结的前提条件，而交换具有互惠性；互动和互惠交换过程为信任奠定了基础，后者同样是社会整合的重要条件，即较多的社会信任带来较高的社会整合度，而普遍信任的缺乏会造成现代社会的瓦解（西美尔，2002b）。

基于上述社会学理论传统，社会资本最早也由社会学家给出相对明确的界定，布迪厄（Bourdieu）和科尔曼（Coleman）被视作社会资本理论研究的先驱。Bourdieu（1986）将社会资本定义为"实际的或潜在的资源集合体，这些资源同某些持续的网络占据是密不可分的"，即社会资本是个体通过和他人相联系而建构的资源（Kawachi et al.，2008），这本质上是从社会网络视角出发来定义社会资本的。不同的是，Coleman（1988，1990）更多地借鉴经济社会学领域的成果，认为社会资本是"社会结构资源作为个人拥有的资本财产，其由构成社会结构的各要素组成，并为结构内部的个体行为提供便利"，更加关注从群体层面和社会整合视角去理解和定义社会资本，这与布迪厄关注个体或微观层面的社会资本形成鲜明对比。

　　然而，在公共卫生领域，社会整合视角下的社会资本定义应用更加广泛，这在很大程度上源于普特南（Putnam）对社会资本的一系列影响深远的研究。在关于意大利和美国民主政治的研究中，Putnam（1993）开创性地将社会资本引入政治学领域，认为社会资本是产生于个体但超越个体的社会组织的特征，是个体在参与社会的过程中产生的、有助于社会整合的公民精神。此外，Putnam（1995a，1996，2000）还区分了社会资本的信任、规范及社会网络维度，区分了结构型和认知型社会资本，以及结型和桥型社会资本。普特南关于社会资本的界定及操作化强调社区组织的社会整合作用，因此被称为社群主义的（Moore et al.，2005；Kawachi et al.，2008），对后来的社会资本与健康研究影响深远。

　　至此，社会网络流派和社会整合流派初步形成，后来关于社会资本的界定基本没有明显超出此范畴。社会网络流派的其他代表人物包括伯特（Burt）、波茨（Portes）、林南（Lin）等。Burt（1992）将社会资本定义为通过社会网络获取社会资源（包括经济资本、人力资本）的能力或机会，并反对将象征社会整合的认同与归属感视作社会资本。Portes（1998）认为，社会资本是个体在社会结构中获取稀缺社会资源的能力，来源于与网络中他者的关系，其既可能具有正功能又可能具有负功能。Lin（2001）则认为，社会资本是嵌入个体社会网络中的社会资源，信任及参与都以网络为基础，而工具价值或其目的性是社会资本的核心功能。

　　除了普特南外，社会整合流派的另一个代表人物是福山（Fukuyama）。

Fukuyama（1995）强调信任的作用，其将社会资本视为有助于个体之间合作互助的非正式社会规范与信任，认为以信任为代表的社会资本是经济繁荣发展不可或缺的文化因素。Fukuyama（1995）指出，我国社会是低信任度社会，因为我国社会强调家庭价值观，强调血缘关系，导致不同群体间的人难以产生信任，且由此导致社团组织发育受阻，这是我国社会资本与一些发达国家社会资本的重要区别之一。国内学者边燕杰（2004）总结认为，福山所提到的社会资本粗略而言可以等同于所谓的社会信任。

国内一些研究者在吸收借鉴已有成果的基础上，也尝试给出了适合中国国情的本土化社会资本定义。例如，边燕杰主要借鉴了布迪厄及林南的理论思想，认为社会资本以社会关系网络为存在形式，是蕴含在社会关系网络中的、可转移的资源，但其仅存在于非正式的私人关系网络中，而不能将正式的组织成员关系视作社会资本（边燕杰，2004）。与国外研究相比，国内关于社会资本本土化界定和测量的最重要特征在于对血缘和地缘关系的重视（张文宏等，1999；李煜，2001），这与我国传统文化观念及传统人际关系运作模式，如费孝通（2006）提出的"差序格局"人际关系模式等密切相关，体现出国内研究者进行社会资本本土化研究的尝试和努力。

1.2.2　社会资本的类型与测量

社会资本界定的模糊性与宽泛性在一定程度上导致了类型划分及严格测量上的困难（方然，2014；Engbers et al.，2017），因此被视为一个有争议的概念（Szreter and Woolcock，2004；Woolcock，2010）。一般认为，社会资本可以从信任、互惠规范、社会网络等维度进行具体测量。信任是建立在道德、习俗和制度基础上的，团体内成员对彼此常态、诚实、合作行为的一种信念和期待，即相信和期待他人能够按照合乎逻辑的、可预期且有益的方式开展行动（Fukuyama，1995；Falk and Kilpatrick，2000；Gilson，2003）；互惠规范是指日常生活中的利他主义规范及互助行为（Putnam，2001；Kawachi et al.，2008）；社会网络包括社会互动与社会参与，前者主要指日常生活中个人间的社会互动，而后者指社团组织或活动的参与，二者既有相似之处又相互区别（Putnam，1995a，1996）。

上述社会资本的核心成分被大多数研究者所认可。然而，在具体的操作过程中，研究者的出发点不同，针对各成分所使用的具体指标也不尽相同。此外，在具体测量过程中，研究者通常有好几种方式将社会资本进行重新归类，包括但不限于以下三种归类方式。

（1）个体与集体社会资本

个体与集体社会资本的划分直接反映了社会资本概念上的争议，即社会资本是个体属性的还是集体属性的。在 Bourdieu（1986）的社会资本理论中，社会资本更多地被视为个体属性的概念，是个体占有的、依托于个体社会网络的社会资源（Portes，1998）。不同的是，Coleman（1988）从社会/集体层面出发给出了社会资本的定义，认为社会资本是一种集体层面上的社会结构资源。在诸多社会资本理论和定义中，我们不难看出社会资本的归属层次之争。例如，Putnam（1995a，1996，2000）和 Fukuyama（1995）均认为社会资本是一个集体属性的概念，而 Burt（1992）及 Portes（1998）则支持社会资本是一个个体属性概念的观点。时至今日，社会资本到底属于个体还是集体仍然存在争议（Szreter and Woolcock，2004），但越来越多的研究者认识到社会资本更可能是一个个体和集体属性并存的概念，它们共同发挥着特定的社会功能（Lin，2001；Kawachi，2006），如影响个人健康。

（2）结型与桥型社会资本

Putnam（1995a，2000）指出，社会资本可以划分为两大类：结型社会资本和桥型社会资本。结型社会资本指同质性网络成员之间内向型的横向社会联系，一般包括与亲人、邻居、密友等亲密关系者之间的联系，它是一种能够帮助个体"维持下去"的强关系。相比而言，桥型社会资本则指异质性网络成员之间外向型的横向社会联系，一般包括与陌生人、普通社团成员、不太熟悉的人等一般关系者之间的联系，其可以被看作一种能够帮助个体"过得更好"的弱关系（Poortinga，2006a；Ferlander，2007；Kawachi et al.，2008，2013）。除此之外，一些人认为还应当区分出第三类社会资本——链型社会资本，其可以被视为一种特殊的桥型社会资本，指异质性的、存在权力或等级差异的垂直联系带来的社会资本（Woolcock，1998；Szreter，2002；Szreter and Woolcock，2004），突出正式的、组织化的等级权力（通常是政党）的重要性，反映出其政治维度内涵（Rubin，2016），因此政治维度要素（如政治行为及信任等）被视作测量链型社会资本的关键要素之一（Poortinga，2012；Cai，2017；Meijer and Syssner，2017；Jiang and Wang，2020a）。

结型-桥型社会资本的类型学划分对于分析我国居民健康意义重大。首先，我国传统文化强调血缘和地缘关系（费孝通，2006），这使得我国居民更可能对亲人、邻居等产生信任和互动关系，从而拥有较多的结型社会资本。一项关于普遍信任究竟属于什么信任的跨国研究显示，我国居民报告的普遍信任更多意味着亲密关系信任（Delhey et al.，2011），即更多表示结型社会资本。其次，我国长期存在的城乡二元结构使得城乡社会与文化结构存在一些根本性的差异。在现代化的浪潮中，乡村保留了更多的传统文化观念，社会网络的同质性依然较高，而城镇更多地受现代化和市场化文化的影响，个人社会网络的异质性特征更加明显，从而导致了城乡社会资本存量和类型的分化：城镇具有更高的桥型社会资本存量，而农村具有更高的结型社会资本存量（胡荣、胡康，2008；Meng and Chen，2014；Jiang and Kang，2019）。最后，需要注意的是，在我国当前城镇化与社会转型过程中，社会资本存在由结型向桥型转变的态势。桥型社会资本可以外显地表现为不同团体内成员之间的互动及信任关系，桥型社会资本的增加意味着原本不具有血缘和地缘关系的个体间的接触和互动增加了。例如，Jiang 和 Kang（2019）发现，2005～2015 年，我国城乡居民结型社会资本存量均有所下降，而桥型社会资本存量则都在上升，这恰恰与当前城镇化和社会转型带来的人口大规模流动趋势相一致。

（3）结构型与认知型社会资本

结构型社会资本指个体行动者在构建社会网络与关系时所需要的正式或非正式机会结构，而认知型社会资本则指个体主观认知中的信任、互惠规范等（Putnam，2002；Moore and Kawachi，2017）。前者属于客观范畴，后者属于主观范畴。一般来说，具体发生的客观性社会资本指标都属于结构型社会资本，如客观发生的社会互动和参与等，它们将个体相互联系在一起；而只依靠个体主观认知评估的社会资本指标都属于认知型社会资本，如主观认知的信任、态度及互惠规范等（Nyqvist et al.，2014）。

　　基于上述类型划分，研究者采用多种方式来捕捉和测量社会资本。对于社会资本的测量，问卷调查是当前获取社会资本信息的主流方法，目前已发表的文献主要通过问卷调查的方式来捕捉社会资本，研究社会资本与健康之间的联系。社会资本研究中使用最多的普遍信任指标在问卷中的设问一般是："总的来说，您觉得社会上的人是否可信？"针对特殊群体信任的设问一般涉及家人、朋友、亲戚、邻居、同学、同事、社团成员、干部、医生、陌生人等（参见中国综合社会调查、中国家庭追踪调查等大型调查的问卷）。针对互惠规范，问卷调查常常询问受访者帮助他人或接受他人帮助的频率，有时还会以日常生活中的具体帮助事例（如借米、借油、借工具及其他志愿行为等）为依托进行测量（Putnam，2001；林聚任等，2007），或者询问受访者感知到的、主观评价的社区内互助及规范程度（Cain et al.，2018）。针对组织或社团参与的设问一般为"您目前加入的社团有哪些？（其中社团一般包括娱乐、运动等兴趣类社团以及比较正式的组织如工会、政党、教会等）"，并询问受访者参与这些社团活动的频率如何（Wang et al.，2014）。针对个体社会网络，社会整合视角下的社会资本测量通常以询问受访者拥有的朋友数量及与周围各类人日常互动的频率的方式捕捉社交网络社会资本（Ke et al.，2019）。近年来，不少研究者开发出了一些信效度良好的社会资本量表，如 42 条目个体社会资本量表、16 条目个体社会资本量表（Chen et al.，2009；Wang et al.，2014）等，它们同样包含了上述核心设问，并促使社会资本测量朝着规范化的方向发展。

　　上述常见的在问卷调查中对社会资本的测量大多基于社会整合视角。相比而言，社会网络流派通常在问卷调查中使用提名法、职位生成法（Lin，2001）以及资源生成法（Van Der Gaag and Snijders，2005）等方法捕捉受访者的社交网络社会资本。提名法要求受访者给出最亲近的几个人的姓名及关系。职位生成法要求受访者提供与其联系密切的几个人的工作职务和社会位置，并基于此计算出个人社交网络的异质性、达高性、延展性等，其假设社会资源不均匀分布，且由工作职位及社会位置决定（Lin，2001）。相比而言，资源生成法则询问受访者是否能够通过社交网络关系获得具体的帮助，即询问受访者的网络关系中是否有人拥有某种具体的资源（如某种工具、某项技能等）（Van Der Gaag and Snijders，2005；Kawachi and Berkman，2014），这使得测量出的社会资本显得更加真实和具体。社会网络流派的这些测量方法在公共卫生领域使用较少，这在很大程度上源于其理论与操作化的复杂性以及研究范畴和层次过于微观。

然而，随着实证社会科学自然科学化趋势的蔓延，经济学等对实证方法严谨性要求较高的学科开始采用实验的方式来捕捉社会资本。实验者认为，常见调查中的社会资本测量方式存在较大误差，信任调查所获得的仅仅是受访者信任他人的信息而已，并不能反映受访者本身是否值得信任，因此需要通过实验的方式来捕捉信任信息（陈叶烽等，2010）。最经典的案例是 Glaeser 等（2000）所进行的信任实验，他们在搬运工之间的金钱传递实验中发现，普遍信任的态度与实际的信任行为无关，这一观点也被后来一些研究证实（Burks et al.，2003）。但其他一些经验证据显示，实验法与调查法得到的信任信息具有较高的一致性，二者都能够有效捕捉信任信息（Johnson and Mislin，2012）。

1.3 社会资本测量框架拓展：论主体与情境

前文详细回顾了社会资本的概念化与操作化，其涉及社会学、政治学和经济学等多门社会科学，构成了医学社会学或公共健康研究中社会资本与健康研究的基础之一。然而，健康研究中的社会资本测量还有许多未挖掘的词中之意，社会资本测量框架仍有进一步拓展的可能。接下来本书从另类视角出发来提出一个社会资本分类框架。

1.3.1 个人取向社会资本

个人取向社会资本，严格来说是围绕个人自身而直接产生和生效的社会资本，是当前社会资本与健康研究中最常用的社会资本测量取向，不论是普特南等倡导的社会整合视野下的社会资本还是布迪厄等主张的社会网络视野下的社会资本，其在操作化上基本都是个人取向的、以特定个人为中心构建起来的，主要通过测量个人信任感知、互惠规范、社会互动及网络特征等来捕捉个人感知到或个人直接参与其中的社会网络关系及嵌入关系中的社会资源、个人所拥有的社会资本规模及质量，以及个人与周围他人形成相对稳固的社会联系而带来的集体社会资本，因此可以称之为个人取向社会资本。经验调查中，研究者一般通过问卷询问受访者自己对他人的信任程度及自己与他人的社会交往情况，较少将这一测量延伸到家庭层面上的对外互动网络，即很少在操作化的过程中以家庭为基本单位向外扩展社会资本网络。此外，当前的社会资本还具有明显的现实情境特征，即主要衡量现实情境下的社会联系与社会资本，而很少去衡量和研究依托虚拟互联网世界而产生的互联网社会资本或线上社交社会资本。

1.3.2　家庭取向社会资本

从古至今，家庭一直是中国人的基本生产和生活单元，尤其是在我国"家本位"观念的影响下，家庭资源往往是家庭内部成员共享的。家庭虽然内嵌于私有制的结构中，但家庭内部是"共产主义"的（肖瑛，2020）。例如，对于劳动力市场中的"找关系"求职行为，个人既可以从自己的社交网络中寻找"关系资源"帮助达到找到工作的目的，也可以寻求家庭内其他成员的帮助，依赖其社交网络中亲密他者的"关系资源"来达到这一目的（陈云松，2020）。从已有文献来看，我国劳动力市场中的"找关系"求职行为大多依赖与自身家庭成员之间的这种强关系，并且这种强关系一直发挥着较强的作用，而多数来自发达国家的研究表明弱关系对个人求职的积极作用更强（陈云松，2020；边燕杰等，2012）。由此看来，家庭内成员间的社会资本是可以共享的，大多数情况下存在一种"不分你我"的共生关系，其能够成立的基本条件是基于血缘和姻缘关系形成的家庭关系是初级的、亲密的，以及我国独特的"家本位"的家庭文化等。

我们很容易就可以找到支持上述论点的多方证据。自20世纪以来，国内社会学与人口学研究者一直都十分关注家庭内的群体关系。费孝通（2006）的差序格局理论指出，个人关系网络以亲属关系尤其是家庭成员关系为主轴，自内向外社会关系由亲密变疏远，关系强度就像水波纹一样越来越弱。基于差序格局理论可知，家庭成员间的关系强度是最强的，绝大多数家庭成员之间存在近乎绝对的信任关系（Hu，2017），这使得家庭成员之间存在资源/信息互通与共享关系，这也是符合同质性原则的，即强关系与同质性关系促进了资源的共享（Lin，2001）。虽然差序格局理论是费孝通研究我国乡村关系结构时提出的，但其解释效力远远超出了我国乡村社会，诸多研究者将其视为中国人社会关系与社会资本研究最重要的理论基础（Hu，2017；Zhang and Jiang，2019）。实际上，一些实证研究也间接支持上述论点，例如，Bentolila 等（2010）以及陈云松（2020）在研究利用社会关系找工作的议题时，以年长的兄弟姐妹数量作为社会关系的工具变量，他们认为，兄弟姐妹数量越多，社会关系就越多，这就暗含着家庭内社会关系或者说社会资本的共享性；Hu（2017）则在开发信任半径测量工具时援引了关系强度理论，并假设和验证了我国家庭成员间具有极高强度的互信关系。

上述证据为家庭取向社会资本的存在提供了有力支持，即以家庭为单位去形成和构建社会资本是可能且符合认知的，家庭其他成员的社会资本以及以家庭整体为单位形成的社会资本是可以为家庭内特定个人所用的，可能发挥着与个人取向社会资本相似的作用。在我国"家本位"观念的情境下，家庭取向社会资本格外值得关注，在大多数情况下，一个家庭通常会举全家之力来帮助家庭内的成员达到某种目的，例如，托人找工作、找关系看病等（陈云松，2020）。一种最常见的测量方式是利用他人前来拜年的拜年网来测量社会资本，当拜年网的拜年行为没有特指个体自己时，拜年网就更可能反映了家庭整体层面的社会资本。不过，当前多数研究，包括边燕杰（2004）开发的经典社会资本测量工具，在利用拜年网测量社会资本时并没有区分"受访者前去拜年"和"他人前来拜年"（邹宇春等，2012），因而测量到的是一种模糊的家庭取向社会资本，即存在个人取向和家庭取向相混合的现象。一些研究中的拜年网实际上是通过"受访者前去拜年"来测量的，其仍反映了个人取向社会资本，"他人前来拜年"这一行为若只针对受访者个人，同样也只能够反映个人取向社会资本。此外，依托家庭的日常互动与互助行为也被一些研究者纳入了社会资本研究之中（林聚任等，2007），家庭整体日常生活中与周围亲友及邻居的互动行为是一种典型的以家庭为单位的行为，可以称之为家庭取向社会资本。不过，一些研究者使用家庭人情礼金支出来衡量社会资本（周广肃等，2014；乐章、梁航，2020），这实际在很大程度上可以反映家庭取向社会资本，因为人情支出通常是以家庭为单位的，包含在家庭支出预算之中，在我国农村家庭中尤其如此。在健康研究中，已有少数研究者开始关注这类家庭取向社会资本的研究价值，例如，梁玉成和鞠牛（2019）发现，当个体健康状况较差且社会资本存量不足时，拜年网规模的扩大能够显著促进个体健康。然而，这些零星的相关研究依然不够，并且它们并未在概念内涵上做出清晰的界定和解释，针对家庭取向社会资本需要更多更系统的研究。

需要注意的是，前面提及的家庭取向社会资本和已有研究中的家庭社会资本是不同的。家庭社会资本最早可追溯到布迪厄和科尔曼关于儿童成长的研究中，他们认为家庭社会资本可以帮助儿童利用家庭成员尤其是父母的人力资本资源（Bourdieu，1986；Coleman，1988）。在健康或教育相关的经验研究中，家庭社会资本通常指的是个人与家庭内其他成员的互动关系以及家庭内部的整合度等（Litwin and Stoeckel，2014；Alvarez et al.，2017；Ji et al.，2020；Li，2020），但经济学相关研究更倾向于将其视为家庭整体的社会经济地位特征（孔高文等，2017）。也就是说，家庭社会资本仍然是围绕家庭内部成员构建的一种家庭属性特征，并未涉及家庭外的群体成员，即并不反映家庭与家庭外其他个人或群体的联系。然而，本书要研究的家庭取向社会资本其实是家庭内其他成员的社会资本或者是以家庭为单位的家庭成员与外群体联系而形成的社会资本。

1.3.3　网络社交社会资本

在常见的社会资本研究中，社会资本的测量往往依赖于现实生活中个体间的社会参与、互动与交往以及由此产生的信任关系、互惠规范等。在此基础上，Putnam（1995a，1995b，1996，2002）关于近年来社会资本存量减少的系列研究及观点引发了众多研究者的讨论。一些研究者指出，普特南对社会资本的测量采用的一直是传统的、基于现实世界行为的指标（Portes，1998；Lin，1999），如社团参与及其他线下社交活动，以及信任、互惠规范等价值评判（现实社会资本、线下社会资本），而没有考虑附着在线上网络社会交往中的社会资本（虚拟社会资本，或网络社交社会资本/互联网社会资本/线上社会资本），但社交网站的发展很可能促使社会资本形式发生根本性的转变（Lin，1999，2001；Tian，2016）。由于社会资本可以被视作嵌入社会网络中或者说源于社会网络的社会资源，那么一切能够搭建社交关系网络的行为或状态都可能蕴含着社会资本。即使基于现实社会网络的社会资本存量减少了，但过去几十年间互联网的飞速发展，也可能促使社会资本以电子网络的形式不断发展（Lin，2001；Viswanath，2008），因为随着互联网及各类社交软件的普及，越来越多的个人通过虚拟网络构建和巩固自己的社交网络，并且也越来越依赖互联网来开展社会交往行动，这导致社会资本存量在整体上并未减少，反而可能随着互联网时代人们网络社交行为的增多而增加。有研究指出，社交网站使用与社会资本结局之间存在高度联系（Ellison et al.，2007；Tian，2016），网络社交是当前重要的社会关系构建及维持手段之一，因此嵌入网络社交中的社会资本是不能忽视的。

在当前互联网社交逐渐普及的背景下，以线上社会互动为代表的社会资本测量指标需要引起足够的重视，尤其是在健康研究领域，因为社交网站使用会伴随着久坐、屏幕使用等健康风险行为，可能产生消极健康效应，从而抵消其作为社会资本可能产生的积极健康效应。然而，已有相关研究很少谈及这种立足虚拟情境的社会资本类型对个人健康的影响，例如，梁玉成和鞠牛（2019）发现，微信社交的适度使用有助于提高中国居民自评健康得分；国外一些研究则指出，Facebook 等社交网站使用与较高的孤独感相联系，容易带来网瘾等不良心理健康后果（Song et al.，2014；Pontes，2017）。不过，网络社交社会资本的健康效应还需要更多探讨，如关系的因果性以及线下社会资本在其中所扮演的角色等。

本章暂时不去系统回顾和探讨家庭取向社会资本和基于互联网的网络社交社会资本与健康的关系，这些内容会在后续章节中有更多介绍。可以看出，最近几年，一些研究者开始注意到家庭取向社会资本和网络社交社会资本在健康研究中的重要性，但研究还十分匮乏（例如，梁玉成、鞠牛，2019），也没有得出较为公认的结果。据此，本书在立足现实情境的、个人取向的社会资本测量框架的基础上，考虑所依托的主体和互联网社交趋势，试图改进和拓展当前健康研究中的社会资本测量框架。这是本书在社会资本测量范式或分类框架上所力图做出的贡献。本书将该测量框架归纳如表 1-1 所示，其构成下文主要实证分析的基础性框架。

表 1 – 1　主体取向 – 虚实情境框架下的社会资本测量

	立足现实情境		立足虚拟网络
	认知型	结构型	
个人取向	个人层次的信任、互惠规范等	个人社会网络、社会参与等	个人线上社会互动等
家庭取向	家庭层次的信任、互惠规范等	家庭层次的现实性社会互动等	家庭层次的线上社会互动等

1.4　健康的概念与测量

在探讨了社会资本及其测量后，针对健康及其测量进行简单的探讨也是必要的，健康概念化和操作化的失误会导致社会资本与健康研究的偏误，更会导致国家健康发展评估和国民健康发展走入歧途，继而对居民健康产生不利影响。一般而言，健康理念的发展往往超前于实证研究中对健康概念的操作化。早在 1946 年，世界卫生组织就将健康表述为身体、心理和社会三者有机整合的状态，体现出健康的整体性和社会性。实际上，健康的概念和测量存在医学模式、心理学模式和社会学模式三种，第一种关注身体或生理功能层面的疾患，第二种关注心理层面的疾患，第三种关注社会层面的系列认知和行为功能（唐钧、李军，2019）。也就是说，在健康研究的早期，研究者通常从医学角度出发，将健康与没有伤病相等同。在心理学和社会学范式逐渐发展的情况下，健康的概念界定和测量也逐渐关注社会心理层面的、非伤病的方面，如社会适应等。当前，我国在健康中国战略中尤其强调"大卫生、大健康"和"将健康融入所有政策"的观念，这都强调了健康的内涵远超伤病，出现伤病只是个人不健康的其中一种表现形式，而促进健康则需要着眼于更多上游的社会性因素，在多个方面塑造健康的个人。不过，目前经验研究中健康的操作化指标基本还是重点关注身体和心理健康，即前两种健康概念和测量模式，很少有研究将身心健康之外的健康测量方式引入经验研究，这既是因为这种策略的理论化与操作化的难度较大，而且往往与很多其他概念杂糅，已有问卷调查等方式难以实现，同时也与大众思想观念发展尚没有达致上述理论高度有关。因此，已有经验研究中的健康测量以三方面为主：总体健康、身体健康、心理健康。

当前大部分健康研究使用单一指标的自评健康作为总体健康结局："总的来说，您觉得您的健康状况如何？"（例如，Meng and Chen，2014；Fiorillo and Sabatini，2015；孙博文等，2016；Glanville and Story，2018）该指标没有特指是身体健康还是心理健康。尽管自评健康被证实能够有效反映个体的真实健康水平（Idler and Benyamini，1997；齐亚强，2014），但它还会受个体自身所处的社会文化环境的影响（齐亚强，2014），可能缺乏人群间的可比性（Salomon et al.，2004）。

身体健康一般指生理机能正常、没有缺陷和疾病（唐钧、李军，2019），其测量方式既有主观的也有客观的。在社会资本与身体健康研究中，研究者使用的主观身体健康测量指标一般包括单条目的自评身体健康（韩雷等，2019）、SF36 中的身体健康维度（Zhang and Jiang，2019）、日常身体活动能力（Liu et al.，2016；Ke et al.，2019）等，而客观身体健康测量指标一般包括死亡率（Folland，2007）、患病状况（Ang，2018；Tegegne，2018）、预期寿命（Lee，2018）、健康预期寿命（Fouweather et al.，2015；焦开山，2018）、超重/肥胖（Ho，2016）等。

心理健康指个体心理的各个方面及活动过程处于一种良好或正常的状态（唐钧、李军，2019），其在概念上覆盖更广，测量方式也更加多元。在社会资本与心理健康研究中，抑郁最常被用来衡量和评估个人心理健康，研究者常用的心理健康指标包括量表式的自评心理健康，如流调中心抑郁量表（Center for Epidemiologic Studies Depression Scale，CESD）（Ang，2018；Wang et al.，2019）、复合性国际诊断访谈简表（Composite International Diagnostic Interview Short-Form，CIDI-SF）（Kessler et al.，1998）、6 条目凯斯勒心理障碍量表（6-item Kessler Psychological Distress Scale，K6）（Oshio，2016）以及单条目的抑郁指标（Jiang and Kang，2019）等。

基于此，本书同样从上述三个大维度出发，分别选择一个代表性指标来测量健康。总体健康采用最常用的自评健康进行测量，该指标简洁明了且具有最广泛的实证应用。身体健康采用两周患病变量进行测量，该指标相较于身体活动能力等测量指标更加适合一般成年人身体健康测量，且比主观感知性的身体健康指标（例如，询问受访者主观认知中的身体健康状况如何）具有更强的客观性。心理健康则采用抑郁水平作为主要评估维度，使用十分常用的流调中心抑郁量表（CESD）或单条目的抑郁指标进行测量，其中 CESD 量表在人口健康领域具有较广泛的实践应用（Jiang and Wang，2020b）。

1.5 理论基础：社会资本的健康机理及其扩展

前述 1.2 节和 1.3 节主要围绕社会资本的概念化和操作化进行回顾和探讨，这些无疑是社会资本理论的重要内容，此外，社会资本理论中同样强调了社会资本之于健康的重要作用。在华人学者林南关于社会资本理论的论述中，个人健康实际上是社会资本或社会联系带来的表达性回报之一（Lin，2001）。林南认为，社会位置决定了社会联系的结构，从而决定了社会资本的存量、性质以及个人对社会资本的动员能力，而这些又能够对个人身心健康产生重要影响，其中强关系、同质性社会资本的获取与使用往往对心理健康的影响更明显，而弱关系、异质性社会资本的获取与使用更可能带来身体健康方面的收益，这与社会联系所能够带来的社会支持性质及数量密切相关（Lin，2001）。

林南针对社会资本与健康的理论研究实际上也揭示了社会资本影响健康的理论路径之一，即社会支持路径。实际上，随着经验研究的不断丰富，越来越多的作用路径已得到澄清，从已有研究中可以大致总结出以下四条具体路径。第一，社会支持路径，即内生于社会网络的社会资本能够提供物质与情感支持，从而带来显著的身心健康收益（Berkman and Krishna，2014；Webster et al.，2015）。如果社会资本是嵌入社会网络中的社会资源（Lin，2001），或者意味着通过社会网络获取社会资源的能力与可能性（Portes，1998），那么社会资本发挥作用的主要途径之一便是获取作为重要社会资源的社会支持（Kawachi and Berkman，2014）。第二，生活方式路径，即社会资本能够增加个体在饮食、运动、睡眠等方面的健康行为，从而带来较好的自评健康、较低的抑郁水平以及更多心理幸福感（Xue and Cheng，2017；Boen et al.，2020）。第三，信息传播路径，即社会资本所固有的社会联系属性能够允许健康相关行为通过信息或行为规范的传递与扩散等方式在个体社会网络中传播（Kawachi and Berkman，2014；Xu and Jiang，2020）。例如，在一项经典的吸烟传播研究中，Christakis 和 Fowler

（2008）发现，个体戒烟的可能性会随周围朋友戒烟行为的增加和与戒烟朋友的亲密程度的增加而提高。第四，社会整合与控制路径，即社会或群体拥有较高的非正式社会控制和集体效能反映了其拥有较高的社会整合度，这有助于减少不良健康行为、保持群体内社会功能的良好运行（Kawachi and Berkman，2014）。经验证据同样显示，社会融合或整合是社会资本影响健康的重要中介路径，较高的社会整合能够充分动员群体成员，减少健康风险（王培刚、陈心广，2015）。

本章第3节已经针对社会资本测量框架本身进行了一个合理的拓展。更进一步，社会资本对健康的影响逻辑实际上还有诸多可拓展空间，即其他理论视角的进一步整合，其中尤其值得关注的便是生命历程视角的引入。生命历程理论源自20世纪中期社会人口学及流行病学等对队列或世代因素的关注，并在20世纪七八十年代后趋于成熟。无论是埃尔德范式还是科利范式，生命历程理论的一个核心关注点是时间的作用，强调制度化环境下的长期生命经历所带来的诸多社会后果，尤其是早年生命经历的持续性社会后果（Elder，1974；郑作彧、胡珊，2018）。在生命历程理论中，世代是一个制度性与个体性相耦合的因素，在相同的生命阶段经历相同的社会生活事件或生活于相似的制度环境中，必然会造就该群体内个人相似的行为与心理状态（Elder，1974）。社会资本及其对健康的影响不太可能是瞬时性和独立的，而更可能、更应该是累积性、持续性的，是制度性与环境性的，社会资本对个人健康的影响受制于社会资本的性质，而后者则受制于社会资本构建和发挥作用的生命阶段。例如，个人在学龄期所构建的社会联系，与初入工作场所时所构建的社会联系，以及作为工作骨干时所构建的社会联系，其性质和能够发挥的作用必然是不相同的。基于对制度性时间维度的关注，生命历程理论能够帮助我们更好地理解社会资本贯穿于整个生命历程中的持续性健康效应，以及该健康效应如何受外在条件的刺激和约束。

1.6　小结与全书内容概述

本章立足我国人口健康现状，简单介绍了当前开展社会资本与健康研究的必要性及理论依据，详细回顾了社会资本与健康这两个核心研究变量的概念及测量，并在最后简单地介绍全书布局和研究创新之处。作为一个重要的健康社会决定因素，社会资本存在于所有非孤立的个人和群体中，且可以进行有针对性的干预，因此其健康效应具有极大的研究价值，有助于我们从人的社会属性出发来提高居民健康水平。

本书共计 10 个章节。本章主要阐述研究背景，系统梳理社会资本与健康两个核心概念，并归纳出本书将要使用的社会资本测量框架。第 2 章首先介绍社会资本与健康研究的发展阶段及其中存在的内生性问题，并通过统计学的方式加以表达，随后针对社会资本与健康的因果关系经验研究进行系统的梳理回顾。第 3 章对本书将要使用的数据、变量以及系列方法设计进行详细而全面的介绍。第 4 章对社会资本与健康的状态、人群差异及发展趋势进行描述分析。第 5 章和第 6 章立足现实情境，分别探讨个人取向社会资本（以信任为例）和家庭取向社会资本（以社会交往为例）对我国居民身心健康的影响，以及这种影响的性别和城乡异质性。第 7 章立足社会资本在新时期的表现形式，即虚拟情境下的网络社交社会资本，探讨网络社交社会资本对不同健康结局的影响，并考察基于现实情境的社会资本存量对网络社交社会资本影响个人健康的调节作用。第 8 章将视角延伸至时间上，基于年龄、时期和队列三个时间维度，以个人取向社会资本中的信任为例，探讨社会资本影响居民健康的时间异质性问题。第 9 章同样基于生命历程视角，探讨早年同伴关系社会资本如何影响个人生命后期的抑郁状况。第 10 章对全书研究内容进行总结，并尝试提出一些政策建议，此外还对当前社会资本与健康研究中存在的问题及其未来发展方向进行进一步的探讨、反思和展望。

本书中的各个章节，尤其是核心分析章节是以内容为主线进行联系的，五个核心分析章节（第 5～9 章）在内容上既有并列关系又有递进关系。在研究个人取向社会资本和家庭取向社会资本这两种基于现实情境的社会资本时，研究重点关注整体上的健康效应和健康效应的性别与城乡差异这些相对传统的研究点，同时还分析了生命历程视角下个人取向社会资本对健康的累积性、长期性和时间异质性影响。此外，为了突出网络社交社会资本的特殊性，研究重点关注其与现实社会资本的交互作用如何影响个人健康，这在一定程度上增强了主要内容之间的递进性联系。具体如图 1－1 所示。

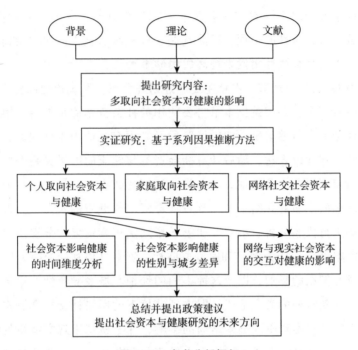

图 1－1　全书分析框架

　　总的来说，本书将会在以下四个具体的方面有所突破和创新。第一，在全面回顾社会资本与健康研究的基础上，尝试构建一个内涵更全、应用范围更广的社会资本测量框架，即基于主体和情境的社会资本分类图式，区分出个人取向社会资本、家庭取向社会资本及网络社交社会资本，并将其应用于健康研究之中。这在本章的第 4 小节已经明确提出，并会在后续章节应用于实证分析中。第二，在社会资本与健康因果关系研究依然匮乏但逐渐受到关注的背景下，本书基于上述新的社会资本测量框架，从经验角度出发来探讨社会资本对健康的因果性影响，采用多种因果推断方法开展研究以获得更加真实稳健的证据，有助于推动相关研究知识的更新和积累。本书第 2 章将会对因果推断中的内生性问题及社会资本与健康的因果关系研究进行详细梳理和介绍，并在后续实证章节中充分运用相关因果推断统计方法来估计各类社会资本的因果性健康效应。第三，本书较早对家庭取向社会资本和网络社交社会资本的健康效应进行深入探讨，补充了相关研究的薄弱之处，在接下来的实证研究中发现了家庭取向社会资本的"适量性"积极健康效应，以及网络社交社会资本与现实社会资本之间在影响个人健康的过程中所存在的互动关系，这些发现丰富和拓展了社会资本作用于个人健康的研究证据。第四，本书较早从时间维度出发来观察社会资本对个人健康可能存在的贯穿整个生命周期和生命历程的影响，以及这种持续性影响在时间维度上的异质性，这种全生命周期视角的引入是对社会资本与健康研究视角的另一种拓展。

第 *2* 章 社会资本与健康因果关系研究回顾

自 20 世纪末以来，社会科学研究者对社会资本与健康的研究越来越丰富（Kawachi et al.，1999；Poortinga，2006a；Giordano et al.，2012；Fiorillo and Sabatini，2015；Arezzo and Giudici，2017b；Zhang and Jiang，2019），其中普特南关于社会资本的测量策略在流行病学及医学社会学领域内被广泛应用（Ferlander，2007；Kawachi et al.，2008）。然而，关于社会资本与健康之间存在怎样的因果关系，已有研究并未给出令人满意的答案（Kawachi et al.，2013），这既因为因果关系的确定比较复杂困难，也因为研究者目前并没有对二者的因果关系进行充分探讨。最近的一篇综述文章指出，仅有不到 2% 的社会资本与健康研究注意到并尝试利用具有因果推断效力的统计分析方法去检验二者间的因果关系（Xue et al.，2020）。据此，我们首先需要了解社会资本与健康研究是如何发展到因果关系研究阶段的，明确为什么社会资本与健康之间的关系检定中存在内生性问题，并充分了解当前社会资本与健康因果关系研究已经发现和报告了什么样的结果。当然，更多的经验研究采用了非因果推断统计方法来研究社会资本的健康效应，其所得出的研究结果虽然同样具有参考价值，但相比而言，采用了因果推断统计方法的研究所得结果一般具有更高的可信度。据此，本章对社会资本健康效应的文献回顾部分主要关注后者。

2.1 社会资本与健康研究中的内生性问题

2.1.1 从相关到因果：社会资本与健康研究的发展阶段

社会资本与健康研究大致经历了三个阶段。第一阶段始于 20 世纪 70 ~

80 年代，重点关注单一层次的社会资本与健康之间的关联性（Berkman and Syme，1979；Kuo and Tsai，1986；Kawachi et al.，1997）。也就是说，在对社会资本概念本身给出明确定义之前，一些研究者就注意到了一些社会资本元素（如社会网络）对于健康的重要作用，尽管他们并未直呼其为"社会资本"。例如，来自美国的证据显示，社会孤立者的死亡率是社会互动频繁者的死亡率的 2 ~ 3 倍（Berkman and Syme，1979），且社会网络较少或社会关系不佳与较高的精神分裂及神经质可能性也存在联系（Hammer，1981；Henderson，1981）；同时，社会网络对心理健康的积极作用也受到了一些研究者的关注（Kuo and Tsai，1986）。尽管国内研究者结合我国实际国情开展了诸多相关研究，但当前国内很多社会资本与健康研究依然属于该范式（杨金东、胡荣，2016；潘泽泉，2019），可见国内相关经验研究在方法学范式上稍稍落后。

1999 年，Kawachi 发表于 *American Journal of Public Health* 的一篇研究文献首次使用多水平模型来探讨情境社会资本的健康效应，这标志着社会资本与健康研究开始进入第二阶段（探究和区分社会资本的个体效应和情境效应）。第二阶段重点关注社会资本作为社会环境或公共物品的集体属性，并使用多水平模型对不同层次社会资本与健康之间的关系进行探究（Kawachi et al.，1999；Poortinga，2006b；Meng and Chen，2014）。从 Kawachi 等（2008）的文献回顾来看，也是从那个时候开始，社会资本与健康的经验研究开始逐渐增加。虽然对社会资本情境效应的探讨直接来源于社会资本的情境性，在概念上具有无可争议的合法性，但已有研究的证据是混合的、不一致的。部分研究观察到情境社会资本与个体健康之间存在积极联系（Kawachi et al.，1999；Snelgrove et al.，2009；Haseda et al.，2018；Yamaguchi et al.，2019），但也有研究发现情境社会资本与健康并不相关甚至呈现消极联系（Murayama et al.，2012b；Zhang and Jiang，2019）。这种不一致和变量测量指标、情境层次、调查人群等诸多因素不无关系。目前，社会资本与健康的多水平研究依然是主流研究范式之一，国内也有不少研究者采用此研究范式对社会资本与健康进行了诸多有益的探讨（余慧等，2008；王友华，2015；温兴祥等，2017）。

社会资本作用于其他变量时所存在的内生性问题最早由 Mouw 于 2003

年提出，其关注社会资本对于找工作的影响（Mouw，2003）。在健康研究方面，Folland 于 2007 年发表在 *Social Science & Medicine* 上的一项关于美国州水平社会资本与死亡率的研究（排除个别样本规模极小的实验和调查研究）标志着社会资本与健康因果研究范式的出现。在该研究中，作者利用计量经济学中常用的工具变量法来探究社会资本对各类健康结局的因果效应（Folland，2007）。社会资本与健康研究的第三阶段即因果研究阶段，重点关注社会资本对健康的因果效应，使用计量经济学中比较常见的因果推断统计方法（以工具变量法和固定效应模型为主，其他计量方法为辅）或追踪数据及准实验设计，注意解决社会资本发挥健康效应时所存在的内生性问题（Giordano et al.，2012；Liu et al.，2016；Oshio，2016；Wang et al.，2019）。作为一个新兴的研究范式，中文文献中的社会资本与健康因果关系研究尚不多见，仅有 10 余篇文献对该问题进行了实证探讨（例如，米松华等，2016；孙博文等，2016；陆杰华等，2017），并且几乎都观察到了积极的社会资本健康效应。

2.1.2　为什么存在内生性？

在一般的回归模型中，研究者需要假设残差独立于模型中的解释变量（自变量），因为在理想状态下解释变量对因变量的解释力不应当残存于残差之中。然而，这一条件在现实中很难满足，即残差项与解释变量或多或少会存在关联性（残差非随机独立）。这就是内生性问题最直观的统计学表现，也就是说，内生性指模型中一个或多个解释变量与残差项或随机扰动项相关（Angrist and Krueger，2001；陈云松、范晓光，2010；陈云松，2012）。内生性的存在直接导致了因果关系检验和判断的困难，即研究者并不知道这种关系是否存在虚假性，也难以分辨是自变量影响了因变量还是因变量影响了自变量。当前社会统计学中的因果关系概念主要基于反事实框架（陈云松、范晓光，2010；胡安宁，2015），我们可以借助这一理论框架去理解为什么内生性会导致因果关系识别的失败。

以社会资本与健康研究为例，反事实框架需要观察同一时刻个体 A 在社会资本为高（m_1）和低（m_2）水平时健康水平是否存在实质性差异，以此判断社会资本是否影响健康。然而这实际上是不可能的，因为同一个体不可能在同一时间点上拥有两个不同的社会资本存量，这就是所谓的反事实（不可能存在的、与目前事实状况不同或相反的假设事实）。在社会资本与健康关系的研究中，内生性可能存在以下具体表现。

①遗漏变量。一个最常见的遗漏变量是性格。很显然，个人性格特质在一般社会调查中极少测量，且测量难度也很大，因此很少被纳入估计模型中加以控制。然而，性格会影响社会资本，外向型性格会增加社会互动，有助于社交网络构建，增加社会资本存量。性格也会影响健康，尤其是心理健康，乐观、外向型性格本身就意味着拥有更好的心理健康，或者会直接带来较好的心理健康（Arezzo and Giudici，2017b）。如此一来，性格这一遗漏变量的效应就会存在于模型残差之中（因为其未被纳入模型中加以控制），这就会导致残差与社会资本自变量不独立，影响到社会资本与健康之间的因果关系判断。

②选择性偏误。如果研究者想要探究使用社会资本是否能够带来健康收益，那么就需要比较使用和没使用两组人之间健康水平的差异。然而，不同特征个体使用社会资本的概率是不同的，社会经济地位高、社会资本丰富的个体更少使用社会资本，因为他们很少需要用到社会资本，凭自身经济和文化资本就能够处理绝大多数问题（陈云松、范晓光，2010），但他们本身可能拥有十分丰富的社会资本。如此，研究者就很难说其得出的是社会资本使用的因果效应。另一种情况是研究者在分析数据时的样本选择问题，即在探讨使用社会资本的多少对健康的影响时，研究者若仅对使用了社会资本的样本进行分析，忽略那些未使用社会资本的样本的话，也会造成社会资本与健康因果关系估计的失败。

③双向因果/联立偏误。社会资本理论认为社会资本可以增加社会支持、提高社会整合度、传播健康信息、增加健康行为/改善生活方式等，从而带来健康收益（Berkman and Krishna，2014；Kawachi and Berkman，2014）。然而，健康本身也可能带来社会资本收益。更健康的个体更可能具有参与社会互动的身体与经济能力，从而为社会资本的积累提供机遇，而身体不健康的个体在社会互动参与能力方面更差，导致其处于社会资本积累劣势（Sirven and Debrand，2012；Liu et al.，2016）。

2.1.3　内生性的数学表达

在反事实框架下，只有比较同一对象在处理效应水平 A 和水平 B 两种状态下的结局，才能得出这种处理究竟能不能带来某种结局的结论，这类似于物理学实验中的"控制变量法"，即在只改变其中一个条件而保持其他条件不变的情况下，观察结局是否改变。然而，这种情况在现实情况中是不可能发生的，一个人不可能同时处于两个不同或相反的状态，这种类型的"缺失数据"无法真实补齐，因而研究者在一般情况下无法真正估计得到因果效应（Rosenbaum and Rubin，1983；胡安宁，2015）。

依托人群数据，如果用数学公式来表达反事实原理，那么研究者想要得到的应该是处理变量（解释变量）的平均处理效应 ATE（Average Treatment Effect），简单来说，即处理效应为 1 的结局［$Y(1)$］减去处理效应为 0 的结局［$Y(0)$］所得到的期望：

$$ATE = E[Y(1) - Y(0)] = E[Y(1)] - E[Y(0)] = E[\Delta]$$

其中，$E[Y(1)]$ 和 $E[Y(0)]$ 又可表达如下：

$$E[Y(1)] = E[Y(1)|Z=1] \times Pr(Z=1) + E[Y(1)|Z=0] \times Pr(Z=0)$$
$$E[Y(0)] = E[Y(0)|Z=1] \times Pr(Z=1) + E[Y(0)|Z=0] \times Pr(Z=0)$$

其中，Z 表示处理效应，如是否参与社会互动，$Pr(Z=0)$ 和 $Pr(Z=1)$ 分别表示处理效应取 0 和 1 的概率，那么上式即可陈述为 ｛以 $E[Y(1)]$ 为例｝：处理效应为 1 时的因变量真实期望，等于处理效应为 1 时的因变量期望值乘以处理效应为 1 发生的概率，再加上假如处理效应为 0 的个体处于处理效应为 1 的状态下的因变量期望值乘以处理效应为 0 发生的概率（此即反事实状态）。但是，我们通常分析中所得到的"表面因果效应"PFE（Prima Facie Effect）是处理效应为 1 时的因变量期望值减去处理效应为 0 时的因变量期望值，可表达如下：

$$PFE = E[Y(1)|Z=1] - E[Y(0)|Z=0] = E[Y|Z=1] - E[Y|Z=0]$$

因此，如果我们将表面因果效应 PFE 当作想要获得的平均处理效应 ATE，那么我们就会产生一个选择性误差 SB（Selection Bias）：

$$SB = PFE - ATE = E[Y(1) | Z = 1] - E[Y(0) | Z = 0] +$$
$$[E(\Delta | Z = 1) - E(\Delta | Z = 0)] \times Pr(Z = 0)$$

通过这个式子可以知道，要使我们通常计算得到的表面因果效应等同于真实因果效应，就需要使 $SB = 0$，也就是需要下面两个等式成立：

$$E[Y(1) | Z = 1] = E[Y(1) | Z = 0] = E[Y(1)]$$
$$E[Y(0) | Z = 0] = E[Y(0) | Z = 1] = E[Y(0)]$$

也就是说，研究者需要假设那些实际观察到的、处理效应为 1 的个体的结局期望，等同于让真实处理效应为 0 的个体去接受处理效应为 1 时所得到的结局期望，即存在的事实与不存在的反事实应当是等价的。反之亦然。也就是说，若要 $SB = 0$，处理效应 Z 的选择需要独立于结局变量 Y，换言之，自变量需要与残差项相互独立。已知，内生性可表述为自变量与残差项非独立，这与上述数学表达过程是一致的。

目前，计量经济学及其他社会科学领域内的因果推断方法取得了长足的发展，社会资本与健康研究的文献资料也在逐渐丰富，但仅有少数研究者尝试去识别社会资本对于健康影响的因果效应（Habibov and Weaver，2014；Oshio，2016；Arezzo and Giudici，2017b；Vincens et al.，2018；Liu et al.，2019），需要更多的证据来帮助建立二者之间的稳健因果联系。此外，尽管健康在理论上被视为社会资本的表达性结果（Lin，2001），但在经验层面上关于二者之间因果关系的方方面面（如方向、强度等）并没有达成一致，而且社会资本多样化的测量方式也使得研究者难以准确评判二者间的因果关系。在此背景下，本章接下来对近年来关于社会资本与健康因果关系的研究进行系统回顾，并总结这些研究的核心结果及其中可能存在的问题，为后面的章节及未来研究提供方向和洞见。

2.2 社会资本与健康因果关系研究回顾

2.2.1 文献检索策略

接下来的综述基于 Web of Science 核心合集中的科学引文索引（SCI）、社会科学引文索引（SSCI）和新兴资源引文索引（ESCI），以及中国知网中的核心期刊（包括南大核心 CSSCI、北大核心、科技核心 CSCD），对经同行评审的量化经验研究进行检索筛选，[1] 筛选时间范围为 2007 年 1 月 1 日至 2020 年 12 月 31 日。[2] Web of Science 数据库中的关键词检索语句如下："TS =（（social capital* OR trust* OR participation* OR social network）AND（health* OR depression* OR health-related quality-of-life* OR mortality* OR mortality* OR disease）AND（causal* OR endogenous）AND（instrumental variable* OR fixed effect* OR propensity score matching* OR quasi experiment* OR difference-in-difference* OR regression discontinuity））。"中国知网中的关键词检索标准如下：关键词包括"社会资本、社会网络、社会参与、信任、健康、抑郁、疾病"，这些关于社会资本与健康的关键词在检索中是组合使用的。在检索完成后，首先对标题、关键词及摘要进行初步浏览，排除研究内容不相关的文献。随后通读保留下来的文献，做进一步筛选。此外，对在 2016 年 1 月 1 日至 2020 年 12 月 31 日期间发表的社会资本与健康相关文献进行全面检索（排除因果关系估计的限制）和文献板块阅读，以降低系统检索遗漏关键文献的可能性。在本章研究中，未使用因果推断方法（如工具变量法、固定效应模型、倾向值匹配等）的前瞻性队列或纵向研究（如普通的多水平研究、时间序列研究等），不使用微观数据的宏观层次研究（如一些以州或国家为基本分析单元的研究），中文和英文表达之外的研究，以及样本量低于 300 的小样本研究均未纳入下面的系统性文献回顾中。

2.2.2 初步检索结果

通过检索筛选获得相关研究文献共计 50 篇，[3] 其中以中文发表的有 11 篇，以英文发表的有 39 篇，且英文文献中有 6 篇以我国居民为研究对象。表 2-1、表 2-2 和表 2-3 列出了全部 50 篇研究文献的详细信息，包括作

---

① 考虑到需保证纳入研究的严谨性与科学性，研究选择上述严谨性和科学性较高的数据库，未使用 PubMed、Medline 及 Google Scholar 等数据库。

② 正如第 1 章所述，社会资本与健康因果关系研究的首篇标志性文献发表于 2007 年，但由于其为非微观数据研究，故未纳入本章后续分析中。

③ 需要注意的是，这 50 篇文献是根据一定标准进行筛选后的针对社会资本与健康因果关系的研究文献，而不是针对社会资本与健康关系的所有研究文献，后者数量远不止 50 篇。

者和年份、国家/地区、统计分析方法、研究对象数量及年龄、社会资本、健康结局及主要结果等。可以看到，以我国居民为研究对象的文献有 17 篇（11 篇中文文献，6 篇英文文献），其次是美国（5 篇）、日本（3 篇）、加拿大（2 篇）、欧洲国家（11 篇，其中英国 2 篇、德国 1 篇、西班牙 1 篇、意大利 1 篇、爱尔兰 1 篇、欧洲多国 5 篇）、苏联国家（3 篇）、南美洲国家（3 篇）、非洲国家（2 篇），印度和印度尼西亚各 1 篇，此外还有针对全球多大洲多国的大范围研究（2 篇），大洋洲国家尚无研究。图 2 - 1 显示，自 2008 年以来，全球范围内社会资本与健康因果推断研究文献数量不断增长，并在 2016 年达到峰值（9 篇），随后保持稳定高位（每年 4 篇及以上）。以中国为对象的社会资本与健康因果关系研究开始于 2012 年，文献数量同样在 2016 年达到峰值（6 篇），但随后略有回落并保持一定数量，我国居民的社会资本与健康因果关系有待进一步挖掘。

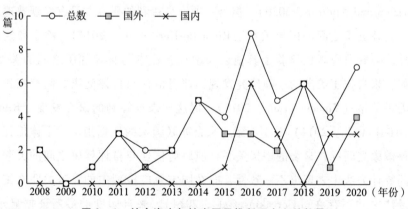

图 2 - 1　社会资本与健康因果推断研究文献数量

　　根据研究地区（国外 33 篇，国内 17 篇）和社会资本成分（认知型和结构型），研究将检索结果的详细陈述分为下面几小块。需要说明的是，由于这 50 篇研究文献都只测量了个人取向社会资本（询问受访者本人的普遍信任、特殊信任、社会参与、社交网络等）对健康的影响，故下面对它们的研究结果的阐述不能按照主体和情境取向进行展开，而只能按照既有的社会资本分类方式进行展开（如这里使用的认知型 - 结构型社会资本）。针对主体和情境取向的社会资本与健康的联系会在后续章节提出研究假设的时候进行论述。此外，由于不同研究使用的社会资本测量指标、健康测量指标及统计方法不同，且开展的地区、时期、人群特征也不尽相同，下面所观察和估计得到的社会资本健康效应在不同研究中存在一定差异。

2.2.3 国外研究结果

（1）认知型社会资本

在社会资本与健康研究中，信任是最常用于测量认知型社会资本的指标，其中一般/普遍信任是最常用的。在所有33项研究中，涉及普遍信任的研究有17项。来自世界各国的10项研究均指出，普遍信任与自评健康之间存在显著的正向因果关联（Schultz et al.，2008；D'Hombres et al.，2010，2011；Kim et al.，2011；Ljunge，2014；Rocco et al.，2014；Younsi and Chakroun，2016；Habibov and Cheung，2018；Vincens et al.，2018；Alpaslan and Yildirim，2020），但是一项来自智利的研究并没有发现普遍信任与自评健康之间的因果关系（Riumallo-Herl et al.，2014）。除了普遍信任外，一些研究者也检验了其他认知型社会资本与自评健康之间的关系。例如，来自拉丁美洲的一项研究发现，邻里信任与自评健康之间存在积极的因果关系（Vincens et al.，2018），但这与来自智利的研究发现（Riumallo-Herl et al.，2014）并不一致。来自苏联国家的证据指出，个体信任与自评健康之间存在显著的因果关联，但政府信任与自评健康之间的关联在不同统计方法中表现出不一致性，即在固定效应模型中的显著关联在工具变量法中并不存在（Goryakin et al.，2014）。来自印度的最新证据显示，非正式信任和机构信任同样能够促进居民自评健康水平提升（Alpaslan and Yildirim，2020）。进一步地，Glanville和Story（2018）基于全球78国的数据发现，对家人、非家人及陌生人的特殊信任与自评健康之间存在正向因果关系，且后两种特殊信任的健康促进效应会随着志愿组织参与程度的提高而提高，但外群体信任无法提升自评健康水平。

已有研究通常利用自评身体健康、身体活动能力、超重/肥胖、受伤/患病甚至死亡等指标来测量身体健康。研究发现，普遍信任与欧洲移民的身体机能水平之间存在积极的因果关联（Ljunge，2014），还能够减少加拿大居民酗酒行为的发生（Child et al.，2017），降低智利居民高血压患病风险（Riumallo-Herl et al.，2014），促进美国居民自感身体健康水平的提升（Fujiwara and Kawachi，2008）。邻里信任也能降低智利居民高血压和糖尿病的患病风险（Riumallo-Herl et al.，2014）。然而，其他一些不显著的证据也同样被观察到了。例如，归属感与美国居民自感身体健康之间在统计上并不相关（Fujiwara and Kawachi，2008），普遍信任无法降低智利居民的糖尿病患病风险（Riumallo-Herl et al.，2014）。

心理健康通常通过抑郁指标或一些成熟的心理健康量表（通常是情感或情绪状态量表）进行测量，且多项研究均证实认知型社会资本与心理健康之间存在因果关联。例如，归属感（Fujiwara and Kawachi，2008）、邻里整合度、普遍信任及政府信任（Cohen-Cline et al.，2018）均有助于美国居民心理健康水平的提升。普遍信任与爱尔兰居民自评心理健康之间存在积极的因果关联（Howley，2015）；普遍信任和邻里信任均能显著降低智利居民的抑郁水平（Riumallo-Herl et al.，2014）。尽管如此，依然有研究认为二者间不存在因果关联或消极的因果关联。例如，来自美国的另一项研究显示，普遍信任与自感心理健康及抑郁水平之间不存在因果关联（Fujiwara and Kawachi，2008）。来自苏联国家的研究指出，在固定效应模型估计中，个体信任和政府信任均与心理健康存在积极的因果关联，但在工具变量法中，二者均不能显著提升居民心理健康水平（Goryakin et al.，2014）。来自南非的证据则显示，个体层次的普遍信任能够显著提升抑郁水平（Adjaye-Gbewonyo et al.，2018）。

（2）结构型社会资本

结构型社会资本通常体现为社会参与（包括社团参与、正式与非正式互动等）、社会网络（包括朋友数量、互动频率等）及附着于社会网络的社会支持等。自评健康依然是使用最广泛的健康结局，且来自发达国家的研究居多。在美国，社团参与、正式/非正式社会互动及志愿活动均能够提升自评健康水平，但社会支持则不能影响个体自评健康（Schultz et al.，2008）。在加拿大，参与投票或民间/社区组织以及更多的亲朋数量会促进自评健康水平的提升（Habibov and Weaver，2014）。来自欧洲多国的研究指出，积极的社会参与和普通成年人及老年人较好的自评健康之间存在因果关联（Arezzo and Giudici，2017b；Fiorillo et al.，2020），且与朋友经常聚会或见面和居民较好的自评健康之间存在稳健的因果关联（Fiorillo and Sabatini，2015），但来自德国的证据表明结构型社会资本对自评健康提升作用并不是很强烈（Krug and Prechsl，2020）。来自日本的研究指出，参与邻里组织活动能够促进非就业者自评健康水平的提升（Yamamura，2011），参与社区沙龙项目与老年人较好的自评健康之间存在明显的因果关联（Ichida et al.，2013），且结型社会参与和老年人自评健康之间存在积极的因果关联，但桥型社会参与则与老年人自评健康在统计上不相关（Oshio，2016）。相比之下，来自发展中国家的证据显示，非正式社会互动对阿根廷居民的自评健康具有较强促进作用（Ronconi et al.，2012），但来自苏联国家的证据显示，社团参与与自评健康之间要么不存在因果关联（D'Hombres et al.，2010；Goryakin et al.，2014），要么存在不稳健的因果关联（D'Hombres et al.，2011）。此外，来自各洲多国的证据显示，志愿组织成员身份和较好的自评健康之间存在因果关联（Glanville and Story，2018）。

身体健康方面，来自发达国家的证据显示，较高的网络延展性能够减少加拿大居民的酗酒行为，但组织参与和酗酒行为之间无因果关联（Child et al.，2017），且社区参与及志愿工作也不能提升美国居民的自评身体健康水平（Fujiwara and Kawachi，2008）。拥有 BMI 较高、有吸烟及饮酒行为的朋友的个体表现出较高的超重、吸烟及酗酒可能性（Mora and Gil，2013；Fletcher and Ross，2018）。此外，更多社会参与能显著促进老年人睡眠质量提升（Chen et al.，2016）。来自发展中国家的证据显示，社会支持有助于降低智利居民的高血压水平，但与其糖尿病患病率无显著关联（Riumallo-Herl et al.，2014）。多维度社会网络有助于印度尼西亚中老年人多种身体功能指标的提升（Schröders et al.，2020）。

心理健康方面，发达国家的证据显示，朋友支持与爱尔兰居民心理健康之间存在积极的因果关联（Howley，2015），且积极的社团参与也有助于英国和德国居民心理健康水平的提升（Fiorillo et al.，2019；Krug and Prechsl，2020）。社区参与和美国居民较少的抑郁表现之间存在因果关联，但志愿工作与抑郁水平在统计上并不相关（Fujiwara and Kawachi，2008），而另一项研究显示，志愿主义、社区参与以及社会互动等均与抑郁水平不相关（Cohen-Cline et al.，2018）。结型参与和日本居民心理健康之间存在积极的因果关联，但桥型参与和其心理健康在统计上并不相关（Oshio，2016）。来自欧洲 10 个发达国家的证据显示，宗教组织参与有助于降低居民 4 年后的抑郁水平，但政治/社区组织参与反而会提高抑郁水平（Croezen et al.，2015）。相比而言，来自发展中国家的证据显示，社会支持有助于智利居民抑郁水平的降低（Riumallo-Herl et al.，2014），但志愿组织成员身份可能会降低苏联国家居民的心理健康水平，而诸如示威游行参与、罢工参与等与其心理健康在统计上不相关（Goryakin et al.，2014）。

（3）其他社会资本类型

少部分研究对社会资本的分类并未遵循或无法明确遵循上述框架（认知型－结构型）来探究其对健康的影响。例如，社会孤立/社会隔离在一些研究中也被用作社会资本的测量指标之一，其既可能是对主观社会孤独感的测量，也可能是对低社会交往频率的测量，因此其既可能反映认知型社会资本，也可能反映结构型社会资本。在 33 项研究中，有 4 项研究涉及社会孤立/社会隔离，且全部来自发展中国家（阿根廷及一些苏联国家），这 4 项研究均指出社会孤立与较差的自评健康之间存在积极的因果关联（D'Hombres et al.，2010，2011；Ronconi et al.，2012；Goryakin et al.，2014），其中一项研究认为社会孤立同时也会带来较差的心理健康状况（Goryakin et al.，2014）。

2.2.4　国内研究结果

（1）结构型社会资本

国内相关研究起步略晚，国内首篇社会资本与健康的因果关系研究文献是薛新东和刘国恩（2012）发表在《财贸经济》上的一篇文章，其采用工具变量法，发现社会交往与社会参与这两类结构型社会资本能够显著促进自评健康，但该促进效应存在性别、城乡和年龄异质性。Liu 等（2016）的研究同样发现了社会参与对自评健康的积极效应，且这一效应在中老年群体中同样存在（Liu et al.，2019；陆杰华等，2017；孙博文等，2016），但薛新东等的另一项研究发现，社会参与并不能带来自评健康的改善，且

表2-1 社会资本与健康因果关系的国外研究：工具变量法

作者和年份	国家/地区	人群	社会资本和工具变量	健康结局	主要结果
Schultz et al., 2008	美国	美国两州社会资本社区调查（SCCS）2006，N = 468，年龄为18岁及以上	社会资本：社会信任、社团参与、非正式社会互动、社团群体互动、社会支持；工具变量：本地居住时长、宗教服务参与频率	自评健康（0~1）	社会信任、非正式社会互动、社团参与、组织群体互动及志愿活动均能显著促进自评健康水平提升，但社会支持与自评健康没有显著联系
D'Hombres et al., 2010	苏联8国	生活状况、生活方式与健康调查（LLH）2001，N = 11187，年龄均值为43.28岁	社会资本：普遍信任、当地志愿组织成员身份、社会孤立；工具变量：社区异质性（宗教信仰、教育、经济条件）、社区平均社会资本	自评健康（0~1）	更多普遍信任及更少社会孤立与更好的自评健康存在因果联系，但当地志愿组织成员身份与自评健康没有显著联系
Yamamura, 2011	日本	社会政策与社会意识调查2000，N=3075，年龄为20岁及以上	社会资本：邻里组织活动参与度；工具变量：有无房产、本地居住时长、是否有12岁以下的小孩	自评健康（0~4）	邻里组织活动参与度显著促进自评健康水平提升，但这一联系在有工作的人群中没有统计学意义
Kim et al., 2011	来自欧洲及其他大洲的64个国家	世界价值观调查（WVS）1981~2004，N=167344，年龄为18岁及以上	社会资本：普遍信任；工具变量：腐败程度、宗教化程度、人口密度	自评健康（1~5）	个体与国家层次的普遍信任均有助于促进自评健康水平的提升
D'Hombres et al., 2011	苏联8国	生活状况、生活方式与健康调查（LLH）2001，N = 11187，年龄均值为43.28岁	社会资本：普遍信任、当地志愿组织成员身份、社会孤立；工具变量：发言权与问责、司法系统效率、非正式经济活动	自评健康（0~1）	较高水平普遍信任及较低水平社会孤立与更好的自评健康之间存在稳健的因果联系，但当地志愿组织成员身份与自评健康之间的因果关系是混合的

续表

作者和年份	国家/地区	人群	社会资本和工具变量	健康结局	主要结果
Ronconi et al., 2012	阿根廷	社会发展调查（EDS）1997，N=6287，年龄为65岁及以上	社会资本：非正式社会互动（亲友聚会、独居）；工具变量：邻里公共交通水平	自评健康（0～1）	非正式社会互动对自评健康具有较强的促进作用
Ichida et al., 2013	日本	武丰町老年干预项目2006～2008，N=1549，年龄为65岁及以上	社会资本：社区沙龙项目参与；工具变量：到沙龙项目的距离	自评健康（1～5）	较多的社区沙龙项目参与显著促进了老人自评健康水平提升
Mora and Gil, 2013	西班牙	中学生追踪调查，N=2934，年龄为14～18岁	社会资本：提名的朋友数（BMI较高的）；工具变量：同伴平均背景特征	连续型的体质指数BMI	与BMI较高的同伴的社会互动显著促进了个体BMI的增长
Habibov and Weaver, 2014	加拿大	综合社会调查（GSS）2008，N=19958，年龄为15岁及以上	社会资本：选举/投票参与、社会网络（亲戚/朋友）；工具变量：宗教服务参与	自评健康（0～1）	有2个以上亲戚/朋友，参与以上选举/投票以及参与民间或社区组织/其他任何类型组织均能够带来更好的自评健康
Rocco et al., 2014	欧洲25国	欧洲社会调查（ESS）2002～2008，N=132031，年龄为18岁及以上	社会资本：个体层普遍信任、社区层普遍信任；工具变量：近5年犯罪受害情况、医生生密度	自评健康（1～5）	普遍信任与自评健康之间存在积极显著的双向因果关系，个体层普遍信任对社区层普遍信任的促进效应强于社区层普遍信任
Ljunge, 2014	欧洲30国	欧洲社会调查（ESS）2004～2010，N=15594，年龄为18岁及以上	社会资本：普遍信任；工具变量：祖先信任，语言结构	自评健康（1～5），身体机能水平（0～1）（日常活动是否因健康问题受阻）	较高水平的普遍信任及祖先信任与较好的自评健康及身体机能水平之间存在因果联系

作者和年份	国家/地区	人群	社会资本和工具变量	健康结局	主要结果
Riumallo-Herl et al., 2014	智利	智利全国健康调查 2009~2010, N=4956, 年龄为30岁及以上	社会资本：社会支持、普遍信任、邻里信任；工具变量：是否为犯罪受害者、社区平均社会资本	自评健康、抑郁量表、高血压、糖尿病	社会支持、普遍信任、邻里信任均能够降低抑郁症和高血压的可能性，但只有邻里信任能够降低患糖尿病的可能性；三种社会资本与自评健康之间没有显著联系
Goryakin et al., 2014	苏联9国	各国综合调查 2010, N=18000, 年龄为18岁及以上	社会资本：个体信任、志愿组织成员身份、社会孤立、政府信任、示威游行参与、罢工参与、因国籍受歧视、当众受凌辱；工具变量：社区平均社会资本	自评健康（0~1）、自评有无心理健康症状（0~1）	个体信任显著促进自评健康但不影响自评心理健康，社会孤立会带来更差的心理健康，但是成为志愿组织成员与更差的心理健康相联系
Fiorillo and Sabatini, 2015	意大利	多目标家户调查, N=46868, 年龄为30岁及以上	社会资本：朋友聚会；工具变量：民众参与、社区水平朋友聚会	自评健康（0~1）	更多朋友聚会能显著提升自评健康水平
Howley, 2015	爱尔兰	社会资本与幸福感调查, N=614, 年龄为18岁及以上	社会资本：社区信任、朋友支持；工具变量：对欧洲统一的态度、邻居是否互相提防	自评心理健康（1~5）	更多社会信任及朋友支持能够带来更高的自评心理健康水平
Younsi and Chakroun, 2016	中东与北非18国	世界价值观调查（WVS）2010~2012, N=105166, 年龄为14岁及以上	社会资本：普遍信任、社区平均普遍信任；工具变量：是否为犯罪受害者、地区平均信任水平、地区医院床位数、地区卫生人员数	自评健康（1~5）	个体普遍信任与自评健康之间存在积极的双向因果关系，健康状况更好的个体可能参与社会活动并从中受益，健康状况较差的个体由于错失社会资本积极效益而健康损失更多

续表

作者和年份	国家/地区	人群	社会资本和工具变量	健康结局	主要结果
Arezzo and Giudici, 2017b	欧洲 16 国	健康、老龄与退休调查（SHARE）2010, $N=40117$, 年龄为 60 岁及以上	社会资本：慈善或志愿工作频率、教育或培训课程参与频率、去俱乐部的频率；工具变量：是否本地出生、是否自信	自评健康（0~1）	三类结型社会资本均能显著提升个体自评健康水平
Habibov and Cheung, 2018	中欧和南欧 26 个转型国家、蒙古、苏联	转型中的生活调查 2006~2010, $N=51911$, 年龄为 18 岁及以上	社会资本：国家水平社会信任、个体水平社会信任；工具变量：宗教化程度	自评健康（1~5）	国家水平社会信任和个体水平社会信任均能够显著促进居民自评健康水平提升
Schröders et al., 2020	印度尼西亚	印尼家庭生活调查（IFLS）2007~2015, $N=3060$, 年龄为 50 岁及以上	社会资本：社会网络（与 6 类特定群体的联系）；工具变量：居住稳定性（还使用了倾向值匹配法）	身体健康：病症、损伤、功能受限、残疾	通过倾向值匹配发现社会网络多样性与女性肺愈后及上下肢社会网络积极影响身体功能相关，较多社会网络积极影响身体功能状况，但与女性 C 反应蛋白清极相关。工具变量估计发现社会网络积极影响中老年认知功能

表 2 - 2　社会资本与健康因果关系的国外研究：固定效应模型及其他因果推断方法

作者和年份	国家/地区	人群	社会资本	健康结局	主要结果
Fujiwara and Kawachi, 2008	美国	全国中年人发展调查 1995~1996, $N=1888$, 年龄为 25~74 岁	社会信任、归属感、志愿工作、社区参与	自感身体健康（1~5）、心理健康（1~4），抑郁症状数（0~4），是否重度抑郁（0~1）（CIDI-SF）	社会信任显著提升自感身体健康水平。在异卵双胞胎中，自感归属感显著促进自感心理健康并减少抑郁症状数，社区参与也能显著减少抑郁症状状数

续表

作者和年份	国家/地区	人群	社会资本	健康结局	主要结果
Goryakin et al.，2014	苏联 9 国	各国综合调查 2010，N = 18000，年龄为 18 岁及以上	个体信任、志愿组织成员身份、社会孤立、政府信任、示威游行参与、罢工参与、因国籍受辱、当众受骚扰	自评健康（0 ~ 1）、自评有无心理健康症状（0 ~ 1）	个体信任和政府信任促进自评健康及心理健康，社会孤立降低自评健康及心理健康。地区固定效应时志愿组织成员身份显著降低自评健康及心理健康，但社区固定效应时志愿组织成员身份显著促进自评健康。当众受骚扰显著降低自评健康和心理健康
Croezen et al.，2015	欧洲 10 国	健康、老龄与退休调查（SHARE）2004 ~ 2011，N = 9068，年龄为 50 岁及以上	社会参与（志愿/慈善工作参与、教育/培训参与、运动/社交俱乐部参与、宗教组织参与、政治/社区组织参与）	EURO-D 心理健康量表（抑郁、悲观、轻生、内疚、嗜睡、兴趣、易怒、贪食、疲劳、注意力、高兴、哭泣）	宗教组织参与显著降低四年后的抑郁水平，但政治/社区组织参与反而提升了抑郁水平
Chen et al.，2016	美国	全国社会生活、健康与老龄化项目（NSHAP）2005 ~ 2011，N = 524，年龄为 57 ~ 85 岁	社会参与（宗教组织、志愿工作、组织群体聚会）	睡眠时间、睡后惊醒、睡眠醒来次数、睡眠片段化、自评睡眠时长、失眠症	所有几类社会参与和睡眠变量之间均无显著因果联系
Oshio，2016	日本	中老年追踪调查 2005 ~ 2010，N = 30590，年龄为 50 ~ 59 岁	社会活动参与，包括结型参与（家人、朋友、同事、邻里组织成员）和桥型参与（非营利组织成员、公共服务组织成员）	自评健康（0 ~ 1）、心理困扰（K6 量表）	结型参与显著提高自评健康水平、减少心理困扰，但桥型参与和自评健康及心理困扰之间无显著因果联系

续表

作者和年份	国家/地区	人群	社会资本	健康结局	主要结果
Child et al.，2017	加拿大	蒙特利尔邻里网络与健康老龄化追踪调查 2008～2013，$N = 430$，年龄为 25 岁及以上	网络延展性（定位法）、普遍信任、组织参与、控制感	酗酒（重度饮酒、严重酗酒）（0～1）	较多普遍信任和较高水平的网络延展性和较少的酗酒行为间具有因果关联，较高的控制感可以显著降低网络延展性对酗酒行为的保护作用
Cohen-Cline et al.，2018	美国	社区双胞胎登记调查 2015，$N = 1586$，年龄为 18 岁及以上	认知型社会资本（归属感、邻里整合度、工作场所垂直联系、普遍信任、政府信任），结构型社会资本（志愿主义、社区参与、社会互动）、邻里社会资本（非正式社会控制、安全感）	抑郁（0～6）	5 类认知型社会资本均能显著降低抑郁水平，但结构型社会资本及邻里社会资本与抑郁之间无显著因果联系
Fletcher and Ross，2018	美国	全国青少年健康追踪调查 1994～1995，$N = 2278$，年龄为 10～18 岁	朋友的饮酒和吸烟行为（同群效应）	吸烟、饮酒	朋友吸烟和饮酒会对个体自身的吸烟和饮酒行为产生正向影响，并诱发后者开始吸烟和饮酒
Glanville and Story，2018	全世界 78 个国家	世界价值观调查（WVS）2005～2014，$N = 92566$，年龄为 15 岁及以上	家人信任、非家人特殊信任、陌生人信任、次级组织成员身份、志愿组织成员身份	自评健康（1～4）	家人信任、非家人特殊信任、陌生人身份均能显著提高自评健康水平，但次级群体关系、非家人信任与自评健康无显著因果关系。拥有志愿组织成员及陌生人信任对自评健康的积极作用更大
Vincens et al.，2018	拉美 8 国	世界价值观调查（WVS）2005～2014，世界银行，$N = 10426$，年龄为 18 岁及以上	普遍信任、邻里信任、组织成员身份、民主参与	自评健康（0～1）	组织成员身份、普遍信任及邻里信任均能显著促进自评健康水平提升

作者和年份	国家/地区	人群	社会资本	健康结局	主要结果
Adjaye-Gbewonyo et al., 2018	南非	全国收入动态调查 2008~2012, N=15670, 年龄为15岁及以上	个体信任、普遍信任、地区层次信任	CESD-10 抑郁量表	个体层次普遍信任提升了抑郁水平，而地区层次普遍信任与抑郁无显著联系。地区层次信任水平较低时，个体层次会提升抑郁水平；但地区层次信任与信任水平较高时，个体信任会降低抑郁水平
Fiorillo et al., 2019	英国	英国家庭追踪调查 1991~1995, N=44684, 年龄为16岁及以上	结构型社会资本（社团成员身份、社团内是否积极活跃）	一般健康问卷（GHQ-12）（测量心理障碍）	社团成员身份和社团内积极活跃显著提升心理健康水平，且社团内积极活跃对下一年度的心理健康同样有积极作用
Fiorillo et al., 2020	英国	英国家庭追踪调查 1991~1995, N=45745, 年龄为16岁及以上	结构型社会资本（社团成员身份、社团内是否积极活跃）	自评健康（1~5）	社团内积极活跃显著促进自评健康，但效应微弱；在控制了双向因果及社团参与类型后，社团内积极活跃的积极健康效应有所增大
Krug and Prechsl, 2020	德国	德国劳动力市场与社会保障追踪调查（PASS），N=40000, 年龄为18岁以上	亲密好友数、志愿组织参与数、家庭冲突、提名法得到的亲密好友、工作社会支持、一般社会支持	自评心理健康（1~5）、自评健康（1~5）	社会资本对心理健康自评的影响相对微弱，只有较多亲密好友和较少家庭冲突显著促进了个人心理健康。此外没有观察到显著的中介和调节效应
Alpaslan and Yildirim, 2020	印度	世界价值观调查（WVS）2012, N=4078, 年龄为41.24±14.51岁	普遍信任、非正式信任、机构信任	自评健康（1~4）	普遍信任显著提升了印度居民自评健康水平，这部分程度上是由于社会资本增加导致的人力资本对社会资本带来的

社会关系与社会网络仅对农村居民的自评健康有显著提升作用（Xue et al.，2016）。韩雷等（2019）利用家庭礼金支出额测量社会网络，并发现社会网络有助于提升自评健康。乐章与梁航（2020）发现人情支出和入党能够有效提升农村老年人自评健康，且在一定程度上通过增加积极心态和身体活动发挥作用。熊艾伦等（2016）区分了强关系和弱关系网络，并发现弱关系有助于提升农村及年长居民的自评健康，但强关系无法改善居民自评健康。米松华等（2016）针对农民工的研究发现，社会网络对改善农民工自评健康具有因果效应。此外，一项针对青少年的研究发现，较多的朋友数量能够显著提升青少年总体健康水平（Ho，2016）。

身体健康方面，Liu 等（2016）及胡宏伟等（2017）均发现，社会参与能够显著提高中老年群体的日常活动能力，防止身体失能，且后者发现这一积极作用在健康状况较差的老年人中更明显。但其他研究发现，社会网络虽然能够降低城市及女性居民的超重风险，但不能降低其生活障碍风险（熊艾伦等，2016），且无法降低老年人慢性病患病的可能性（Liu et al.，2019），不过其能够减少农民工生病天数（米松华等，2016）。此外，Ho（2016）发现，较多的朋友数量能够显著降低青少年超重、肥胖及吸烟的风险。

心理健康方面，研究发现重要节日的社交网络能够显著降低抑郁水平（朱荟，2015），"出礼"社会网络能够促进心理健康（韩雷等，2019）。社会参与能够有效减少老年人的心理困扰（Liu et al.，2019）、降低中老年人抑郁水平（Wang et al.，2019；李月等，2020），但 Liu 等（2016）的研究发现社会活动参与并不能改善中老年人的抑郁状况。熊艾伦等（2016）发现强弱关系均有助于减少一般居民负面情绪。此外，朋友数量的增加也能够促进青少年心理健康水平的提升（Ho，2016）。通过对灾区民众的调查，尉建文和韩杨（2017）发现网络社会资本有效缓解了地震灾害对灾区民众心理健康的冲击，在地震后初期是强关系带来的亲密感起较大作用，而在地震发生很长一段时间后则是弱关系带来的有用信息资源起更大作用。

（2）认知型社会资本

国内涉及认知型社会资本与健康因果关系的研究文献较少（4 篇），这

表 2-3　社会资本与健康因果关系的国内研究

作者和年份	人群和方法	社会资本	健康结局	主要结果
薛新东、刘国恩，2012	中国健康与养老追踪调查（CHARLS）2008，N = 2339，年龄为 58.71±10.40 岁工具变量法：社区是否有通车的马路、到最常去的公交车站的距离	非正式社会交往和社会参与（8 项活动参与汇总）	自评健康（0~1）	社会资本对健康状况有显著影响。社会资本对健康状况的影响存在性别、城乡和年龄差异。社会资本对女性健康的影响显著高于男性，对农村居民健康的影响显著高于城市居民，对老人健康的影响显著高于中年人
朱荟，2015	中国西部省份社会经济变迁调查（CSSC）2010，N = 10946，年龄未知工具变量法：家庭规模	重要节日的交往网络、其网络规模、网络密度、网络差异和网络顶端	CESD 抑郁量表（0~42）	社会资本具有积极的心理健康效应，且社会支持在其中扮演着部分中介作用
Liu et al.，2016	中国健康与养老追踪调查（CHARLS）2008~2010，N = 2685，年龄为 45 岁及以上固定效应模型工具变量法：姓氏是否为村内大姓	社会参与（社会活动参与数量）	自评健康（0~1）、日常活动能力（ADL）、CESD 抑郁量表	较多社会参与和较好的自评健康存在显著因果关系，并且显著提高了日常活动能力，但与抑郁水平间的联系无统计学意义
Xue et al.，2016	中国综合社会调查（CGSS）2005~2006，N = 18732，年龄为 18 岁及以上工具变量法：县区社会资本、县区手机使用比例、互助频率、公共决策机构、地方亲属网络效率、工作场所位置、工作场所自由度	社会信任、社会关系、社会参与、社会网络	自评健康（0~1）	社会信任能显著提升中国居民自评健康水平，社会关系与社会网络仅能显著提升中国农村居民自评健康水平，但社会参与和自评健康之间无显著因果联系
Ho，2016	全国青少年健康追踪调查，N = 13466，年龄为 12~21 岁固定效应模型	朋友总数量及单向友谊朋友数量、双向/互动友谊朋友数量	总体健康、超重、肥胖、悲伤、抑郁、吸烟行为	朋友总数量及单向友谊朋友数量显著促进所有健康指标，双向/互动友谊朋友数量仅显著促进 5 项健康指标（抑郁除外）

续表

作者和年份	人群和方法	社会资本	健康结局	主要结果
米松华等，2016	浙江农民工调查 2014，$N=763$，年龄为 30.83±9.40 岁 工具变量法：兄弟姐妹数、老家是否在山区	城镇桥型社会网络、城镇结型社会网络、乡村型社会网络、城镇桥型信任、城镇结型信任、乡村型互惠、社会网络、信任、互惠	自评健康（0~1）、生病天数	农民工社会资本存在健康促进效应，相对而言，代表农民工认知型社会资本的信任和互惠，结构型社会网络对农民工社会资本有更强的促进作用，而城镇型社会资本对农民工健康的促进效应大于乡村型社会资本
熊艾伦等，2016	中国综合社会调查（CGSS）2013，$N=5153$，年龄为 49.24±0.87 岁 工具变量法：当地居住时长、是否有过至诅和小牟的习惯	强关系连接（与亲戚的互动频率）、弱关系连接（与普通朋友交流聚会的频率）	自评健康（1~5）、生活障碍（1~5）、负面情绪（1~5）、体质指数 BMI	社会资本对健康有一定促进作用，但不如预期那么显著。强关系提升了城市居民健康水平，但对农村居民作用不大。弱关系对老年人和农村居民健康水平有促进作用。而社会资本对 BMI 改善的作用也主要集中在老年女性和城市样本上
孙博文等，2016	中国健康与养老追踪调查（CHARLS）2011~2012，$N=4582$，年龄为 62.23±10.00 岁 工具变量法（内生 Logit 模型）：道路虚拟变量	个体社会资本（个人活动与频率、邻里间经常性互动）、社区社会资本（社区基础设施及团体组织种类数）	自评健康（0~1）	个体与社区社会资本对健康均有显著促进作用，且社区社会资本效应更明显；个体社会资本影响健康的交互效应存在性别、年龄和婚姻状态的差异，女性社会资本的健康促进效应高于男性，中年人的社会资本健康促进效应高于老年人、独居者的社会资本健康促进效应更低
蔚建文、韩杨，2017	汶川地震灾后重建研究项目调查 2009~2012，$N=819$，年龄为 18 岁及以上 固定效应模型，一阶差分	包含 26 个职业的农村春节拜年网：网络规模、网差、强关系比重、网络构成	CHQ-12 心理健康量表	社会资本在灾后初期缓解了灾难对民众心理健康的冲击，社会网络规模对民众心理健康影响不存在显著影响；在重建初期，强关系积极效应显著，随后网络差异所带来的资源的机制作用显著；城市与经理层对改善心理健康具有显著正向影响，农村富裕阶层则具有显著负向影响

续表

作者和年份	人群和方法	社会资本	健康结局	主要结果
陆杰华等，2017	中国老年人健康长寿影响因素调查（CLHLS）2002~2014，$N=14783$，年龄为60岁及以上 固定效应模型	社会参与（是否从事打牌或打麻将等活动、是否参加社会组织活动、近两年参加社外出旅游次数）	自评健康（0~1）	老年人自评健康与社会参与之间存在显著的互为因果关系，自评健康对社会参与可能大于社会参与对自评健康的影响，社会参与在基期自评健康好的样本中更可能发挥显著影响
胡宏伟等、2017	中国老年健康调查（CLHLS）2014，$N=6168$，年龄为60岁及以上 工具变量法：房屋产权归属、社区是否组织社会文娱活动	社会活动参与，包括家务、户外活动等8项社会活动参与，计算得到参与度得分（0~32）及是否参与（0~1）	日常生活能力（ADL）、是否失能、工具性日常生活能力（IADL）、是否工具性失能	社会活动参与对老年人健康有积极的正向影响，稳定我社会活动参与预防作用，相对于身体失能，社会活动参与的预防作用对老年人工具性失能有更积极的预防作用；社会活动参与对自身健康状况较差的老年人有更积极的影响
Liu et al.，2019	中国健康与养老追踪调查（CHARLS），$N=9253$，年龄为60岁及以上 工具变量法：棋牌室或活动中心、公交线路数	社会参与数量	自评健康（0~1）、心理困扰、慢性病	社会参与能显著提升老年人自评健，减少老年人心理困扰，但对慢性病没有影响，社会参与对我国城市地区更强
Wang et al.，2019	中国健康与养老追踪调查（CHARLS）2011~2015，$N=10988$，年龄为45岁及以上 固定效应模型	社会参与（种类数、频率及特定形式）	CESD-10抑郁量表	社会参与（数量、频率、种类）能显著降低抑郁水平，打麻将/纸牌与降低城镇居民抑郁水平，朋友间的互动有利于降低农村居民抑郁水平
韩雷等，2019	中国家庭追踪调查（CFPS）2014，$N=10128$，年龄为44.88±16.82岁 工具变量法：是否说普通话	家庭礼金支出额	自评健康（0~1）、记忆力状况（0~1）	社会资本对居民自评健康和心理状况都具有正向的积极作用。社资本在不同程度上促使居民增加健身锻炼、适量饮酒等健康行为以及改善心理状态，从而提升个体健康水平。吸烟行为的机制作用未得到经验证据支持

续表

作者和年份	人群和方法	社会资本	健康结局	主要结果
Jiang and Wang, 2020a	中国综合社会调查（CGSS）2010，$N = 3209$，年龄为 18 岁及以上 工具变量法（扩展回归模型）：收入公平感、个体及省级层次的群体性事件发生、父亲是否党员	政治信任、政治效能、政治参与、党员身份	身体健康、心理健康，取自 SF – 36	一般线性模型显示链接型社会资本不能影响居民身体健康，但能显著促进居民心理健康差异。这种身心健康效应并不存在贫富差异。但是解决了内生性问题后，链接型社会资本中的政治信任和政治效能能促进低收入人群的政治参与感，不影响高收入人群的身心健康身心健康，不影响高收入人群的身心健康
季月等，2020	中国健康与养老追踪调查（CHARLS）2011～2015，$N = 22151$，年龄为 60 岁及以上 工具变量法：社会参与的滞后项	社会参与：简单交往型、智力参与型、健身锻炼型、团体组织型、助人奉献型	CESD – 10 抑郁量表	简单交往型、智力参与型、健身锻炼型、团体组织型社会参与能够显著降低老年人抑郁发生风险。智力参与型、健身锻炼型社会参与对老年人抑郁的影响具有一定因果效应。社会参与对老年人抑郁存在显著的性别和城乡差异。社会参与能够通过改善个体的心理健康、促进身体健康、提高个体人获得支持的可能性等机制降低老年人抑郁发生风险
乐章、梁航，2020	中国家庭追踪调查（CFPS）2016，$N = 3729$，年龄为 60 岁及以上 工具变量法：社会资本的滞后项	结构型社会资本（人情支出、是否为共产党员），认知型社会资本（特殊信任、互惠互助）	主观健康（自评健康和他评健康整合得到）	结构型和认知型社会资本均对农村老人健康产生正向影响，结构型和认知型社会资本通过影响身体活动和积极心态进而影响健康，且积极心态在其中发挥的中介效应大于身体活动

45

在很大程度上是因为国内社会资本研究受林南和边燕杰等的社会资本研究影响较多，同时也与我国关系型社会特征密切相关。基于工具变量法，Xue 等（2016）发现社会信任能够显著促进成年居民自评健康。米松华等（2016）发现，普遍信任和互惠均能够促进农民工自评健康，但其促进强度低于社会网络。乐章和梁航（2020）发现，特殊信任与互惠能够显著提升老年人自评健康水平，且在一定程度上是通过影响积极心态和身体活动而发挥作用的。Jiang 和 Wang（2020a）则发现，政治信任和政治效能对于底层居民的身心健康具有较强的促进效应，有助于缩小贫富分化带来的健康不平等。

2.3 小结

社会资本发挥健康效应时所具有的内生性是由其自身存在的选择性特征决定的，因为与他者尤其是与那些无血缘关系的他者建立社会关系是具有选择性的、非随机的结果，拥有不同水平及性质社会资本的个体在心理及行为特质方面存在明显差异，而这些又与社会资本本身存在联系，甚至决定了社会资本的性质和存量，从而导致社会资本对健康的影响与在形成特定社会资本之前的这些个体特征相混淆（Arezzo and Giudici，2017b），此外，双向因果、遗漏变量等问题也常见于社会资本与健康研究之中（Sirven and Debrand，2012；Liu et al.，2016）。因此，研究者需要使用恰当的因果推断策略去尽可能解决上述潜在的内生性问题，以捕捉社会资本对健康的更具因果性的影响。当前，诸如工具变量法、固定效应模型、准实验设计等计量方法在最近十数年内已开始应用于社会资本与健康因果关系研究中，用以解决社会资本与健康关系研究中的内生性问题（例如，Giordano et al.，2012；Habibov and Weaver，2014；Liu et al.，2016；Oshio，2016；Vincens et al.，2018），对该领域的深入研究有助于更好地干预社会资本以提高人群健康水平。然而，由于不同研究中的社会资本指标、健康指标、统计方法/策略以及研究人群均有较大差异，且社会资本目前很难被统一化/标准化界定和测量，已有研究证据是混合而不一致的，且其中一些关键的问题并没有得到充分重视。基于上述系统回顾，不难发现已有研究存在以下几点不足之处。

第一，以一般人群和老年人群为主，针对其他特殊群体的研究有限，且缺乏纵向和人群异质性分析。在上述 50 项研究中，有 15 项以中老年群体为研究对象，但以青少年为研究对象的研究仅有 3 项，以流动人口为研究对象的仅有 1 项，流动人口群体、低收入群体、青少年儿童群体依然是该研究领域内的薄弱环节，且这些群体本身在社会资本及健康方面也更具劣势。另外，虽然少数一些研究针对群体异质性问题进行了探讨，但一般仅限于不同性别、不同年龄、不同城乡区域，缺乏不同社会经济地位群体之间的对比分析，而社会经济地位在社会资本及人口健康理论中是决定社会资本和健康的关键因素。

第二，以传统的、基于线下情境的社会资本形式为主，缺乏对新兴的、基于虚拟情境的社会资本的关注。在传统社会资本研究中，社会资本的测量往往依赖于现实生活中个体的社会参与、互动与交往以及由此产生的信任与互惠关系。随着互联网技术的快速发展，网络社交社会资本日益受到关注。越来越多的研究指出，传统的社会资本测量没有考虑附着在互联网社会交往中的社会资本，而社交网站的发展很可能促使社会资本形式发生根本性转变（Lin，1999，2001；Tian，2016）。一些研究指出，社交网站使用与社会资本结局之间存在高度关联（Ellison et al.，2007；Tian，2016），互联网社交是当前一个重要的社会关系构建及维持手段，因此网络社交社会资本需要受到关注。已有社会资本与健康研究依然主要关注传统的社会资本形式（现实场景中的社会互动，以及基于现实社交关系的信任、互惠等），很少探讨网络社交社会资本这一新形式社会资本对健康的因果效应。同时，虽然一些研究开始关注是否使用互联网的健康效应，并且使用了诸如工具变量法、倾向值匹配这些因果推断方法（赵建国、刘子琼，2020；赵颖智、李星颖，2020），但使用互联网进行线上社交才是产生网络社交社会资本的途径，而不是互联网使用本身。

第三，基本围绕个人取向社会资本，缺乏对以家庭整体为单位的家庭取向社会资本的关注。家庭是一个基本且完整的生产生活单位，家庭内部资源共享性决定了家庭其他成员的社会资本可能发挥着类似于个人取向社会资本的功能。第 1 章已经指出当前社会资本与健康研究中很少关注家庭取向社会资本，本章全面的文献回顾进一步发现，仅有少量研究关注到了"拜年网""人情支出"等带有家庭元素的社会资本（尉建文、韩杨，2017；乐章、梁航，2020），更多社会资本研究还是个人取向的。因此在社会资本与健康因果关系研究中，以家庭为整体的对外社会联系究竟能够对特定家庭成员产生何种健康效应还需要进一步研究。

第四，依赖主观健康结局，缺乏客观健康评估指标，尤其缺乏针对形体、激素等生物标记的研究。从上述回顾来看，自评健康是最常用的健康指标之一，这部分源于其在大型社会调查中的易操作性特征。尽管诸多研究也力证了自评健康在评估个体健康状况方面具有充分的信度和效度（Idler and Benyamini，1997；齐亚强，2014），但其局限性也是不言而喻的，尤其是相似心理特质的并存性（优势或劣势特质往往在特定个人或群体中具有集中性，而并非随机分布的）带来的共生性偏误问题（胡安宁，2019），容易使得认知型社会资本存量高的个体本身倾向于自我感觉更加健康。

第五，因果推断研究方法多样性不足，不利于结果的稳健与验证。工具变量法和固定效应模型是已有社会资本与健康因果关系研究中使用最多的两种统计方法。社会科学中其他常用的因果推断方法，如倾向值匹配、双重差分、样本选择模型等，并未被很好地引入该研究领域。此外，不同的因果推断方法或设计通常需要满足不同的假设，在具体应用方面也各有优劣（胡安宁，2012）。例如，与工具变量法相比，固定效应模型更适合面板数据分析，适合处理不随时间变化的内生混杂问题（陈强，2014）。一个不恰当的工具变量也会导致工具变量估计的失真（陈云松，2012）。因此，因果估计研究方法的多样化可能有助于得到社会资本与健康之间更加稳健的因果联系。

第六，社会资本与健康研究仍然大多局限于社会资本理论及其衍生推论，很少与其他社会科学理论视角相结合。在交叉理论与学科视角发展日益蓬勃的背景下，社会资本与健康研究应当适时引入其他理论视角，拓展其研究范围、丰富其研究内容。例如，社会资本影响健康的过程扎根于个人微观生活实践与宏观社会环境之中，那么研究者必然要考虑个人生命历程及生活环境在其中的作用。自20世纪后期开始流行的生命历程理论和地

理学理论等方兴未艾,这些理论视角都能为社会资本与健康研究注入新的
活力。

当然,本章针对社会资本与健康因果推断的文献回顾还有些许局限之
处。例如,回顾只纳入了使用主流因果推断方法的研究,未纳入那些利用
纵向数据及其他不流行处理策略（如格兰杰因果推断）的研究（Sirven
and Debrand,2012;Tegegne,2018）,并且仅从 SCI/SSCI/ESCI、南大核
心、北大核心及中国科技核心数据库中检索文献,可能会遗漏少量关于社
会资本与健康关系的因果推断研究,并且产生阳性报告偏差问题,因为具
有统计显著性的结果更可能被核心期刊接收发表（纽曼,2017）。同时,
针对这些文献的评估也受限于社会资本本身复杂的概念化和操作化方式,
因为社会资本作为一个"定义模糊的暴露风险",使研究者难以使用一个
统一的工具来准确评估已有研究所揭示出的社会资本与健康的因果联系。

第 *3* 章 数据与研究方法

在上一章回顾社会资本理论及社会资本与健康的研究文献之后，本书在后续章节中会以国内几个具有全国代表性的数据库为基础，主要围绕主体、情境与时间维度下的社会资本如何影响个人健康，对社会资本的健康效应展开实证分析。本章首先介绍后续实证分析所需使用的数据资料及统计方法等。

3.1　数据来源

3.1.1　中国家庭追踪调查

本书第 5~7 章研究内容所使用的数据来自中国家庭追踪调查（China Family Panel Studies，CFPS）。CFPS 项目由北京大学中国社会科学调查中心和美国密歇根大学调查研究中心等机构合作开展，是一项始于 2010 年的全国性数据调查，目标人群既包括 16 岁及以上的成年人和非学龄儿童，也包括 16 岁以下的学龄阶段儿童。CFPS 同时将个人和家庭作为研究主体，以多层次、动态的视角开展追踪调查，旨在通过对全国代表性样本的跟踪调查，反映我国的经济发展与社会变迁状况以及我国居民在经济、政治、思想观念、教育、卫生等多个方面的变迁状况，力求反映和揭示复杂的、具有时间维度的社会现象（谢宇等，2014）。

CFPS 分 6 个独立子抽样框进行样本抽取，相应得到 6 个子总体，其中上海、广东、河南、辽宁和甘肃构成 5 个独立子抽样框（称为"大省"），每个大省目标抽样 1600 户，其他 20 个省级行政区构成一个独立子抽样框，目标样本 8000 户，每期调查累计样本规模为 16000 户。在此基础上，CF-

PS 采用多阶段、内隐分层（Implicit Stratification）和与人口规模成比例（Probability Proportional to Size，PPS）的系统概率抽样方式进行抽样，在全国 25 个省级行政区（人口约占全国的 95%）中采集家庭户和家庭户中的所有家庭成员信息。CFPS 的抽样分为三个阶段，即抽取行政区/县、抽取行政村/居委会、抽取家户，前两个阶段都以官方行政区划资料为依据，第三阶段则通过实地绘制地图来完成；CFPS 抽样的分层主要依据行政区划和地区社会经济发展水平，采用城乡一体化的方式进行抽样，并利用多种方式进行综合加权，所得样本具有很好的全国代表性。关于 CFPS 的更多信息可参见谢宇等（2014）的专题介绍。

目前，全国范围内的 CFPS 追踪调查已开展 5 次（分别在 2010 年、2012 年、2014 年、2016 年、2018 年开展）。CFPS 2010 为基线调查，CFPS 2012、CFPS 2014、CFPS 2016、CFPS 2018 为追踪调查，同样涵盖了之前的 25 个省级行政区，分别回收有效问卷 33600 份、35719 份、37147 份、36892 份和 32669 份，这种大样本、具有全国代表性的多层次追踪调查为本书研究社会资本对个人健康的因果性影响提供了很好的数据支持。

3.1.2 中国综合社会调查

本书第 8 章研究内容所使用的数据来源于 2005 年和 2015 年的中国综合社会调查（Chinese General Social Survey，CGSS）。CGSS 项目开始于 2003 年，由中国人民大学和香港科技大学共同主持开展，是中国首个大型的连续性社会调查项目。CGSS 2005 第一次全面调查了中国城乡居民的社会资本及健康状况，而 CGSS 2015 设置了 10 年回顾模块，重复测量了 CGSS 2005 中的一些问题，其中就包括社会资本（主要是社会信任）及健康方面的内容。CGSS 2005 及 CGSS 2015 均采用分层多阶段随机抽样设计，前者覆盖全国 30 个省级行政区，共获得 10372 份有效问卷；后者覆盖全国 28 个省级行政区，共获得 10968 份有效问卷。本章研究对关键的社会资本变量、健康变量、城乡变量及年龄、时期、出生队列变量进行个案剔除法（listwise deletion）缺失值处理，最终筛选出 15488 个有效样本，其中 CGSS 2005 中有 7324 个有效样本，CGSS 2015 中有 8164 个有效样本。若以城乡为划分标准，则有城镇样本 7867 个，农村样本 7621 个。

3.1.3　中国健康与养老追踪调查

本书第 9 章研究内容使用的数据取自中国健康与养老追踪调查（China Health and Retirement Longitudinal Study，CHARLS）的 2013 年全国追踪调查和 2014 年生命历程调查。CHARLS 是由北京大学相关机构主持开展的大型跨学科调查项目，旨在收集一套代表我国中老年人家庭和个人的高质量微观数据，用以分析我国人口老龄化问题、推动老龄化问题的跨学科研究，为制定和完善我国相关政策提供更加科学的依据。CHARLS 至今已开展全国范围内的追踪调查共计 5 次（分别在 2011 年、2013 年、2014 年、2015 年和 2018 年），其中 2014 年为生命历程调查，主要询问受访者童年时期的生活经历，为研究早年同伴关系如何影响中晚年健康提供了很好的材料。

CHARLS 的抽样过程分四个层面或阶段，即分别在县/区 - 村/居 - 家户 - 个人层面上进行抽样。在县级抽样阶段，按照与人口规模成比例的概率抽样方法（PPS 抽样），以区县 2009 年人口数量为基础，使用地区、城乡和 GDP 为分层指标，直接从全国 30 个省级行政单位（不包括西藏、台湾、香港和澳门）范围内随机抽取 150 个区县。在村级抽样阶段，按照 PPS 方法，以村/居 2009 年常住人口为基础，从上述 150 个区县中各随机抽取 3 个村或社区，最后得到 450 个村/社区。在家户抽样中，利用实地绘制地图和 GPS 定位的方式来保证抽样的准确性。CHARLS 在每次调查中收集样本 16000 ~ 20000 人，为保证结果的稳健性，本章研究删去年龄范围两端的少量稀疏值，选取年龄范围为 40 ~ 90 周岁的受访者，并且仅保留同时包含在 CHARLS 2013 和 CHARLS 2014 中的个体，最后再剔除在抑郁变量上填答缺失的样本，最终获得有效样本 15343 人。

3.2　变量选择与编码

3.2.1　CFPS 2010 ~2018

（1）社会资本

春节亲戚来访数：将设问"今年春节期间有几家亲戚拜访您家"作为春节亲戚来访数变量，其原始取值范围为 0 ~ 100 家。研究将其进行重新分类编码为 4 个分组（见表 3 - 1），该变量仅 CFPS 2010 调查。

春节朋友来访数：将设问"今年春节期间有几家朋友拜访您家"作为春节朋友来访数变量，其原始取值范围为 0 ~ 100 家。研究将其进行重新分类编码为 4 个分组（见表 3 - 1），该变量仅 CFPS 2010 调查。

日常邻里互动数：将设问"上个月您家与周围邻居是否有以下交往"作为日常邻里互动数变量，其原始选项包括"一起娱乐/聚餐"、"赠送食物或礼物"、"提供帮助"、"看望"和"聊天"。研究将每个二分变量相加得到一个取值范围为 0 ~ 5 的连续计数变量（见表 3 - 1），该变量仅 CFPS 2010 调查。

日常亲友互动数：将设问"上个月您家与亲友家是否有以下交往"作为日常亲友互动数变量，其原始选项包括"一起娱乐/聚餐"、"赠送食物或礼物"、"提供帮助"、"看望"和"聊天"。研究将每个二分变量相加得到一个取值范围为 0 ~ 5 的连续计数变量（见表 3 - 1），该变量仅 CFPS 2010 调查。

普遍信任：将设问"一般来说您认为大多数人是否可以信任"作为普遍信任衡量指标，其为一个二分变量（见表 3 - 1），且只在 CFPS 2012 ~ 2018 中进行了调查。

特殊信任：将问卷中关于三类具体人群的信任程度视作特殊信任，包括对邻居、干部和医生的信任，其均为取值范围为 0 ~ 10 的连续型变量，得分越高表示信任程度越高。本书使用因子分析方法获得一个公因子（信度分析的 Cronbach's α 系数大于 0.6，表明具有较好的内部一致性），再将其以均值为界划分为一个二分变量，其中高于均值表示高信任，低于均值表示低信任（见表 3 - 1）。涉及特殊信任的三个条目只在 CFPS 2012 ~ 2018 中进行了调查。

邻里整合度：将问卷中三个关于所住小区社会关系的变量视作邻里整合度（或称为邻里社会资本），包括"小区邻里关系如何"、"邻居是否会帮助您"以及"您对小区的感情如何"，它们均为取值范围为 1 ~ 5 的等级变量，研究首先将其正向化，使数值越大表示整合度越高，随后使用因子分析方法获得一个公因子（信度分析的 Cronbach's α 系数大于 0.6，表明具有较好的内部一致性），最后将其以均值为界划分为一个二分变量，其中高于均值表示高整合度，低于均值表示低整合度（见表 3 - 1）。该变量仅 CFPS 2016调查。

网络社交社会资本：一些研究关注到了上网及社交网站使用对健康的影响，但上网及使用社交网站并不等同于开展线上社交活动，使用者也可以利用其浏览信息、检索学习等。据此，本书将关于网络社交频率的设问"一般情况下您使用互联网进行社交活动的频率有多高"作为网络社交社会资本的操作化指标，其中"1 = 几乎每天，2 = 一周 3~4 次，3 = 一周 1~2 次，4 = 一月 2~3 次，5 = 一月 1 次，6 = 几个月一次，7 = 从不"，以捕捉受访者是否在线上开展了社交活动及其开展强度。研究将原选项 2~6 合并，并将其重新编码为一个三分类有序变量，其中"0 = 低水平（从不），1 = 中等水平（不是每天），2 = 高水平（几乎每天）"（见表 3 - 1）。该变量仅 CFPS 2014、CFPS 2016 和 CFPS 2018 调查。

表 3 - 1 变量编码与整合情况

变量	编码
性别	0 = 女性，1 = 男性
年龄	0 = 18~29 岁，1 = 30~44 岁，2 = 45~59 岁，3 = 60~90 岁
城乡	0 = 农村，1 = 城镇
户口	0 = 农业，1 = 非农业
婚姻状况	0 = 未婚，1 = 已婚，2 = 离婚/丧偶
受教育程度	0 = 文盲/半文盲，1 = 小学，2 = 初中，3 = 高中，4 = 大专及以上
工作状况	0 = 无工作（包括失业和退出劳动力市场），1 = 有工作
政治面貌	是否为共产党员，0 = 否，1 = 是
业余上网时长	每周业余上网小时数，0~84
身体锻炼	每周锻炼次数，0~50
吸烟	过去一个月或曾经，0 = 否，1 = 是
酗酒	过去一个月或曾经，0 = 否，1 = 是
熬夜	0 = 否，1 = 是
个人年收入	整体加 1 后取以 e 为底的对数值
主观个人收入	由低到高，1~5
主观个人地位	由低到高，1~5
家庭年收入	家庭实际年收入，回归分析中取其对数值
家庭规模	家庭成员实际数量，1~26
兄弟姐妹数	兄弟姐妹实际数量，0~15
普遍信任	0 = 不信任，1 = 信任

续表

变量	编码
特殊信任	0 = 低信任（低于均值），1 = 高信任（高于均值）
春节亲戚来访数	0 = 0 家，1 = 1 ~ 5 家，2 = 6 ~ 10 家，3 = > 10 家
春节朋友来访数	0 = 0 家，1 = 1 ~ 5 家，2 = 6 ~ 10 家，3 = > 10 家
日常邻里互动数	计数变量，0 ~ 5
日常亲友互动数	计数变量，0 ~ 5
邻里整合度	0 = 低整合度（低于均值），1 = 高整合度（高于均值）
网络社交社会资本	0 = 低水平（从不），1 = 中等水平（不是每天），2 = 高水平（几乎每天）
自评健康	0 = 不健康，1 = 健康
两周患病	0 = 否，1 = 是
抑郁水平	连续型变量，0 ~ 24，得分越高表示抑郁水平越高

注：身体锻炼变量在 CFPS 2012 中为每月频率，"1 = 从不，2 = 每月一次，3 = 每月两三次，4 = 每周两三次，5 = 几乎每天"，其他年份 CFPS 中为每周实际锻炼次数（后续章节在纵向分析中会进行再编码整合处理）。酗酒定义为过去一个月内每周喝酒 3 次以上。个人年收入变量存在年份系统缺失，故仅纳入针对 CFPS 2010 的分析中。在后续相应章节的分析中，除了少数进行额外说明的变量外，变量编码与该表中的保持一致。

基于第 1 章提出的社会资本测量框架，依托 CFPS 2010 ~ 2018 实际可用数据，本书在第 5 ~ 7 章实际用到的测量框架及指标见表 3 - 2。也就是说，后续这些章节仅选取表 1 - 1 框架中的部分测量指标进行研究。

表 3 - 2 社会资本测量框架

	立足现实情境		立足虚拟网络
	认知型	结构型	
个人取向	普遍信任、特殊信任	—	线上社会互动
	邻里整合度		
家庭取向	—	春节亲戚来访数 春节朋友来访数 日常邻里互动数 日常亲友互动数	—

注：立足现实情境的结构型社会资本和立足虚拟网络的家庭取向社会资本数据在 CFPS 中不可得，故本书在相应章节中未纳入分析。

（2）健康

自评健康：自评健康为有序变量"您认为自己的健康状况如何"，但不同年份的测量选项稍有差异，其中 CFPS 2010 的选项为 "1 = 健康，2 = 一般，3 = 比较不健康，4 = 不健康，5 = 非常不健康"，其余轮次中的则为 "1 = 非常健康，2 = 很健康，3 = 比较健康，4 = 一般，5 = 不健康"，在此依照 Murayama 等（2012b）的处理方式，将 CFPS 2010 中的前两项编码为 "1 = 健康"，将后三项编码为 "0 = 不健康"；将其余轮次中的前三个选项合并为 "1 = 健康"，后两个选项合并为 "0 = 不健康"（见表 3-1）。

两周患病：利用设问 "过去两周，您是否有身体不适" 来测量受访者的两周患病状况，其中 "0 = 否，1 = 是"（见表 3-1）。

抑郁水平：在 CFPS 2010 和 CFPS 2014 中，抑郁水平由 CESD-6 量表测量，其测量最近一个月内是否出现 6 种情绪相关状态（包括沮丧/郁闷/做事不能振奋、精神紧张、坐卧不安/难以保持平静、感到没有希望、做事感到困难、生活没有意义），其中原始选项为 "1 = 几乎每天，2 = 经常，3 = 一半时间，4 = 有一些时候，5 = 从不"，研究将其加总后减去 6，得到一个取值范围为 0~24 的抑郁得分，得分越高表示抑郁水平越高。在 CFPS 2012、CFPS 2016 和 CFPS 2018 中，抑郁水平由 CESD-8 量表测量，其测量过去一周内是否出现 8 种情绪相关状态（包括情绪低落、做事费劲、睡眠不好、愉快、孤独、生活快乐、悲伤难过、生活无法继续），其中原始选项为 "1 = 几乎没有，2 = 有些时候，3 = 经常有，4 = 大多数时候"，研究将逆向变量（包括愉快和生活快乐）进行正向化处理，再将其加总后减去 8，得到一个取值范围为 0~24 的抑郁得分，得分越高表示抑郁水平越高（见表 3-1，所有调查中信度分析的 Cronbach's α 系数均大于 0.7，表明具有较好的内部一致性）。需要指出的是，在测量尺度一致的情况下（均为 0~24 的测量尺度），CESD-6 和 CESD-8 仍可能存在系统性测量差异。

（3）其他协变量

根据健康社会决定因素理论，个人健康状况会受到多层次因素的影响，因此需要有选择性地纳入控制变量。根据该理论，个人健康会受到个人生物及人口学特征、健康行为与生活方式、社会经济地位、社会支持网络、医疗卫生服务、外在居住环境的影响（李鲁，2017）。据此，在排除作为社会支持网络的社会资本外，本书分析模型基于 CFPS 数据，尽量全面纳入上述维度中的因素加以控制以准确分析社会资本的健康效应。针对个人生物及人口学特征，研究选取性别、年龄、婚姻状况作为协变量纳入模型；针对健康行为与生活方式，研究选取身体锻炼、吸烟、酗酒、熬夜作为协变量纳入模型；针对社会经济地位，研究选取受教育程度、工作状况、政治面貌、个人年收入（仅 CFPS 2010）、主观个人收入、主观个人地位作为协变量纳入模型；针对外在居住环境，研究选取城乡、户口、家庭年收入、家庭规模、兄弟姐妹数（仅 CFPS 2010）作为协变量纳入模型；针对网络社交社会资本，研究还选取业余上网时长（仅 CFPS 2014、CFPS 2016、CFPS 2018）作为协变量纳入模型。此外，在进行异质性分析时，性别和城乡变量在后文分析中被视作重要的分组变量/调节变量。具体参见表 3 - 1。

　　研究将五次调查的数据库进行纵向合并，并对数据库进行适当清理。第一，研究剔除了年龄低于 18 岁及高于 90 岁的样本（样本量减少 3633），确保分析样本属于成年人范畴，且减少了高龄稀疏值对数据分析稳健性的不利影响。第二，研究剔除了在三种健康结局指标上均缺失的样本（样本量减少 1396）。

3.2.2　CGSS 2005 和 CGSS 2015

（1）社会资本

　　在第 8 章使用 CGSS 数据开展的研究中，社会资本主要通过信任来测量。信任是社会资本中最有代表性的元素之一，其他很多研究在探究社会资本时也应用了相似的处理方式（Meng and Chen，2014）。在 CGSS 问卷中，被访者需要回答"在不直接涉及金钱利益的一般社会交往/接触中，您觉得下列人士中可以信任的人多不多呢"，其中"1 = 绝大多数不可信，2 = 多数不可信，3 = 可信者与不可信者各半，4 = 多数可信，5 = 绝大多数可信"。在城镇居民中，研究将对近邻、远邻/街坊、亲戚、同事、老同学的信任视为结型社会资本，其内部一致性系数（Cronbach's α 系数）为 0.811；将对交情不深的朋友/相识、在外地相遇的同乡、一起参加文娱/健身/进修等业余活动的人、一起参加社会活动/公益活动的人、陌生人的信任视为桥型社会资本，其内部一致性系数为 0.796。在农村居民中，研究将对近邻、邻居以外的同村居民、同村的同姓人、同村的非同姓人、亲戚的信任视为结型社会资本，其内部一致性系数为 0.865；将对交情不深的朋友/相识、在外地相遇的同乡、陌生人的信任视为桥型社会资本，其内部一致性系数为 0.605。随后，研究通过探索性因子分析方法（部分结果见附表 5），得到城镇和农村居民的结型及桥型社会资本得分，并将其均转化为百分制得分。

（2）健康状况

第 8 章研究选取自评健康（SRH）和自评抑郁水平作为健康结局的两种形式。针对自评健康，在 CGSS 2005 问卷中，受访者需要回答"总的来说，您认为您上个月的健康状况是怎样的"，其中"1 = 非常好，2 = 很好，3 = 好，4 = 一般，5 = 不好，6 = 非常不好"，但在 CGSS 2015 问卷中，受访者需要回答"您觉得您目前的身体健康状况怎样"，其中"1 = 很不健康，2 = 比较不健康，3 = 一般，4 = 比较健康，5 = 很健康"。为保持测量尺度一致，研究统一将变量编码为"1 = 不健康，2 = 一般，3 = 健康"。针对自评抑郁水平，受访者需要回答"在上个月/过去四周内，您感到心情抑郁的频繁程度如何"，在将原问卷中的作答逆向编码后，有"1 = 从不，2 = 很少，3 = 有时，4 = 经常，5 = 总是"。在经过上述处理之后，研究将自评健康和自评抑郁水平变量均转化为百分制变量。

此外，研究选取性别、受教育程度、个人年收入、家庭年收入（两个收入变量均调整了 10 年间的通货膨胀因素）作为控制变量，以对社会资本影响健康的直接效应以及时间异质性效应进行合理的调整，这些变量的信息参见第 4 章的表 4 - 2。

3.2.3　CHARLS 2013 ~2014

（1）早年同伴关系

既有研究在探讨相关议题时，大多笼统地将早年同伴关系作为单个维度的变量，没有考虑其潜在的多个方面及各自健康效应的差异性。第 9 章研究利用三个小问题分别考察早年同伴关系的三个方面："童年是否有关系很好的朋友"（对于早年同伴关系的构建）、"童年是否有朋友一起玩耍"（对于早年同伴关系的参与）以及"童年是否因没有朋友而感到孤独"（对于早年同伴关系的感受）。早年同伴关系构建变量为二分变量，其中"1 = 是，2 = 否"；参与和感受变量采用 4 点量表的形式进行测量，其中"1 = 从不，2 = 很少，3 = 有时，4 = 经常"。

（2）受教育水平

由于受访者均出生在改革开放之前，因此其受教育水平普遍较低，再结合调查实际得到样本的受教育水平分布特征，研究将受教育水平重新划分为三个等级：将未受过教育者视为低受教育水平组，将小学及初中受教育水平者视为中等受教育水平组，将高中/中专及以上者视为高受教育水平组。

（3）抑郁水平

第 9 章主要从心理健康角度探究早年同伴关系的健康效应，故选择抑郁作为健康结局。抑郁水平采用简化的流调中心 10 条目抑郁量表（The 10-item Center for Epidemiologic Studies Depression Scale，CESD-10）测量，所有指标均为李克特 4 点量表形式，其中"1 = 很少/根本没有，2 = 不太多，3 = 有时/一半时间，4 = 大多数时间"（条目详情见附表6）。研究采用两种策略进行编码，一是将逆向指标（dep5 和 dep8）正向化后加总所有 10 个条目，然后再减 10，计算出一个取值范围为 0 ~ 30 分的连续型变量，得分越高表示抑郁程度越严重；二是参照已有研究，将 12 分作为抑郁评定的截断点，其中"≥ 12"表示有抑郁症状，"< 12"表示无抑郁症状（Cheng and Chan，2005）。

此外，研究首先选取性别、年龄、居住地、户籍类型、婚姻状况作为控制变量，这些人口学因素被证实与抑郁水平存在关联。其次，考虑到早年同伴关系可能受到早年家庭经济禀赋的影响，选取童年是否挨饿、童年家庭经济地位对模型进行调整。最后，基于身心一体化理论（郭慧玲，2016），当前抑郁状况与身体健康可能存在相关性，因此选取自评健康纳入模型进行调整。上述控制变量的具体信息见第 4 章的表 4 - 3。

3.3　研究方法

3.3.1　一般多元回归模型

在后续实证分析章节中，研究首先会利用一般多元线性和非线性模型对社会资本与健康的关系进行初步估计。针对第 6 章和第 7 章的横截面数据，根据结局变量类型的不同，即自评健康和两周患病为二分变量，抑郁水平为连续型变量，研究分别使用二项 Logit 回归和一般线性回归进行估计，具体模型设置分别如下：

$$Logit(Pr) = \beta_0 + \beta_1 SC_i + K_i \delta$$

$$Depression_i = \beta_0 + \beta_1 SC_i + K_i \delta + \mu_i$$

其中 Pr 表示自评健康或两周患病的概率，β_0 表示截距项，SC_i 表示家庭取向社会资本或线上社会互动变量，β_1 表示家庭取向社会资本或线上社会互动变量的估计系数，$K_i \delta$ 为一系列控制变量（包括人口学特征、社会经济地位、健康行为、家庭特征和上网特征变量等），μ_i 为残差项。

在第 5 章，考虑到 CFPS 调查是多轮次的，研究使用混合回归模型（Pooled Regression Model）对多轮次汇总数据进行初步回归分析。同样地，根据结局变量类型的不同，即自评健康和两周患病为二分变量，抑郁水平为连续型变量，研究分别使用混合二项 Logit 回归和混合线性回归进行估计，具体模型设置分别如下：

$$Logit(Pr) = \beta_0 + \beta_1 ST_i + \beta_2 period_t + K_i \delta$$

$$Depression_i = \beta_0 + \beta_1 ST_i + \beta_2 period_t + K_i \delta + \mu_i$$

其中 Pr 表示自评健康或两周患病的概率，β_0 表示截距项，ST_i 表示信任变量（包括普遍信任和特殊信任），β_1 表示信任变量的估计系数，$period_t$ 表示纳入的时期变量，β_2 表示时期变量的估计系数，$K_i \delta$ 为一系列控制变量（包括人口学特征、社会经济地位、健康行为和家庭特征变量等），μ_i 为残差项。需要指出的是，在第 5 章的分析中，研究还使用了普遍信任与特殊信任以及控制变量的一阶滞后项（滞后一期）作为自变量（或者说将健康结局的一阶前置项作为因变量纳入模型），对健康结局和健康行为进行混合回归，即滞后项回归，尝试解决信任与健康双向因果关系带来的联立性偏误问题。

3.3.2　发展模型

在第 4 章中，研究首先会对数据库整体情况及居民健康状况进行简单的描述性分析，这些分析将假设样本不存在个体内相关性。随后，研究进一步考虑面板数据的个体内相关性，利用发展模型对健康的历时发展特征进行初步刻画。此外，第 5 章关于信任变量的历时发展特征描述也同样使用该方法。研究考虑最简单的线性发展模型，纳入年龄、出生世代以及年龄与出生世代的交互项，考察信任和健康随个体年龄的变化以及在不同出生世代中的潜在变化差异。以普遍信任、特殊信任、自评健康以及两周患病为结局的模型设置如下。

水平 1 模型：

$$Logit(P_{ij}) = \beta_{0j} + \beta_{1j} age_{ij} + \beta_{2j} agesquared_{ij}$$

或

$$Depression_{ij} = \beta_{0j} + \beta_{1j} age_{ij} + \beta_{2j} agesquared_{ij} + e_{ij}$$

水平 2 模型：

$$\beta_{0j} = \gamma_{00} + \gamma_{01} cohort_j + u_{0j}$$
$$\beta_{1j} = \gamma_{10} + \gamma_{11} cohort_j + u_{1j}$$
$$\beta_{2j} = \gamma_{20} + u_{2j}$$

其中 P_{ij} 表示普遍信任、特殊信任、自评健康或两周患病的概率；β_{0j} 表示截距项，其由固定部分 γ_{00} 和随机部分 u_{0j} 构成；β_{1j} 为年龄变量系数，其由固定部分 γ_{10} 和随机部分 u_{1j} 构成；γ_{01} 表示世代效应系数；而 γ_{11} 表示年龄与世代的交互效应系数；β_{2j} 为年龄平方项系数，其由固定部分 γ_{20} 和随机部分 u_{2j} 构成；e_{ij} 为残差项。这里有两点需要说明。第一，研究将队列划分为 7 个世代组（1920～1939 年、1940～1949 年、1950～1959 年、1960～1969 年、1970～1979 年、1980～1989 年、1990～2000 年），以便于阐释信任和健康的时间变化轨迹；第二，在对信任轨迹进行拟合时，研究仅考虑了线性轨迹的拟合，因为研究没有充分的证据指出其可能存在高次项变化特征，且高次项的加入无助于模型拟合；第三，考虑到 CESD 量表在不同轮次调查中不完全一致，在估计抑郁水平时研究仅使用 CFPS 2012、CFPS 2016 和 CFPS 2018 数据（均使用 CESD－8 测量得到），以保证测量尺度在不同轮次间的可比性。

3.3.3 固定效应模型

前述回归模型未考虑内生性问题，不能得到可靠的社会资本因果健康效应，故在上述模型的基础上使用因果推断方法进行进一步估计。针对第5章多轮次追踪数据结构，研究使用固定效应（Fixed Effect，FE）模型进行分析。固定效应模型利用差分的原理来剔除不随时间变化的内生性混杂，其适用于固定样本的追踪数据。为了解其估计原理，下面以两次追踪为例，构造如下式子：

$$H_{i1} = \alpha_1 + \beta\, ST_{i1} + K_{i1}\delta + a_i + D_1 + \mu_{i1}$$
$$H_{i2} = \alpha_2 + \beta\, ST_{i2} + K_{i2}\delta + a_i + D_2 + \mu_{i2}$$

其中 H_{i1} 和 H_{i2} 表示针对两次调查数据的回归估计的健康结局，α_1 和 α_2 为两次估计的截距，ST_{i1} 和 ST_{i2} 为两次估计的信任（普遍信任与特殊信任），$K_{i1}\delta$ 和 $K_{i2}\delta$ 为一系列协变量，a_i 为不随时间变化的个体属性特征，D_1 和 D_2 为时间效应，μ_{i1} 和 μ_{i2} 则为两次估计的残差项。对上述两个回归方程式作差，可得到如下式子：

$$\Delta H = \Delta\alpha + \beta\,\Delta ST_i + \Delta K_i\delta + \Delta D + \Delta\mu_i$$

很明显，原本针对健康水平值的估计转换为对健康水平变化值的估计，信任变量也成为一个变化值，且不随时间变化的个体属性特征 a_i（可能存在的内生性混杂）被完全消去了。由于上式也纳入了时期变量，因此上述模型也被称为双向固定效应模型，即同时控制个体固定效应和时间固定效应，它能够在一定程度上帮助我们解决那些不随个体变异但会随时期变异的遗漏变量的问题。同理，当结局为二分变量时，上述差分法同样适用，只不过等式左边是以概率的形式表示的，且等式右边不存在残差项。通过这种构造与估计方式，固定效应模型对信任和健康的时间变化量间的关系进行估计，从而得到更加真实的因果关系。

此外，已有研究通常使用豪斯曼检验来确定固定效应模型相比随机效应（Random Effect，RE）模型是否更有效率。为此，这里需要检验原假设"a_i 与 ST_{i1} 不相关"，若不成立，则选择 FE 估计更有效率，否则选择 RE 估计更有效率。但该假设成立时，FE 估计与 RE 估计同样是一致的，即此时 FE 估计和 RE 估计将同时收敛于真实参数值。豪斯曼统计量可表示如下：

$$(\hat{\beta}_{FE} - \hat{\beta}_{RE})\,{}'\,\big[\,\widehat{Var(\hat{\beta}_{FE})} - \widehat{Var(\hat{\beta}_{RE})}\,\big]^{-1}(\hat{\beta}_{FE} - \hat{\beta}_{RE}) \xrightarrow{d} \chi^2(K)$$

该统计量基于卡方检验，其中 K 为 $\hat{\beta}_{FE}$ 的维度，即模型中包含的随时期变化的解释变量数（信任变量数），若该统计量大于临界值（一般要求 $p < 0.05$），则拒绝原假设，认为 FE 估计更有效率。

3.3.4 倾向值匹配

由于第 6 章、第 7 章和第 9 章会使用横断面结构的数据资料，故不能使用基于追踪数据的个体固定效应模型进行估计，因此研究选择倾向值匹配（Propensity Score Matching，PSM）方法进行估计。倾向值匹配是一种基于反事实框架原理来解决观察性数据中内生性问题的方法，在社会科学因果推断中得到了比较广泛的应用，可以有效解决内生性问题（Rosenbaum and Rubin，1983；胡安宁，2012，2015）。在本书中，PSM 假设不同健康状况的个体本身拥有相同或相似的概率去构建和获得社会资本，并据此构造一个随机试验的条件，使得拥有不同社会资本的个体可以直接进行比较，从而得出社会资本对个人健康结局的净效应。研究选择对参与者平均处理效应（Average Treatment Effect on the Treated，ATT）进行估计，因为它衡量的是社会资本带来的净收益。由于家庭取向社会资本、网络社交社会资本以及早年同伴关系社会资本均为多分类变量，故研究使用基于 PSM 的逆概率加权（Inverse Probability Weighting，IPW）和回归调整的逆概率加权（Inverse Probability Weighted Regression Adjustment，IPWRA）方法（Hong，2015；Stata，2017）分别对社会资本与个人健康结局之间的关系进行因果推断，其原理模型构建如下：

$$ATT = E(y_k - y_0 \mid m = k) = E(y_k \mid m = k) - E(y_0 \mid m = k)$$

且需要满足条件独立假设：

$$[(y_i \mid T_i = k), (y_i \mid T_i = 0)] \perp T_i \mid X_i$$

以及共同支持域假设：

$$0 < p(x_i) = Pr(T_i = k \mid X = x_i) < 1$$

其中，y_k 表示家庭取向社会资本（包括春节亲戚来访数、春节朋友来访数、日常邻里互动数和日常亲友互动数）为 k（$k = 1 \sim 5$）时，或网络社交社会资本/早年同伴关系社会资本为 k（$k = 1$ 或 2）时受访者的健康状况，y_0 表

示三类社会资本为 0（参照项）时受访者的健康状况，y_i 表示个体 i 的健康状况。该模型估计家庭取向社会资本为 k 的受访者在该状态 $[E(y_k | m = k)]$ 及其作为参照的反事实状态 $[E(y_0 | m = k)]$ 下的健康水平或概率的差值，或网络社交社会资本为 k 的受访者在该状态 $[E(y_k | m = k)]$ 及其作为参照的反事实状态 $[E(y_0 | m = k)]$ 下的健康水平或概率的差值，或早年同伴关系社会资本为 k 的受访者在该状态 $[E(y_k | m = k)]$ 及其作为参照的反事实状态 $[E(y_0 | m = k)]$ 下的健康水平或概率的差值，得到社会资本对健康的净效应。

针对前述两个假设，条件独立假设要求在给定不受干预影响的一组可观测特征 X（X 为纳入模型的控制变量）的情况下，健康状况 y 独立于社会资本干预分派 T；共同支持域假设要求干预组 k 的成员能够找到处于其倾向值分布附近的对照组 0 的成员，以完成匹配估计。需要注意的是，平衡性检验要求匹配后控制变量在对照组和处理组之间的差异不存在统计学意义，但由于 Stata 软件针对多值处理效应匹配估计的平衡性检验并不直接提供差异检验结果，而是提供对照组与处理组之间各控制变量的标准化差值，该差值为 $(\bar{X}_k - \bar{X}_0) / \sqrt{(S_k^2 + S_0^2)/2}$，即处理组与对照组均值之差除以根号下处理组与对照组标准差平方和的一半，故需要该标准化差值在匹配后显著减小，一般要求该标准化差值小于 0.25（Hong，2010，2015；Robins et al.，2003）。此外，虽然 IPW 方法可以完全平衡不同社会资本状态组之间的差异，但该方法容易因为共同支持域偏小而造成偏差，因此，研究利用 IPWRA 方法对 IPW 方法的分析结果进行稳健性检验，若两种分析结果一致，则表明结果是可靠且稳健的（Hong，2015）。基于尽可能多地将混淆变量纳入概率预测模型中的要求（胡安宁，2015），本书在概率预测模型中纳入所有控制变量，其中样本重新随机排序的种子数为 20201231[①]。

3.3.5 样本选择模型

在第 7 章关于网络社交社会资本的分析中，一般线性/非线性回归模型

---

① 该种子数是由一个与本书研究主题无关的笔者日常生活事件日期随机决定的，独立于社会资本与健康等变量。

和 PSM 方法都只能针对能够上网的群体进行分析，即那些报告不能上网的受访者会被自然而然地排除在分析之外，因为网络社交问题是基于能够上网者进行的设问。然而，这里存在一个样本选择问题，即导致人们是否能够上网的一些非观测因素和网络社交社会资本估计方程中的误差项可能存在相关关系。由于 PSM 方法仅将能够上网的受访者纳入分析，因此其并不能很好地解决该样本选择内生性问题，故第 7 章研究将使用 Heckman 样本选择模型进行稳健性分析。在 Heckman 样本选择模型中，纳入分析的样本不再是能够上网的 13910 人，而是同时包含能上网和不能上网的所有样本，研究以三类健康结局和是否能上网变量为依据，按照个案剔除法进行缺失值清理，最终获得有效样本 32438 人。

需要注意的是，样本选择模型需要纳入排除限定变量（Verbeek，2012；陈云松，2020），并需要假设该变量不与个人健康直接相关，但会影响个体能否上网。我国的互联网发展具有很大的区域差异，一般是东部地区普及度高、中部次之、西部地区最低，这与社会经济发展水平及其他社会和自然因素密切相关。因此，研究选择省份哑变量作为排除限定变量，因为省份固定效应的控制可以很好地控制省份自然和社会经济属性的影响，且在控制个体特征、社会经济地位等变量后，个人健康并不会表现出较大的省份波动。据此，研究将 Heckman 模型设定如下：

$$Use_i = \gamma_0 + \gamma_1 province_i + \gamma_2 Z_i + \mu_i$$
$$Health_i = \beta_0 + \beta_1 nsc_i + \beta_2 X_i + \beta_3 \lambda_i + \varepsilon_i$$

这里研究使用两步估计法（Heckman，1979），因为其对变量正态分布的假设更弱（陈强，2014），这使得使用 OLS 估计二分变量结果的效率更高。[①] 上式中的 Use_i 表示是否能够使用互联网（是否能够上网），X_i 指所有控制变量，Z_i 是 X_i 的子集，仅包含个体特征变量、社会经济地位变量以及家庭年收入变量，因为研究假设这些变量会影响个人是否能够上网，而健康行为等其他协变量与是否能够上网关系不大；$province_i$ 为排除限定的省份虚拟变量，其仅需要纳入前一个方程；λ_i 为 Mills 比率，它是累积分布函数和密度函数之比，控制它意味着控制了导致样本选择的异质性；nsc_i 为网

---

① 两步估计法的 Heckman 样本选择模型在 Stata 软件中不能设置样本权重。

络社交社会资本，γ_0 和 β_0 为截距项，μ_i 和 ε_i 为残差项。

3.3.6 年龄－时期－世代模型

本书第 8 章关注社会资本影响健康在时间维度上的异质性，而所谓的时间维度一般包括个体的年龄、社会发展中的时期，以及两者相叠合交错的世代。自 20 世纪 70 年代以来，年龄－时期－世代（Age-Period-Cohort，APC）分析方法得到了长足的发展。基于生命历程理论，APC 模型的侧重点在于分析世代效应（Yang and Land，2013）。在回顾相关分析策略的基础上，第 8 章的研究采取一般线性回归模型作为基础模型，设定年龄与时期的交互项（时期的影响在不同年龄中的差异性）来考察世代效应（Glenn，2005；Wei et al.，2017），再将结型及桥型社会资本分别与年龄、时期及二者的乘积项相乘得到交互项，用以检验两类社会资本在影响健康的过程中是否存在时间异质性。基于此，研究将模型构建如下：

$$
\begin{aligned}
Health_i = {} & \beta_0 + \beta_1 \times age_i + \beta_2 \times age_i^2 + \beta_3 \times period_i + \beta_4 \times age_i \times period_i + \beta_5 \times bonding_i + \\
& \beta_6 \times bridging_i + \beta_7 \times age_i \times bonding_i + \beta_8 \times age_i \times bridging_i + \\
& \beta_9 \times period_i \times bonding_i + \beta_{10} \times period_i \times bridging_i + \\
& \beta_{11} \times age_i \times period_i \times bonding_i + \beta_{12} \times age_i \times \\
& period_i \times bridging_i + \sum_{13}^{16} (\beta_k \times x_i) + \varepsilon_i
\end{aligned}
$$

其中，$Health_i$ 为个体 i 的身体健康/抑郁水平变量，β_0 为截距项，$\beta_1 \sim \beta_{12}$ 包含了年龄、时期、世代、结型社会资本、桥型社会资本变量系数，以及年龄、时期、世代变量与两类社会资本变量的交互项系数，$\sum_{13}^{16} (\beta_k \times x_i)$ 表示纳入模型的 4 个控制变量，包括性别、受教育程度、个人年收入、家庭年收入，ε_i 为残差项。

此外，在本章的变量编码中，研究使用了因子分析方法来提取特殊信任及邻里整合度变量，并使用信度系数 Cronbach's α 来衡量公因子的内部一致性。在第 4 章的描述性分析中，研究会使用独立样本 t 检验、方差分析来检验社会资本与健康的人群差异。上述统计模型均使用 Stata 14.0 统计软件进行估计，并以 $p < 0.1$ 作为差异具有统计学意义的标准。虽然 $p < 0.05$ 在实证研究中十分常见，但 $p < 0.1$ 表示差异具有边缘统计学意义，

在社会科学量化研究中应用更广（例如，Ang，2018；高明华，2020），因为大范围的尤其是全国范围的社会调查数据样本间异质性更强，研究者在进行统计检验时有时候需要适度放宽检验标准。除个别统计推断模型外，所有统计推断模型均进行加权处理，使分析结果能够反映总体状况。

3.4 小结

本章主要对后续实证分析的数据和方法设计进行全面而详细的介绍，重点介绍了 CFPS、CGSS 及 CHARLS 数据库和将要使用到的主要变量的概念和操作化情况，以及将要用到的一系列涉及因果推断内涵的方法，包括固定效应模型、倾向值匹配、样本选择模型以及滞后项回归等，简单介绍了差异检验、一般线性回归、二项 Logit 回归、混合回归、发展模型、基于回归分析方法的 APC 模型等分析方法。当然，在后文一些变量处理和分析中若出现编码变动等情况，都会进行相应说明。

需要进一步说明的是，受限于调查数据可得性，针对三类社会资本对健康因果性影响的研究所使用的数据调查年份并不完全一致。第 5 章针对个人取向社会资本的研究采用 2012～2018 年的 CFPS 数据，因为 2010 年的 CFPS 并未对信任等个人取向社会资本变量进行调查，研究无法纳入。第 6 章针对家庭取向社会资本的研究采用 2010 年的 CFPS 数据，因为在 CFPS 中只有 2010 年调查询问了受访者家庭取向社会资本相关问题。第 7 章针对网络社交社会资本的研究采用 2016 年的 CFPS 数据，虽然线上社会资本指标在 2014 年、2016 年和 2018 年 CFPS 中均存在，但因为研究涉及线上线下社会资本的交互关系，而 2016 年 CFPS 数据中包含的线下社会资本信息最多（既包括信任变量，又包括邻里社会资本变量，而后者只在 CFPS 2016 中涉及），故而会方便研究对更多交互关系进行探究。此外，第 8 章和第 9 章的研究主题涉及生命历程视角的嵌入，因此笔者根据研究需要，分别利用 CGSS 和 CHARLS 数据开展研究，并且这些社会资本从性质上看都是个人取向范畴下的。

第4章 样本基本信息及健康状况分析

健康不平等历来都是社会学研究的核心议题之一，在微观层次上，这种不平等主要表现为不同人口学特征群体之间的差异。健康状况的性别差异由生物因素和社会因素共同塑造形成，大量研究指出，男性在自评健康、两周患病、抑郁水平等健康结局上往往优于女性（张冲等，2016；郑莉、曾旭晖，2016；Jiang and Wang，2020b），但女性预期寿命普遍高于男性（Wilson et al.，2020）。由于身体机能的老化，个人身体健康指标一般随年龄的增长而逐渐变差（陈心广、王培刚，2014），但不少研究发现自评健康、抑郁或焦虑等主观健康指标往往在老年时期略有好转（Jiang and Wang，2018；Jiang，2020；Jiang and Zhang，2020）。婚姻一般有益于个人健康尤其是心理健康，因为婚姻缔结增加了个人亲密关系，丰富了个人情感生活，同时也集约化了物质资源，但离婚、丧偶等婚姻终结事件往往会带来情感上的打击，影响身心健康（魏东霞、谌新民，2017；李成福等，2018）。在我国，居民健康存在较大的城乡差异，多数研究发现城镇居民健康水平明显高于农村居民（齐良书，2006；Jiang and Wang，2018），这种健康城乡分化在很大程度上是由城乡社会经济发展和资源分配不均衡导致的，但有部分研究发现我国农村老年人身体健康水平实际上是好于城镇老年人的（李建新、李春华，2014）。在社会科学研究中，社会经济地位因素被视为健康的关键决定因素，大量研究指出，更多的教育获得、更高的收入水平和职业地位能够显著提高个人身心健康水平（王甫勤，2012；胡安宁，2014a；焦开山，2014；梁童心等，2019；Mrig，2020；Xu et al.，2020）。一般认为社会经济地位会通过多种机制带来健康收益，包括带来更多更优质的健康资源、健康信息、健康环境以及健康机遇等（Marmot，2002）。

从已有研究来看，健康确实存在广泛的人群非均匀分布特征，因此在展开社会资本与健康因果关系的实证分析前，本章首先对健康进行描述性分析，了解近年来中国居民健康的基本状况、时间变化及人群差异情况，同时这些基本信息也有助于对后续分析结果的诠释。

4.1　样本基本特征分析

表 4－1 显示，CFPS 的 5 次调查所包含的样本共计 169020 人次，以中青年居民为主，性别比例相对均衡。农村居民略多于城镇，但前者占比有逐年降低趋势，农业户口居民占七成以上，已婚居民占比约为八成。受访群体以在业者为主，主观个人地位和主观个人收入以中等和中下等为主，且受教育程度以初中及以下为主，但整体的受教育程度呈逐年上升趋势。约三成受访者当前或曾经有吸烟经历，超过两成受访者经常熬夜且熬夜比例有逐年上升的趋势，但有酗酒经历的受访者不足两成，且每周锻炼次数平均为 1～3 次，锻炼频率呈现随时期提高的态势。受访者业余上网时长逐年增加，从 2014 年的平均 11.1 小时增至 2018 年的 13.4 小时。受访者家庭年收入增长迅速，从 2010 年的平均 36650 元增至 2018 年的平均 91672元，主观个人地位也存在随时期而上升的趋势，但家庭年收入差异同样有增大趋势，反映了收入增长和收入分化并存的局面；受访者家庭平均人数在 4.3 人左右，且平均兄弟姐妹数约为 3 个。

表 4－1　CFPS 中样本基本特征的分时期描述性分析 （$n = 169020$）

单位：人，%

	2010 年		2012 年		2014 年		2016 年		2018 年	
	频数	占比	频数	占比	频数	占比	频数	占比	频数	占比
性别										
女	15589	51.5	17164	50.1	18119	50.0	18021	50.1	16024	50.1
男	14694	48.5	17088	49.9	18095	50.0	17944	49.9	15949	49.9
年龄										
18～29 岁	3252	10.8	7714	22.3	8090	22.4	7693	21.4	5283	17.9
30～44 岁	9754	32.2	9709	28.1	9237	25.5	8810	24.6	7256	24.6

主体、情境与时间：社会资本对中国居民健康的影响

	2010 年		2012 年		2014 年		2016 年		2018 年	
	频数	占比	频数	占比	频数	占比	频数	占比	频数	占比
45～59 岁	10239	33.8	9874	28.6	10113	28.0	10108	28.2	9067	30.8
60～90 岁	7012	23.2	7242	21.0	8698	24.1	9265	25.8	7856	26.7
城乡										
农村	16087	53.1	24627	71.4	17436	52.2	18559	52.0	15566	49.5
城镇	14196	46.9	9846	28.6	15977	47.8	17131	48.0	15899	50.5
户口										
农业	21160	70.0	24883	72.5	25693	73.4	23755	73.4	21694	72.6
非农业	9066	30.0	9428	27.5	9315	26.6	8633	26.6	7744	26.4
婚姻状况										
未婚	1530	5.0	4658	13.5	5020	13.9	4862	13.5	3537	12.0
已婚	26339	87.0	27507	79.6	28243	78.0	28012	77.9	23629	80.2
离婚/丧偶	2411	8.0	2399	6.9	2947	8.1	3105	8.6	2312	7.8
受教育程度										
文盲/半文盲	9565	31.6	10010	29.0	10093	27.9	9084	26.7	7653	23.9
小学	6534	21.6	7292	21.1	7660	21.2	7219	21.2	7131	22.3
初中	8168	27.0	9586	27.8	10086	27.9	9237	27.1	8618	27.0
高中	3826	12.6	4948	14.3	5237	14.5	4987	14.6	4876	15.3
大专及以上	2186	7.2	2693	7.8	3088	8.5	3561	10.4	3693	11.5
工作状况										
无工作	13854	47.2	14451	43.3	8240	26.0	8014	25.6	7015	24.6
有工作	15491	52.8	18943	56.7	23431	74.0	23350	74.4	21461	75.4
吸烟										
否	18598	61.6	21451	68.8	21759	70.6	23077	71.1	22552	70.5
是	11596	38.4	9722	31.2	9079	29.4	9360	28.9	9418	29.5
酗酒										
否	23602	78.2	25980	83.4	26043	84.5	27690	85.4	27448	85.9
是	6591	21.8	5189	16.6	4794	15.5	4748	14.6	4522	14.1
熬夜										
否	22612	75.0	23284	74.9	22105	71.7	22520	69.5	22552	70.6
是	7537	25.0	7816	25.1	8708	28.3	9898	30.5	9395	29.4

续表

	2010 年		2012 年		2014 年		2016 年		2018 年	
	均值	标准差	均值	标准差	均值	标准差	均值	标准差	均值	标准差
主观个人收入	2.221	0.974	2.231	0.979	2.520	0.993	2.406	1.016	2.911	1.074
主观个人地位	2.764	0.971	2.671	1.026	2.930	0.998	2.798	1.075	3.096	1.082
锻炼频率（次）	1.381	2.666	2.456	1.759	1.813	2.918	2.145	3.054	2.645	3.299
家庭年收入（元）	36650	55990	49428	69684	59489	120644	82432	228875	91672	168028
家庭人数	4.195	1.822	4.429	1.943	4.339	1.989	4.347	2.058	4.255	2.058
兄弟姐妹数	3.018	1.924								
业余上网时长（小时）					11.098	11.134	12.920	11.593	13.436	12.180

表 4 - 2 显示，CGSS 2005 和 CGSS 2015 的样本数据呈现一定程度的城乡分化和时期变化。性别结构总体均衡，但年龄结构变化明显，城镇样本平均年龄由 2005 年的 44.12 岁增加至 2015 年的 47.52 岁，而农村样本则由 44.27 岁增加至 51.78 岁，城乡均呈现不同程度的老龄化趋势，且农村相对较严重。城镇样本的受教育程度高于农村样本，而城乡样本的受教育程度随时期推移均略有提高，主要体现为高等教育获得比例更高了，但未受教育样本比例也有所增加。① 样本的个人年收入和家庭年收入均有明显增长，虽然城镇样本收入依然远高于农村样本，但城乡样本的收入比有所降低。

表 4 - 2 变量基本情况描述，CGSS 2005 和 CGSS 2015

单位：人，%

	城镇，*n* = 7867		农村，*n* = 7621	
	2005 年	2015 年	2005 年	2015 年
性别				
男	1804/48.4	1973/47.7	1815/50.5	1954/48.5
女	1924/51.6	2166/52.3	1780/49.5	2071/51.5
年龄（岁）	44.12/15.23	47.52/17.31	44.27/13.66	51.78/16.11

---

① 当然，这并不是说文盲比例随时期推移上升了，出现这种现象可能是因为：（1）这里的样本描述分析并未加权，难以反映总体情况；（2）CGSS 2015 的准确度更高、样本选择性更低，CGSS 2005 则可能存在明显的文盲率低估现象。

	城镇，$n=7867$		农村，$n=7621$	
	2005 年	2015 年	2005 年	2015 年
受教育程度				
未受教育	158/4.2	226/5.5	616/17.2	876/21.8
小学	500/13.4	559/13.5	1463/40.7	1374/34.2
初中	1045/28.1	1088/26.4	1152/32.1	1224/30.5
高中/中专	1269/34.1	1020/24.7	334/9.3	393/9.8
大专及以上	752/20.2	1234/29.9	26/0.7	150/3.7
个人年收入（元）	12992/14977	48760/249389	4178/5564	18051/165394
家庭年收入（元）	30426/50920	99748/312371	9984/10871	44491/245798

注：表中类别变量报告信息为频数/占比，连续型变量报告信息为均值/标准差。

表 4-3 显示，在 CHARLS 2013 和 CHARLS 2014 数据中，样本年龄均值接近 60 岁，且女性中老年样本略多于男性，农村样本占据总样本的六成以上，且农业户籍样本占总样本超七成。约九成样本目前处于已婚状态，

表 4-3 研究变量描述信息，CHARLS 2013 和 CHARLS 2014

单位：人，%

变量	频数	占比	变量	频数	占比
性别			受教育水平		
男	7376	48.08	低	3630	23.70
女	7966	51.92	中等	9629	62.87
年龄（岁）	59.33	9.52	高	2057	13.43
居住地			童年是否挨饿		
农村	9217	60.07	是	9484	69.37
乡镇/城镇	6126	39.93	否	4187	30.63
户籍类型			童年家庭经济地位		
农业	11687	76.34	很低	3199	23.34
非农业/居民	3623	23.66	较低	2218	16.18
婚姻状况			中等	7052	51.44
已婚	13557	88.36	较高	1090	7.95
未婚/离婚/丧偶	1786	11.64	很高	149	1.09

注：年龄变量的描述信息为均值和标准差。

且只有约一成样本接受了高中/中专及以上的教育。受我国改革开放前相对落后的经济发展及系列社会事件的影响，约七成样本在童年时期有挨饿经历，且认为自己童年时期的家庭经济地位高的样本比例不足一成。

4.2　健康现状与人群差异[①]

本节分析同样暂不考虑 5 次 CFPS 数据可能存在的个体内相关性，而是将其简单堆积为重复横截面数据，对健康水平及其人群差异进行描述性分析。本节的人群差异分析所使用的变量包括基本的人口学特征变量（性别、年龄、城乡、户口、婚姻状况、受教育程度及工作状况）和时期变量，未包括主观社会经济地位、健康行为、家庭特征等变量。人群差异分析中，使用卡方检验来分析自评健康和两周患病的人群差异是否具有统计学意义，使用 t 检验或 F 检验来分析抑郁水平的人群差异是否具有统计学意义。考虑到大样本更容易获得具有统计学意义的统计推断结果这一事实，研究还利用 Stata 软件随机抽取 3000 份样本进行稳健性检验。

4.2.1　自评健康

由表 4 - 4 可知，七成以上的受访者自评健康，自评不健康的受访者不到三成。差异检验结果显示，自评健康在所有分组中的差异均存在统计学意义。男性受访者自评健康比例明显高于女性受访者（$\chi^2 = 1300.00$，$p < 0.001$）；年龄较低的受访者自评健康比例远高于年龄较高的受访者（$\chi^2 = 15000.00$，$p < 0.001$）；农村和农业户口受访者自评健康比例显著低于城镇和非农业户口受访者（$\chi^2 = 498.61$，$p < 0.001$；$\chi^2 = 159.38$，$p < 0.001$）；未婚和已婚受访者自评健康比例明显高于离婚/丧偶受访者（$\chi^2 = 4700.00$，$p < 0.001$）；受教育程度较低的受访者自评健康比例明显低于受教育程度较高的受访者（$\chi^2 = 9100.00$，$p < 0.001$）；有工作受访者自评健康比例明显高于无工作受访者（$\chi^2 = 2700.00$，$p < 0.001$）；受访者自评健康水平在 2010 ~

[①]　本章只报告了 CFPS 中人口健康状况的描述信息，CGSS 和 CHARLS 相关数据信息分别参见第 8 章和第 9 章，尤其是 CHARLS 分析只关注中老年样本健康状况，该布局有助于增强第 8 章和第 9 章的整体性。

2018 年存在先下降后上升的变化趋势（$\chi^2 = 3000.00$，$p < 0.001$）。随机抽取
3000 人后的差异检验结果与表中结果保持一致。

表 4 - 4　自评健康现状与人群差异分析（$n = 169005$）

变量	分组	不健康（%）	健康（%）	χ^2 值	p 值
总体		29.9	70.1		
性别	女	33.8	66.2	1300.00	< 0.001
	男	25.9	74.1		
年龄	18~29 岁	10.3	89.7	15000.00	< 0.001
	30~44 岁	22.0	78.0		
	45~59 岁	35.7	64.3		
	60~90 岁	48.9	51.1		
城乡	农村	32.3	67.7	498.61	< 0.001
	城镇	27.3	72.7		
户口	农业	31.0	69.0	159.38	< 0.001
	非农业	27.8	72.2		
婚姻状况	未婚	12.7	87.3	4700.00	< 0.001
	已婚	31.2	68.8		
	离婚/丧偶	47.2	52.8		
受教育程度	文盲/半文盲	45.0	55.0	9100.00	< 0.001
	小学	32.3	67.7		
	初中	23.5	76.5		
	高中	19.9	80.1		
	大专及以上	13.3	86.7		
工作状况	无工作	39.3	60.7	2700.00	< 0.001
	有工作	26.4	73.6		
时期	2010 年	18.5	81.5	3000.00	< 0.001
	2012 年	36.9	63.1		
	2014 年	30.7	69.3		
	2016 年	34.0	66.0		
	2018 年	27.9	72.1		

4.2.2　两周患病状况

由表 4 - 5 可知，七成受访者在近两周内未曾患病，两周患病率为

30.0%。差异检验结果显示，两周患病率在所有分组中的差异均存在统计学意义。男性受访者两周患病率明显低于女性受访者（$\chi^2 = 1500.00$，$p < 0.001$）；年龄较低的受访者两周患病率远低于年龄较高的受访者（$\chi^2 = 4700.00$，$p < 0.001$）；农村和农业户口受访者两周患病率略高于城镇和非农业户口受访者（$\chi^2 = 175.11$，$p < 0.001$；$\chi^2 = 56.18$，$p < 0.001$）；未婚受访者两周患病率明显低于已婚和离婚/丧偶受访者（$\chi^2 = 1500.00$，$p < 0.001$）；受教育程度较低的受访者两周患病率明显高于受教育程度较高的受访者（$\chi^2 = 3100.00$，$p < 0.001$）；有工作受访者两周患病率明显低于无工作受访者（$\chi^2 = 672.35$，$p < 0.001$）；不同时期受访者两周患病率的实际差异较小，但仍具有统计学意义（$\chi^2 = 134.64$，$p < 0.001$）。不过，随机抽取 3000 人后的分析结果显示，上述结果大多保持不变，仅有两周患病率的户口和时期差异不再具有统计学意义。

表 4 - 5　两周患病现状与人群差异分析（$n = 154194$）

变量	分组	不患病（%）	患病（%）	χ^2 值	p 值
总体		70.0	30.0		
性别	女	65.6	34.4	1500.00	< 0.001
	男	74.6	25.4		
年龄	18 ~ 29 岁	81.8	18.2	4700.00	< 0.001
	30 ~ 44 岁	75.7	24.3		
	45 ~ 59 岁	66.8	33.2		
	60 ~ 90 岁	59.3	40.7		
城乡	农村	68.6	31.4	175.11	< 0.001
	城镇	71.7	28.3		
户口	农业	69.5	30.5	56.18	< 0.001
	非农业	71.4	28.6		
婚姻状况	未婚	80.1	19.9	1500.00	< 0.001
	已婚	69.8	30.2		
	离婚/丧偶	58.7	41.3		
受教育程度	文盲/半文盲	60.2	39.8	3100.00	< 0.001
	小学	69.2	30.8		
	初中	74.9	25.1		

续表

变量	分组	不患病（%）	患病（%）	χ^2 值	p 值
受教育程度	高中	75.9	24.1	3100.00	<0.001
	大专及以上	76.8	23.2		
工作状况	无工作	65.3	34.7	672.35	<0.001
	有工作	71.9	28.1		
时期	2010 年	72.0	28.0	134.64	<0.001
	2012 年	68.9	31.1		
	2014 年	69.6	30.4		
	2016 年	71.1	28.9		
	2018 年	68.3	31.7		

4.2.3 抑郁水平

由表 4 - 6 可知，受访者抑郁水平得分均值为 4.473。差异检验结果显示，抑郁水平在所有分组中的差异均存在统计学意义。男性受访者抑郁水平略低于女性受访者（$t = 37.28$，$p < 0.001$）；年龄较低的受访者抑郁水平显著低于年龄较高的受访者（$F = 264.18$，$p < 0.001$）；农村和农业户口受访者抑郁水平显著高于城镇和非农业户口受访者（$t = 39.45$，$p < 0.001$；$t = 38.92$，$p < 0.001$）；未婚和已婚受访者抑郁水平显著低于离婚/丧偶受访者（$F = 990.34$，$p < 0.001$）；受教育程度较低的受访者抑郁水平显著高于受教育程度较高的受访者（$F = 1020.72$，$p < 0.001$）；有工作受访者抑郁水平略低于无工作受访者（$t = 14.97$，$p < 0.001$）；不同时期受访者抑郁水平差异显著（$F = 2722.60$，$p < 0.001$）。随机抽取 3000 人后的差异检验结果与表中结果保持一致。

表 4 - 6　抑郁水平现状与人群差异分析（$n = 155715$）

变量	分组	均值	标准差	t/F 值	p 值
总体		4.473	4.110		
性别	女	4.851	4.261	37.28	<0.001
	男	4.077	3.908		

变量	分组	均值	标准差	t/F 值	p 值
年龄	18～29 岁	4.075	3.371	264.18	< 0.001
	30～44 岁	4.277	3.842		
	45～59 岁	4.554	4.264		
	60～90 岁	4.914	4.659		
城乡	农村	4.845	4.243	39.45	< 0.001
	城镇	4.019	3.898		
户口	农业	4.736	4.219	38.92	< 0.001
	非农业	3.828	3.789		
婚姻状况	未婚	4.341	3.640	990.34	< 0.001
	已婚	4.344	4.047		
	离婚/丧偶	6.112	5.108		
受教育程度	文盲/半文盲	5.469	4.714	1020.72	< 0.001
	小学	4.446	4.130		
	初中	4.014	3.752		
	高中	3.816	3.554		
	大专及以上	3.807	3.261		
工作状况	无工作	4.732	4.496	14.97	< 0.001
	有工作	4.391	3.952		
时期	2010 年	3.088	3.958	2722.60	< 0.001
	2012 年	5.193	3.891		
	2014 年	3.231	3.981		
	2016 年	5.208	4.050		
	2018 年	5.456	3.983		

注：不同轮次调查中的 CESD-6 和 CESD-8 尽管取值范围相同（均为 0～24），但所得描述性结果存在系统差异，可比性较差。

4.3　健康状况的时间变动

研究进一步考虑 CFPS 作为追踪性调查可能存在的个体内部纵向联系，使用发展模型来估计居民健康状况的变化轨迹。表 4-7 显示，对于自评健康和两周患病变量，其组内相关系数达到了中等相关强度，均具有统计学意义，表明居民自评健康和两周患病状况均存在较强的个体内相关性或时间相依性。同理，抑郁水平在个体内的被解释力度同样具有统计学意义。这些结果表明有必要利用发展模型等来考虑这种个体内相关性，进而获得更可靠的估计。

居民自评健康概率随着年龄的增加而下降，但下降速率会越来越慢，即年龄每增加1岁会导致自评健康概率平均下降13.2%（$1 - e^{-0.141}$），但年龄平方增加1个单位会使得自评健康概率平均上升0.04%。自评健康概率随着队列的推移也会下降，即队列每推移10年，自评健康概率平均下降28.7%。年龄和队列存在显著的交互效应，自评健康概率随年龄增加的下降幅度会随着队列的推移而扩大（$\beta = -0.0032$，$p < 0.05$）。

居民两周患病率会随着年龄的增加而增长，即年龄每增加1岁，两周患病率平均增加2.9%。两周患病率随着队列的推移而下降，即队列每推移10年，两周患病率平均下降5.3%。年龄和队列存在显著的交互效应，两周患病率随年龄增加的增长量会随着队列的推移而扩大（$\beta = 0.0028$，$p < 0.001$）。

居民抑郁水平随着年龄的增加而增长，但增长速率会越来越慢，即年龄每增加1岁会导致抑郁水平平均上升0.196分，但年龄平方增加1个单位会导致抑郁水平平均会下降0.001分。抑郁水平随着队列的推移也会上升，即队列每推移10年，抑郁水平平均上升0.783分。不过，年龄和队列存在显著的交互效应，抑郁水平随年龄增加的上升幅度会随着队列的推移而缩小（$\beta = -0.0094$，$p < 0.001$）。

表 4-7　居民健康状况的时间变化轨迹分析：基于发展模型

	自评健康		两周患病		抑郁水平	
	系数	标准误	系数	标准误	系数	标准误
固定效应						
截距	8.890***	0.652	-2.812***	0.185	-3.064**	0.934
年龄	-0.141***	0.019	0.029***	0.002	0.196***	0.029
年龄平方	0.0004**	0.000			-0.0010***	0.000
队列	-0.338***	0.074	-0.054*	0.024	0.783***	0.105
年龄×队列	-0.0032*	0.001	0.0028***	0.000	-0.0094***	0.002

	自评健康		两周患病		抑郁水平	
	系数	标准误	系数	标准误	系数	标准误
随机效应						
个体间	1.576 ***	0.015	1.344 ***			
组内相关系数	0.430 ***	0.005	0.354 ***			
个体内					2.986 ***	0.009
个体间截距					0.711 ***	0.047
个体间斜率					0.039 ***	0.001
对数似然值	−86758		−86954		−251949	
n	166257		154063		92548	

注：*** p < 0.001，** p < 0.01，* p < 0.05。为充分利用样本信息，自评健康和两周患病变量使用 CFPS 2010~2018。由于抑郁水平变量的测量方式存在时期变动，在此仅使用 2012 年、2016年和 2018 年的 CFPS 数据以保证其可比性。两周患病变量拟合中未加入年龄平方项，因为平方项无统计学意义且无法优化模型拟合，并且会使年龄和队列交互项不具有统计学意义。

4.4　小结

　　本章首先简单回顾了已有文献中对健康人群分布特征的研究，随后简单报告了 CFPS、CGSS 和 CHARLS 样本数据的基本特征，并详细分析了CFPS 中研究样本的健康现状与人群差异，包括性别、年龄、城乡、户口、受教育程度、婚姻状况、工作状况及时期差异等，最后利用发展模型进一步拟合和估计 CFPS 中居民健康的年龄和队列变化状况。总的来说，上述结果与多数已有文献所得结果是一致的，即男性健康状况略优于女性、城镇居民健康水平明显高于农村居民、高社会经济地位的个人拥有更好的健康状况，等等，当然也存在一些不一致的地方。可以看出，健康在人群中的分布并不是均匀一致的，这也要求我们在随后的分析中对这种群体差异进行调整和分析。本章旨在让读者对本书分析对象的特征有一个基本的了解，获得对我国居民健康状况的初步认知，并为下文的分析解释提供一些基本且直接的依据。

第 5 章　个人取向社会资本与居民健康：以信任为例

在公共健康及医学社会学领域，信任是最受理论与实证研究者关注的社会资本元素，已经成为不少研究中以个人为主载体的社会资本的代理性指标（Chen and Meng，2015；Jiang and Kang，2019），这与普特南的社群主义思潮在公共健康领域中的广泛传播密切相关（Kawachi et al.，2008）。不过，虽然个人取向社会资本或信任对健康影响的研究已经十分常见了，但已有关于个人取向社会资本或信任和健康关系的研究较少考虑其中的内生性问题。根据 Xue 和 Reed（2020）的综述性研究，考虑因果关系并做出相应分析的社会资本与健康研究文献仅占其纳入分析的 470 篇文献的1.9%（9 篇），因此他们也强调了加强社会资本与健康因果关系研究的必要性。此外，根据第 2 章的因果关系文献回顾，信任和健康的因果关系研究文献也相对较少，全球范围内仅有 20 余篇，在其中进行人群比较分析（如性别和城乡比较）的则更加少见（Xue et al.，2016）。据此，本章基于2012 年、2014 年、2016 年和 2018 年的 CFPS 数据，充分利用数据的面板结构，尝试解决信任影响健康的内生混杂，探讨普遍信任和特殊信任对我国居民健康的因果性影响及这种影响的城乡和性别异质性。

5.1　信任与个人健康：文献回顾与研究假设

在已有研究中，普遍信任与健康的关系受到了广泛关注，但普遍信任的含义本身尚不清晰。研究表明，普遍信任的对象在不同的社会背景下具有不同的侧重群体（Delhey et al.，2011；Feng et al.，2016）。例如，我国传统文化强调集体主义，我国居民更倾向于无条件地信任家人和有血缘关系的人而不是其他非亲属群体（Taormina，2013），因此我国居民的一般信任更可能指向内群体信任（Delhey et al.，2011；Taormina，2013）。上述现象表明，除了普遍信任外，特殊信任也是需要重点研究的，因为普遍信任往往来源于特殊信任，但二者并不相同，后者是对具体群体的信任，而前者是对一般化群体的信任，因此它们可能具有不同的健康效应和作用逻辑（Glanville and Paxton，2007；胡安宁，2014b；Hu，2020）。不少研究者也确实同时区分和分析了普遍信任和特殊信任的健康效应，甚至还区分了诸如家人信任、组织信任、一般关系信任等多种特殊信任（朱慧劼、姚兆余，2015）。同时，一些研究者直接在成熟的社会资本分类框架下对社会信任进行分类。例如，Chen 和 Meng 在研究社会资本与健康之间的关系时使用信任来测量社会资本，并参照已有社会资本划分方式将信任分为结型、桥型及链型信任（Meng and Chen，2014；Chen and Meng，2015）；Jiang 和 Kang（2019）也使用信任代表社会资本以研究其健康效应，并区分了结型信任和桥型信任。这些研究为本章利用信任作为社会资本的代理性指标进行研究提供了合理性。

　　大量经验研究发现信任能够带来积极的健康效应，其中普遍信任的积极健康效应被广泛讨论。来自多国的研究证据显示，普遍信任不仅能够促进个人自评健康（Poortinga，2006b；Yip et al.，2007；Williams and Ronan，2014；Campos-Matos et al.，2016；Hamamura et al.，2017）和心理健康（Takeshi et al. 2017），还能够有效降低疾病患病率（Rocco，2014）。关于特殊信任与健康关系的研究证据也表明，特殊信任能够有效减少个体负面情绪，提升个体心理健康水平（杨金东、胡荣，2016），而人际信任（Carlson，2016）、邻里信任（Riumallo-Herl et al.，2014）、内群体信任和外群体信任（Feng et al.，2016）等不同种类的特殊信任均会对个体自评健康产生或多或少的促进作用，且较高水平的邻里信任能够有效降低糖尿病及高血压患病率（Riumallo-Herl et al.，2014）。基于上述研究证据，本章提出以下假设。

　　假设 1：信任与健康之间存在稳定的积极联系，但普遍信任与特殊信任的健康效应存在差异。

进一步地，研究者并不能在所有人群中都得到一致的信任积极健康效应，即社会资本的健康效应会存在人群异质性，其中性别和城乡分割因素尤其被研究者所强调。由于不同性别个体具有不同的社会分工和社会位置，男性和女性的社会资本构建逻辑往往存在差异，致使二者间的信任水平和结构存在不同，因此信任的健康效应在不同性别间存在一定差异。例如，来自黎巴嫩的证据显示，社会信任对男性老年人自评健康具有积极作用，但对女性老年人自评健康并没有显著影响（Chemaitelly et al.，2013）。来自日本的证据显示，普遍信任可能会降低女性老年人的身体健康水平，但却不会对男性老年人身体健康产生消极影响（Aida et al.，2011）。来自我国的证据显示，特殊信任对农村留守老人的心理健康促进作用在女性群体中要略强于在男性群体中（Ke et al.，2019）。

城乡分割因素在我国尤其受到关注，因为我国社会长期存在双轨体系，尤其表现为城乡双轨制，这形成了城乡间社会资源分配不平衡以及社会、经济和文化等多个领域的双轨发展特征（陈仲常等，2012）。当前我国农村社会更类似于熟人社会，其现代化和市场化水平较低，社交类型以熟人间的强关系社交为主，因此农村居民也更信任在血缘和地缘上更显亲近的家人、亲属及邻居。相比而言，城镇社会更接近陌生人社会，其现代化和市场化水平较高，居民也有更多机会接触自己不熟悉的人，这天然增加了他们对一般关系者的信任度（胡荣、胡康，2008；Steinhardt，2012）。不少经验研究也的确发现信任对个体健康的影响存在城乡异质性。例如，Jiang 等（2020）发现，普遍信任对我国城镇居民的心理健康具有显著促进作用，但却不能显著影响农村居民心理健康；弱关系信任能够积极影响城镇居民身体健康，但不能显著影响农村居民身体健康。Meng 和 Chen（2014）以及 Jiang 和 Kang（2019）都发现，结型信任的增加能提升我国城乡居民的自评健康水平，但桥型信任的增加只对城镇居民的自评健康有益，此外后两位研究者还发现这一模式同样适用于心理健康结局。Sato 等（2018）的研究则发现，虽然普遍信任能够同时促进日本城乡老年人的自评健康，但特殊信任对日本老年人自评健康的积极影响仅存在于城镇地区。基于上述证据，本章提出以下假设。

假设 2：信任对健康的影响存在性别和城乡异质性。

5.2 信任水平及其人群差异和纵向变动

本节暂不考虑 5 次追踪调查数据可能存在的个体内相关性，而是将其简单堆积为重复横截面数据，对信任及其人群差异进行描述性分析。本节的人群差异分析所使用的变量包括基本的人口学特征变量（性别、年龄、城乡、户口、婚姻状况、受教育程度及工作状况）和时期变量，未包括主观社会经济地位、健康行为、家庭特征等变量。在人群差异分析中，使用卡方检验来分析信任变量的人群差异是否具有统计学意义。考虑到大样本更容易获得具有统计学意义的统计推断结果这一事实，研究还利用 Stata 软件随机抽取 3000 份样本进行稳健性检验。[①]

表 5 − 1 显示，55.0% 的受访者对社会上的人持信任态度，而 45.0% 的受访者则持不信任态度。差异检验结果显示，普遍信任存在性别、年龄、城乡、户口、婚姻状况、受教育程度、工作状况及时期差异。女性受访者普遍信任水平略低于男性受访者（$\chi^2 = 179.51$，$p < 0.001$），低龄组受访者普遍信任水平略高于中高龄组受访者（$\chi^2 = 381.49$，$p < 0.001$），农村和农业户口受访者普遍信任水平明显低于城镇和非农业户口受访者（$\chi^2 = 251.09$，$p < 0.001$；$\chi^2 = 314.66$，$p < 0.001$），未婚受访者普遍信任水平明显高于已婚和离婚/丧偶受访者（$\chi^2 = 330.43$，$p < 0.001$），受教育程度较低的受访者普遍信任水平明显低于受教育程度较高的受访者（$\chi^2 = 2100.00$，$p < 0.001$），有工作的受访者普遍信任水平略高于无工作受访者（$\chi^2 = 17.77$，$p < 0.001$），更近时期的受访者普遍信任水平略高于早期的受访者（$\chi^2 = 98.99$，$p < 0.001$）。随机抽取 3000 人后的分析结果显示，上述大部分组间差异检验结果保持不变，仅有普遍信任的年龄、工作状况及时期差异不再具有统计学意义。

---

① 所谓对应年份，是指随机抽取样本时必须考虑该社会资本或健康变量存在于哪次或哪几次调查中。例如，若仅存在于 CFPS 2010 中，则随机抽取 3000 个样本是指在 2010 年样本的基础上随机抽取 3000 个样本；若存在于所有调查年份，则在所有年份样本的基础上随机抽取 3000 个样本。

表 5 – 1 普遍信任水平及其人群差异分析（$n = 125931$）

变量	分组	不信任（%）	信任（%）	χ^2 值	p 值
总体		45.0	55.0		
性别	女	46.9	53.1	179.51	< 0.001
	男	43.1	56.9		
年龄	18～29 岁	40.7	59.3	381.49	< 0.001
	30～44 岁	44.9	55.1		
	45～59 岁	48.7	51.3		
	60～90 岁	44.9	55.1		
城乡	农村	47.0	53.0	251.09	< 0.001
	城镇	42.6	57.4		
户口	农业	46.8	53.2	314.66	< 0.001
	非农业	41.2	58.8		
婚姻状况	未婚	38.2	61.8	330.43	< 0.001
	已婚	46.2	53.8		
	离婚/丧偶	45.9	54.1		
受教育程度	文盲/半文盲	50.8	49.2	2100.00	< 0.001
	小学	49.8	50.2		
	初中	44.6	55.4		
	高中	38.4	61.6		
	大专及以上	30.1	69.9		
工作状况	无工作	46.8	53.2	17.77	< 0.001
	有工作	45.5	54.5		
时期	2012 年	46.1	53.9	98.99	< 0.001
	2014 年	46.8	53.2		
	2016 年	44.0	56.0		
	2018 年	43.4	56.6		

表 5 – 2 显示，特殊信任水平较高和较低（高于平均水平和低于平均水平）的受访者各占一半。差异检验结果显示，特殊信任存在年龄、城乡、户口、婚姻状况、受教育程度、工作状况及时期差异。中低龄组受访者特殊信任水平明显低于高龄组受访者（$\chi^2 = 750.05$，$p < 0.001$），农村和农业户口受访者特殊信任水平明显高于城镇和非农业户口受访者（$\chi^2 =$

733.43，$p < 0.001$；$\chi^2 = 723.44$，$p < 0.001$），未婚和已婚受访者特殊信任水平略低于离婚/丧偶受访者（$\chi^2 = 45.75$，$p < 0.001$），受教育程度较低的受访者特殊信任水平明显高于受教育程度较高的受访者（$\chi^2 = 368.04$，$p < 0.001$），有工作的受访者特殊信任水平略高于无工作受访者（$\chi^2 = 28.38$，$p < 0.001$），2012 年的受访者特殊信任水平明显低于 2012 年后的受访者（$\chi^2 = 363.84$，$p < 0.001$）。随机抽取 3000 人后的分析结果显示，上述大部分组间差异检验结果保持不变，仅有特殊信任的婚姻状况和工作状况差异不再具有统计学意义。

表 5 – 2　特殊信任水平及其人群差异分析（$n = 125407$）

变量	分组	低信任（%）	高信任（%）	χ^2 值	p 值
总体		50.0	50.0		
性别	女	50.2	49.8	1.81	0.179
	男	49.8	50.2		
年龄	18 ~ 29 岁	52.9	47.1	750.05	< 0.001
	30 ~ 44 岁	54.2	45.8		
	45 ~ 59 岁	50.5	49.5		
	60 ~ 90 岁	43.9	56.1		
城乡	农村	46.5	53.5	733.43	< 0.001
	城镇	54.3	45.7		
户口	农业	47.9	52.1	723.44	< 0.001
	非农业	56.5	43.5		
婚姻状况	未婚	50.3	49.7	45.75	< 0.001
	已婚	50.6	49.4		
	离婚/丧偶	46.9	53.1		
受教育程度	文盲/半文盲	46.0	54.0	368.04	< 0.001
	小学	49.3	50.7		
	初中	52.4	47.6		
	高中	52.3	47.7		
	大专及以上	52.4	47.6		
工作状况	无工作	51.7	48.3	28.38	< 0.001
	有工作	50.0	50.0		

续表

变量	分组	低信任（%）	高信任（%）	χ^2值	p值
时期	2012 年	54.2	45.8	363.84	< 0.001
	2014 年	49.2	50.8		
	2016 年	49.9	50.1		
	2018 年	50.0	50.0		

上述描述性分析（包括组间差异的统计推断分析）并没有考虑多轮次追踪调查中的个体内相关性，因此接下来考虑这种个体内相关性，进一步使用发展模型来分析信任变量随年龄和队列的变化情况。表 5-3 显示，普遍信任和特殊信任估计的组内相关系数均达到了中等相关强度（系数分别为 0.344 和 0.367，$p < 0.001$），表明两类信任均存在较强的个体内相关性或时间相依性。普遍信任和特殊信任的发展轨迹高度相似，信任的概率随着年龄的增长而呈增长趋势，年龄每增长 1 岁，普遍信任和特殊信任的概率分别平均增加 3.5%（$e^{0.034} - 1$）和 5.1%（$e^{0.050} - 1$），这与已有研究结果基本一致（Schwadel and Stout，2012；Hu，2015；Jiang and Kang，2019）。相比而言，信任的概率随着队列的推移也呈增加趋势，队列组每往前推移 10 年，普遍信任和特殊信任的概率分别增加 51.6% 和 49.5%。进一步地，年龄和队列存在显著的交互效应，信任的概率随年龄推移的增长量会随着队列的推移而减少（或者说，信任的概率随队列推移的增长量会随着年龄的推移而减少）。

表 5-3 信任与健康的发展轨迹分析，CFPS 2012~2018

	普遍信任		特殊信任	
	系数	标准误	系数	标准误
固定效应				
截距	- 2.051 ***	0.217	- 3.370 ***	0.222
年龄	0.034 ***	0.003	0.050 ***	0.003
队列	0.416 ***	0.027	0.402 ***	0.028
年龄×队列	- 0.0063 ***	0.000	- 0.0041 ***	0.000
随机效应				
个体间	1.312 ***	0.014	1.380 ***	0.015

续表

	普遍信任		特殊信任	
	系数	标准误	系数	标准误
组内相关系数	0.344 ***	0.005	0.367 ***	0.005
对数似然值	−81109		−80770	
n	123337		122845	

注：*** $p < 0.001$。

5.3　信任与健康的联系

表 5 – 4 显示，在调整其他协变量的基础上，普遍信任和特殊信任与三类健康结局之间的关联具有统计学意义。普遍信任和特殊信任均能够显著增加居民自评健康的概率（$OR = 1.209$，$p < 0.001$；$OR = 1.254$，$p < 0.001$），并降低两周患病的概率（$OR = 0.826$，$p < 0.001$；$OR = 0.858$，$p < 0.001$）及抑郁水平（$\beta = -0.690$，$p < 0.001$；$\beta = -0.646$，$p < 0.001$）。上述这些联系在城镇男性、城镇女性、农村男性及农村女性这四类群体中均成立，且效应量差异较小，体现出两类信任与居民健康之间联系的相对稳健性。

表 5 – 4　信任与健康的总样本和分样本混合回归结果，CFPS 2012 ~ 2018

总样本	自评健康		两周患病		抑郁水平	
	OR	R_SE	OR	R_SE	β	R_SE
截距	1.516 ***	0.117	0.536 ***	0.040	11.509 ***	0.134
普遍信任	1.209 ***	0.017	0.826 ***	0.012	−0.690 ***	0.024
特殊信任	1.254 ***	0.018	0.858 ***	0.012	−0.646 ***	0.024
控制变量	√		√		√	
R^2/Pseudo_R^2	0.109		0.046		0.147	
n	105739		105739		105468	
城镇男性						
截距	1.551 *	0.299	0.818	0.153	11.224 ***	0.322
普遍信任	1.163 ***	0.038	0.813 ***	0.026	−0.671 ***	0.048
特殊信任	1.225 ***	0.041	0.886 ***	0.029	−0.581 ***	0.046
控制变量	√		√		√	

主体、情境与时间：社会资本对中国居民健康的影响

总样本	自评健康		两周患病		抑郁水平	
	OR	*R_SE*	*OR*	*R_SE*	*β*	*R_SE*
城镇男性						
R^2/Pseudo_R^2	0.101		0.026		0.133	
n	23572		23572		23541	
城镇女性						
截距	1.196	0.218	0.743˙	0.127	11.125 ***	0.318
普遍信任	1.264 ***	0.038	0.845 ***	0.025	−0.770 ***	0.052
特殊信任	1.291 ***	0.040	0.866 ***	0.025	−0.665 ***	0.051
控制变量	√		√		√	
R^2/Pseudo_R^2	0.109		0.035		0.130	
n	23837		23835		23799	
农村男性						
截距	1.735 ***	0.241	0.279 ***	0.039	10.332 ***	0.237
普遍信任	1.209 ***	0.033	0.827 ***	0.023	−0.652 ***	0.045
特殊信任	1.250 ***	0.035	0.851 ***	0.024	−0.702 ***	0.045
控制变量	√		√		√	
R^2/Pseudo_R^2	0.101		0.042		0.140	
n	29782		29783		29707	
农村女性						
截距	2.459 ***	0.368	0.251 ***	0.036	10.524 ***	0.259
普遍信任	1.188 ***	0.032	0.823 ***	0.021	−0.663 ***	0.049
特殊信任	1.232 ***	0.033	0.850 ***	0.022	−0.593 ***	0.049
控制变量	√		√		√	
R^2/Pseudo_R^2	0.104		0.051		0.136	
n	28548		28549		28421	

注：*** $p < 0.001$，* $p < 0.05$，˙ $p < 0.1$。*OR* 表示发生比，*R_SE* 表示稳健标准误，*β* 表示回归系数。

5.4 信任对健康的因果影响：基于固定效应模型

上述分析得到的仅为社会资本与健康之间的统计关联，并不具有较

大的因果证据强度，下面的分析着重考察二者之间联系的因果性。由于
固定效应模型会剔除结局变量完全不随时间变化的样本（包括受访次数
只有一次的和受访多次但结局不变的样本），因此自评健康和两周患病
在固定效应分析中的样本量明显少于混合回归中的样本量。由于自评健
康在CFPS 2012 ~ 2018这四次调查中具有一致性，研究在表 5 - 5 中同样
报告了自评健康结局作为五分连续型变量的估计结果，这样可以避免不
必要的样本损失带来的估计效力降低问题。研究尽可能多地纳入多方控
制变量以尽量控制混杂因素，尤其是那些会随时间变化的潜在混杂因素。
此外，附表 1 报告了在总样本中的豪斯曼检验结果，针对三类健康结局
均得到具有统计学意义的卡方检验值，因此认为固定效应具有更高的估
计效率。

　　表 5 - 5 的固定效应分析结果显示，在总样本中，普遍信任和特殊信任
均能够产生积极的健康效应。相比拥有较低水平的普遍信任，拥有较高水
平的普遍信任能够使居民自评健康的概率增加 10.5% （ $= e^{0.100} - 1$ ， $p <$
0.001 ） 或者自评健康得分提高 0.045 分 （ $p < 0.001$ ），两周患病的概率降
低 9.1% （ $= 1 - e^{-0.095}$ ， $p < 0.001$ ），抑郁水平降低 0.307 分 （ $p < 0.001$ ）。
同时，相比拥有较低水平的特殊信任，拥有较高水平的特殊信任能够使居
民自评健康的概率增加 18.8% （ $p < 0.001$ ） 或者自评健康得分提高 0.061
分 （ $p < 0.001$ ），抑郁水平降低 0.318 分 （ $p < 0.001$ ），但并不会影响居民
两周患病的概率。对比表 5 - 4 可以看出，在对潜在的内生性问题进行处
理后，信任和健康之间的因果联系比回归分析所得联系要小很多，表明
普通回归估计方法可能会高估社会资本对健康的影响，而固定效应模型
消除了那些不随时间变化，且与个人社会资本之间具有正向关系的个人
特质 （如乐观的态度和信念等），从而得到更小、更可靠的估计值。

　　分样本固定效应估计结果与前面的分样本回归结果也存在一定差异，
具体表现为回归模型所估计的具有统计学意义的统计联系在部分样本的因
果推断分析中不再具有统计学意义，即普通回归估计方法高估和误判了社
会资本对健康的影响。具体来看，普遍信任对自评健康的积极影响仅在城
镇女性和农村男性样本中具有稳健的统计学意义，其对城镇男性和农村女
性自评健康的提升作用相对较弱且在不同模型中估计并不稳健；普遍信任

对两周患病的抑制作用显著存在于城镇男性、农村男性及农村女性样本中，其并不能显著影响城镇女性的两周患病率。相比而言，特殊信任对所有四类样本的自评健康均具有显著的促进效应，但其仅能显著降低农村男性居民的两周患病率。此外，普遍信任和特殊信任对抑郁水平的降低作用存在于所有四类样本中，且不存在明显的人群差异特征。

表 5 - 5 基于固定效应模型的信任因果健康效应检验，CFPS 2012~2018

		自评健康（二分）		两周患病		抑郁水平		自评健康（连续）	
		β	SE	β	SE	β	R_SE	β	R_SE
总样本	普遍信任	0.100 ***	0.025	- 0.095 ***	0.023	- 0.307 ***	0.029	0.045 ***	0.008
	特殊信任	0.172 ***	0.025	- 0.029	0.024	- 0.318 ***	0.029	0.061 ***	0.008
	n	41054		46042		105468		105739	
城镇男性	普遍信任	0.060	0.061	- 0.185 **	0.058	- 0.319 ***	0.061	0.041 *	0.018
	特殊信任	0.199 **	0.063	0.003	0.060	- 0.282 ***	0.059	0.064 ***	0.018
	n	7133		7930		23541		23572	
城镇女性	普遍信任	0.190 **	0.055	- 0.060	0.052	- 0.275 ***	0.066	0.065 ***	0.017
	特殊信任	0.187 **	0.057	- 0.042	0.052	- 0.374 ***	0.063	0.074 ***	0.018
	n	8395		9569		23799		23837	
农村男性	普遍信任	0.092 ˆ	0.049	- 0.090 ˆ	0.047	- 0.276 ***	0.055	0.031 ˆ	0.017
	特殊信任	0.146 **	0.052	- 0.083 ˆ	0.049	- 0.294 ***	0.058	0.046 **	0.017
	n	10008		10912		29707		29782	
农村女性	普遍信任	0.052	0.048	- 0.074 ˆ	0.044	- 0.333 ***	0.062	0.038 *	0.017
	特殊信任	0.161 **	0.049	- 0.021	0.045	- 0.196 **	0.062	0.057 **	0.018
	n	10460		12228		28421		28548	

注：*** $p < 0.001$，** $p < 0.01$，* $p < 0.05$，ˆ $p < 0.1$。SE 表示标准误，R_SE 表示稳健标准误，β 表示回归系数。其他协变量已控制。

进一步地，研究区分和估计针对不同特殊群体的信任水平是否存在健康效应上的差异，这种更细致的分析有助于我们更好地解释为何信任能够影响健康。表 5 - 6 显示，三类特殊信任对健康的影响同样表现出一定程度的非同质性。在总样本中，邻居信任对三类健康结局均具有积极效应，其显著增加了居民自评健康概率（$\beta = 0.046$，$p < 0.001$），并降低了两周患病率（$\beta = - 0.031$，$p < 0.001$）和抑郁水平（$\beta = - 0.104$，$p < 0.001$）。

相比而言，干部信任显著增加了居民自评健康概率（$\beta = 0.031$，$p < 0.001$），并降低了抑郁水平（$\beta = -0.038$，$p < 0.001$），但不影响两周患病率；医生信任仅能显著降低居民抑郁水平（$\beta = -0.038$，$p < 0.001$）而不能显著影响自评健康和两周患病率。

　　分样本来看，邻居信任对城镇居民自评健康和两周患病率的影响十分微弱，但对农村居民自评健康和两周患病率具有十分显著的积极影响，不过邻居信任对所有四类群体的抑郁水平均具有显著的降低作用。干部信任对所有四类群体的自评健康均具有一定的促进作用，对除农村女性外的三类群体的抑郁水平均具有一定的降低作用，但其仅能显著降低农村男性的两周患病率。医生信任发挥健康促进效应的场合较少，其仅能促进城镇男性的自评健康，并降低城镇女性和农村男性的抑郁水平。

表 5 - 6　基于固定效应模型的三类特殊信任因果健康效应检验，CFPS 2012 ~ 2018

		自评健康		两周患病		抑郁水平	
		β	SE	β	SE	β	R_SE
总样本	邻居信任	0.046 ***	0.008	- 0.031 ***	0.008	- 0.104 ***	0.011
	干部信任	0.031 ***	0.006	- 0.005	0.005	- 0.038 ***	0.007
	医生信任	0.006	0.006	- 0.006	0.006	- 0.038 ***	0.007
	n	40844		45808		105196	
城镇男性	邻居信任	0.033	0.023	- 0.036 ˙	0.022	- 0.099 ***	0.026
	干部信任	0.029 *	0.014	- 0.009	0.013	- 0.063 ***	0.014
	医生信任	0.036 *	0.015	0.003	0.014	- 0.020	0.015
	n	7081		7885		23477	
城镇女性	邻居信任	0.037 ˙	0.020	0.002	0.019	- 0.120 ***	0.028
	干部信任	0.038 **	0.013	- 0.012	0.012	- 0.036 *	0.015
	医生信任	- 0.008	0.014	- 0.001	0.013	- 0.037 *	0.017
	n	8369		9514		23744	
农村男性	邻居信任	0.072 ***	0.016	- 0.051 **	0.015	- 0.083 ***	0.021
	干部信任	0.027 *	0.011	- 0.022 *	0.011	- 0.037 ***	0.013
	医生信任	- 0.011	0.012	0.014	0.012	- 0.066 ***	0.015
	n	9937		10859		29630	

		自评健康		两周患病		抑郁水平	
		β	SE	β	SE	β	R_SE
农村女性	邻居信任	0.047 **	0.015	− 0.040 **	0.013	− 0.084 ***	0.021
	干部信任	0.023 *	0.010	0.010	0.010	− 0.023	0.014
	医生信任	0.015	0.012	0.002	0.011	− 0.020	0.016
	n	10411		12155		28345	

注：*** $p < 0.001$，** $p < 0.01$，* $p < 0.05$，˙ $p < 0.1$。SE 表示标准误，R_SE 表示稳健标准误，β 表示回归系数。其他协变量已控制。

5.5 基于滞后项回归的稳健性检验

尽管上述固定效应模型对信任与健康的时期变化间的关系进行估计，一定程度上解决了不随时间变化的固定混杂带来的内生性问题，且双向固定效应设计也能在部分程度上控制随时间变化的内生混杂，但其并没有充分利用面板数据所提供的"因"与"果"的时间先后顺序开展因果推断，故研究接下来设定滞后项进行混合回归，将信任变量和控制变量都设定为一阶滞后项，对健康结局进行滞后项回归估计。表 5 - 7 显示，全人群中所得估计结果与表 5 - 4 的估计结果基本一致，但效应量明显减小，说明在解决双向因果问题后，较高水平的普遍信任和特殊信任依然能够带来积极的健康回报，随着时期的推移这种健康效果会略微减弱但依然可能长期存在。与表 5 - 5 和表 5 - 6 的结果相比，滞后项回归结果更倾向于具有统计学意义，说明在信任影响健康的过程中，个体固有特征带来的遗漏变量内生性问题影响比双向因果关系带来的联立偏误内生性问题要略强。

表 5 - 7 基于滞后项回归的信任对健康的因果效应估计

滞后变量	自评健康		两周患病		抑郁水平	
	OR	R_SE	OR	R_SE	β	R_SE
普遍信任	1.125 ***	0.020	0.890 ***	0.016	− 0.504 ***	0.032
特殊信任	1.194 ***	0.022	0.868 ***	0.015	− 0.485 ***	0.032
控制变量	√		√		√	

续表

滞后变量	自评健康		两周患病		抑郁水平	
	OR	*R_SE*	*OR*	*R_SE*	*β*	*R_SE*
R^2/Pseudo_R^2	0.085		0.042		0.114	
n	66701		66699		66506	
邻居信任	1.041***	0.006	0.981**	0.006	−0.108***	0.012
干部信任	1.015***	0.004	0.978***	0.004	−0.063***	0.007
医生信任	1.014**	0.004	0.985***	0.004	−0.039***	0.008
控制变量	√		√		√	
R^2/Pseudo_R^2	0.085		0.043		0.116	
n	66530		66527		66338	

注：*** $p < 0.001$，** $p < 0.01$。*OR* 表示发生比，*R_SE* 表示稳健标准误，*β* 表示回归系数。考虑到样本量，表中仅估计和报告了一阶滞后项回归以及总样本的估计结果。

5.6 进一步的分析：信任对健康行为的影响

研究进一步分析信任对健康行为的影响，以便更好地理解个人取向社会资本影响健康结局的路径。很显然，健康行为与健康结局是密切相关的，若个人取向社会资本与个人健康行为之间存在显著联系，或者前者能够显著影响后者，那么我们便可以进一步理解其是如何影响健康结局的。表 5-8 显示，信任与居民健康行为之间确实存在一定因果关联，但特殊信任与健康行为的联系更加密切。普遍信任只能降低吸烟的概率，但特殊信任既能够降低吸烟概率，还能够降低熬夜概率、增加身体锻炼行为。也就是说，在健康行为促进方面普遍信任的作用要稍弱于特殊信任，因为特殊信任对于个人而言是更加具体的、对象明确的信任关系，但无论是普遍信任还是特殊信任都不能显著影响酗酒行为。

进一步地，不同类型特殊信任的影响也有所不同。邻居信任能显著增加居民身体锻炼行为，但不能显著影响其吸烟、酗酒及熬夜行为；干部信任能够显著降低居民吸烟和熬夜的概率，但不能显著影响其身体锻炼和酗酒行为；医生信任则有助于降低居民吸烟、酗酒及熬夜的概率，但却不能影响其身体锻炼行为。很显然，上述结果在很大程度上取决于受信任对象与受访对象间的实际关系，例如，医生信任对健康不良行为有抑制作用，主要是由于信任医生的个人更愿意避免有损健康的行为，倾向于"避害"，但局限于一般大众对医生和疾病的理解而较少选择"趋利"。

表 5－8　信任与居民健康行为，CFPS 2012～2018，基于滞后项回归

滞后变量	模型 1 身体锻炼		模型 2 吸烟		模型 3 酗酒		模型 4 熬夜	
	β	R_SE	OR	R_SE	OR	R_SE	OR	R_SE
普遍信任	0.003	0.024	0.902 ***	0.020	0.997	0.029	0.973	0.019
特殊信任	0.060 *	0.024	0.936 **	0.020	0.993	0.029	0.868 ***	0.017
控制变量	√		√		√		√	
$R^2/Pseudo\_R^2$	0.100		0.338		0.173		0.110	
n	66751		66777		43266		66737	
邻居信任	0.041 ***	0.008	1.010	0.008	0.997	0.010	0.990	0.007
干部信任	－0.005	0.005	0.977 ***	0.005	1.005	0.006	0.986 **	0.004
医生信任	－0.001	0.006	0.991 ˆ	0.005	0.980 **	0.007	0.981 ***	0.005
控制变量	√		√		√		√	
$R^2/Pseudo\_R^2$	0.100		0.339		0.174		0.110	
n	66578		66603		43110		66565	

注：*** $p<0.001$，** $p<0.01$，* $p<0.05$，ˆ $p<0.1$。OR 表示发生比，R_SE 表示稳健标准误，β 表示回归系数。

5.7　小结与讨论

本章首先进一步描述了个体普遍信任、特殊信任以及三类健康结局的时间变化轨迹，随后初步分析两类信任与健康的关联，最后采用固定效应模型以及滞后项回归方法，对个体普遍信任和特殊信任的因果健康效应做出估计，并比较了这种因果关系在城乡和不同性别群体间的差异。研究结果表明，普遍信任和特殊信任确实能够带来显著的健康收益。不过，由于内生性问题的存在，普通回归估计倾向于高估两类信任的健康效应，而固定效应模型、滞后项回归方法则能够有效缓和上述内生混杂问题，得到更加真实的信任健康效应。据此，我们可以更有信心地认为，以信任为代表的个人取向社会资本确实在很大程度上能够带来积极的健康效应，但正如

Xue 和 Reed（2020）所声称的那样，这种健康效应也许并没有我们所预期的那么强。

研究发现，普遍信任和特殊信任的健康效应稍有差异，尽管它们都积极影响着居民自评健康和心理健康，但普遍信任还能带来身体健康效应而特殊信任的身体健康效应似乎十分微弱。进一步可以发现，特殊信任中的邻居信任发挥着身体健康促进效应，而干部信任和医生信任则不能，也就是说，结型信任发挥了积极作用而桥型信任作用甚微，这与 Riumallo-Herl 等（2014）的发现是一致的。个体在日常生活中与邻居的互动必然更多，由此形成的邻里社会资本更像是一种生活于内且又经常触碰的微观社会结构，人们在其中不断交换着价值型互惠，从而对个体健康发挥重要作用。而干部信任和医生信任能带来更多的异质性资源，可能会在个体患病后的寻医问药过程中发挥更加直接和积极的作用，这种作用根植于相对正式的社会制度，而对个体是否患病的影响并不明显。这一结果同时提示我们，需要重视不同类型特殊信任的健康效应可能存在的分化。

普遍信任和特殊信任的健康效应存在明显的性别和城乡差异。来自黎巴嫩的研究证据指出，社会信任只能积极影响男性老年人自评健康而非女性老年人的（Chemaitelly et al.，2013），本章研究发现，这一现象仅出现在我国农村地区，考虑到当时黎巴嫩的社会经济发展阶段和水平与目前中国农村的平均水平相似，二者其实并不矛盾。不过在城镇地区，这种性别异质性恰恰颠倒了，即普遍信任积极影响女性自评健康而非男性的。如果认为这几个群体的社会经济地位可以构成一个有序的连续体，即农村女性＜农村男性，城镇女性＜城镇男性，农村＜城镇，那么可以认为普遍信任更倾向于对于社会中间阶层的自评健康发挥积极作用，对较低或较高社会经济地位群体的自评健康影响较小。然而，对两周患病指标的估计结果显示，普遍信任对城镇男性两周患病率降低作用显著，对其他群体影响较小，其原因有待进一步探究。

此外，对特定群体的信任是否发挥积极作用可能取决于该群体与被信任群体之间的实际联系度或接触度，这同时又与该群体所处社会结构和位置密切相关。例如，尽管干部信任对全人群的自评健康和心理健康都发挥着显著的积极作用，但其对农村女性的自评健康及心理健康的积极影响是最小的，这在部分程度上可能是由农村女性与干部这个职业的联系度或接触度过低导致的。干部职业存在较为明显的性别分化现象，女性尤其是农村女性成为地方干部的可能性非常低（游五岳、姚洋，2020），这是我国乃至全世界常见的一个政治现象，同时女性尤其是农村女性与干部打交道的可能性同样远低于男性。

本章研究依然存在一些局限之处。在变量测量方面，受数据不可得限制，本章研究无法纳入在理论构建中所包含的全部个人取向社会资本元素，仅纳入信任而没有纳入个人社会互动、参与等元素，使得对个人取向社会资本健康效应的探讨是不完善的。在因果关系估计方面，虽然研究利用的面板数据在因果推断上存在数据结构优势，且利用了双向固定效应模型来控制个体异质性混杂，使用了滞后项回归来克服双向因果关系带来的潜在内生性，但假如存在随时间变化的相关内生混杂或者存在异质性处理效应的话，上述固定效应估计结果依然会面临内生性偏误的挑战。同时，滞后项回归的滞后项设定受限于调查的轮次间隔而不能依据估计结果去选择最佳滞后期，例如，信任对健康的影响可能在信任产生的几个月内达到极值，但 CFPS 的轮次限制使得研究只能设定两年为最短滞后期。最后，在因果机制分析方面，研究重点分析了信任影响居民健康的性别和城乡差异，但较少分析社会资本影响健康的多重中介路径机制，仅初步探讨了健康行为的潜在作用。从信任到健康可能还存在社会互动、社会整合、集体效能、信息传播等多重中介机制，限于研究数据本身，本章研究难以直接做出检验。未来相关研究可以从这些方面入手改进研究，获得更加全面而稳健的研究证据。

第 6 章 家庭取向社会资本与居民健康

　　家庭一直是中国人的基本生产和生活单元，尤其是在我国"家本位"观念的影响下，家庭内部成员间的社会资本等资源实际上是可以共享的，大多数情况下存在一种"不分你我"的共生关系，其能够成立的基本条件是基于血缘和姻缘关系形成的家庭关系是初级的、亲密的，以及我国独特的"家本位"的家庭文化等。尽管目前学界主要从个人角度出发去测量社会资本，并没有专门针对家庭取向社会资本如何影响健康的研究，但我们可以根据家庭分工理论、家庭内部资源共享特征和一些间接的经验研究证据初步判断出家庭取向社会资本是会影响个人健康的。不过由于家庭取向社会资本与个人取向社会资本之间存在诸多差异，我们需要更多经验证据来证实二者间的确切联系。基于此，本章主要研究家庭取向社会资本对我国居民健康状况的影响及其性别和城乡差异，并通过分析家庭取向社会资本对个人健康行为的影响来初步探究其产生健康效应的作用路径。本章分析结果基于 CFPS 2010 数据（家庭取向社会资本相关指标只在 2010 年的 CFPS 中涉及），有效样本为 30180 人，利用一般线性回归、二项 Logit 回归及倾向值匹配方法来估计家庭取向社会资本对健康的影响。

6.1 家庭取向社会资本何以影响个人健康

　　本书在前两章已经指出，家庭取向社会资本在已有社会资本研究中很少被纳入操作化框架中，因此目前家庭取向社会资本与健康相关结局之间关系的研究很少。例如，梁玉成和鞠牛（2019）发现，当个体健康状况较差且社会资本存量不足时，拜年网规模的扩大能够显著促进个体健康，不过他们的拜年网社会资本依然是个人－家庭取向混合型的，融合了他人前来拜年和受访者前去拜年两个层面。韩雷等（2019）利用家庭礼金支出额作为社会资本的代理变量，发现其能够显著促进居民自评健康和心理健康，并增加居民健康行为。不过，这些研究均没有更深入地考虑内生性问题对研究结果的干扰，因而需要更多的稳健分析证据。已有大多数社会资本与健康研究均认为二者间存在相对积极的联系，且上述少量涉及家庭取向社会资本的研究（韩雷等，2019；梁玉成、鞠牛，2019）确实发现了其对健康可能产生一定的积极作用，以及家庭取向社会资本存在家庭内部成员间共享的特点，因此，我们有理由假设家庭取向社会资本对健康影响的积极方面多于消极方面。

家庭取向社会资本和个人取向社会资本在结构内涵上略有差异，这可能导致二者存在不同的健康效应和作用机制。个人取向社会资本是个体直接与他人产生社会联系而带来的社会资本，个体在其中享有关系或社会资本构建的主动性和主体性，以及社会联系的直接性。相比而言，家庭取向社会资本在大部分情况下是个体通过家庭这一更大的单元与外界他人发生联系而产生的社会资本，个体在其中一定程度上缺少了关系或社会资本构建的主动性和主体性，同时这种社会联系也存在一定的间接性。因此，这种非主体性、非直接性的社会资本类型可能在一定程度上弱化其积极的健康效应，甚至较高密度的家庭取向社会资本可能会被个人视为一种"多余的负担"。目前我们尚不清楚这些区别对健康生产过程究竟会产生哪些具体的影响。基于此，本章提出以下假设。

假设1：家庭取向社会资本的健康效应会弱于个人取向社会资本，在一些情况下会表现出不显著甚至消极的健康效应。

性别和城乡差异同样可能存在于家庭取向社会资本的健康效应上。首先是性别差异背景下的家庭分工问题，在"男主外，女主内"的传统家庭分工模式下，我国家庭生产生活中的性别分工十分明显（刘娜、Anne de Bruin，2015；王玮玲，2016）。例如，在春节拜年过程中，亲友的来访往往需要家庭成员准备和烹饪食物招待，而这一家务劳动大多由成年女性来完成（刘娜、Anne de Bruin，2015；许琪，2018）。很明显，承担该任务的家庭成员既会失去与亲友进行更多情感交流的机会，也会负担繁杂劳动带来的身体疲倦，从而产生消极健康效应。农村拜年网中的拜年群体基本上是亲戚而非朋友群体，且由此带来的家务劳动主要由成年女性（通常是上有老、下有小的中年女性）完成，农村女性的家务劳动量更大（刘娜、Anne de Bruin，2015；许琪，2018），因此过量拜年网式家庭取向社会资本可能产生的消极健康后果在农村女性中可能表现得更为明显。相比而言，城市拜年网中的拜年群体不仅有亲戚，还会有不少同事以及朋友群体等，非亲戚群体的来访拜年更加强调社会资本的后天建构特征（相比亲戚社会资本的先天血缘关系），建构性和参与感会更强，因此消极健康作用会更少。同样地，城市男女在家务劳动量上差异更小（杨菊华，2014；许琪，2018），城市女性较少因亲友来访而产生过度家务劳动，且城市的拜年行为本身给被拜年方带来的家务劳动量要少于农村（例如，餐饮准备或招待活动很多时候并不在被拜年方的住所内开展，而是通过购买城市业已成熟的餐饮服务完成），因此拜年网式家庭取向社会资本的消极健康作用可能不存在于城市女性中。对男性而言，由于拜年网包含的工作或经济上往来的内涵可能更多，因此男性更多地通过拜年网而获益，尤其是城市男性，这一点从大量涉及关系社会资本的工作收入效应研究中可见一斑（陈云松，2020）。由此可以预期，拜年网式的家庭取向社会资本对男性尤其是城市男性健康的积极作用更强，对女性尤其是农村女性健康的促进作用微弱甚至发挥消极作用。

以家庭为单位的日常亲友及邻里互动同样是家庭取向社会资本的重要组成元素。以家庭为单位的日常邻里互动包括互赠礼物、互相帮助、日常闲聊等，这些无即时经济回报的日常活动实际上更多会由家庭中的女性角色来完成（杨菊华，2014），而男性则主要负责与工作相关的社会互动，包括应酬及其他工具性社交等（王玮玲，2016；许琪，2018），类似于一种"男主外，女主内"或"男性赚钱，女性管家"的家庭分工模式（陈讯，2013），虽然家庭整体对外的日常互动可以为家庭整体带来社会资本，但此时女性群体的建构性和参与感会明显强于男性群体。此外，现实中的家庭对外互动主要由女性来负责开展时，社会互动的积极作用也就自然而然地更多体现在女性身上，这本质上更加贴近个人取向的社会互动带来健康收益这一说法。由此，日常互动式家庭取向社会资本的健康效应还可能随着互动对象的变化而变化，邻里互动式家庭取向社会资本对女性健康的积极作用可能会强于男性，而亲友互动式的健康效应可能稍有差异，尚无研究去详细探讨这种差异。根据上述证据，本章提出以下假设。

假设 2：家庭取向社会资本对健康的影响存在性别和城乡差异。

6.2 家庭取向社会资本的人群差异

研究首先使用卡方检验和独立样本 t 检验来分析四种家庭取向社会资本的人群差异。表 6 – 1 显示，春节期间来访亲戚数量以 1 ~ 5 家为主（45.6%），其中 17.8% 的受访者报告春节期间没有亲戚来访，11.3% 的受访者报告来访亲戚数量超过 10 家。差异检验结果显示，春节亲戚来访数存在年龄、城乡、户口、婚姻状况及受教育程度的差异。不同年龄组受访者家庭春节亲戚来访数差异有统计学意义但实际差异不大（$\chi^2 = 94.23$，$p < 0.001$），农村和农业户口受访者家庭春节亲戚来访数明显多于城镇和非农业户口受访者家庭（$\chi^2 = 494.76$，$p < 0.001$；$\chi^2 = 831.54$，$p < 0.001$），已婚受访者家庭春节亲戚来访数明显多于未婚和离婚/丧偶受访者家庭（$\chi^2 = 129.46$，$p < 0.001$），受教育程度较低的受访者家庭春节亲戚来访数明显多于受教育程度较高的受访者家庭（$\chi^2 = 211.70$，$p < 0.001$）。不过，随机抽取 3000 人后的分析结果显示，上述结果大多保持不变，仅有春节亲戚来访数的年龄和婚姻状况差异不再具有统计学意义。

表 6 – 1　春节亲戚来访数及其人群差异分析（$n = 29997$）

变量	分组	0 家 (%)	1 ~ 5 家 (%)	6 ~ 10 家 (%)	>10 家 (%)	χ^2 值	p 值
总体		17.8	45.6	25.3	11.3		
性别	女	17.6	45.9	25.5	11.0	4.24	0.236
	男	17.9	45.3	35.1	11.7		
年龄	18 ~ 29 岁	17.9	44.9	25.0	12.2	94.23	< 0.001
	30 ~ 44 岁	19.5	43.5	25.9	12.1		
	45 ~ 59 岁	18.3	45.8	25.2	10.7		
	60 ~ 90 岁	14.6	48.6	26.0	10.8		

续表

变量	分组	0 家 (%)	1~5 家 (%)	6~10 家 (%)	>10 家 (%)	χ^2 值	p 值
城乡	农村	14.6	43.8	27.7	12.9	494.76	<0.001
	城镇	21.4	47.7	22.5	8.4		
户口	农业	14.7	44.3	27.5	13.5	831.54	<0.001
	非农业	25.0	48.7	20.0	6.3		
婚姻状况	未婚	24.4	46.6	20.3	8.7	129.46	<0.001
	已婚	17.1	45.3	25.9	11.7		
	离婚/丧偶	21.6	48.2	21.6	8.6		
受教育程度	文盲/半文盲	15.7	46.3	25.5	12.5	211.70	<0.001
	小学	16.0	44.2	27.6	12.2		
	初中	18.1	46.0	24.8	11.1		
	高中	20.8	45.7	24.2	9.3		
	大专及以上	25.4	45.6	21.2	7.8		
工作状况	无工作	18.0	45.5	25.5	11.0	4.14	0.246
	有工作	17.3	46.0	25.2	11.5		

　　表 6 - 2 显示，春节期间来访朋友数整体上低于来访亲戚数，约半数（47.3%）受访者家庭春节期间没有朋友来访，而仅有 5.8% 的受访者报告春节期间来访朋友数量超过 10 家。差异检验结果显示，春节朋友来访数存在年龄、城乡、户口、婚姻状况、受教育程度及工作状况差异。中低年龄组受访者家庭春节朋友来访数明显多于高龄组受访者家庭（χ^2 = 430.06，$p < 0.001$），农村和农业户口受访者家庭春节朋友来访数略少于城镇和非农业户口受访者家庭（χ^2 = 179.99，$p < 0.001$；χ^2 = 99.45，$p < 0.001$），已婚受访者家庭春节朋友来访数明显多于未婚和离婚/丧偶受访者家庭（χ^2 = 83.03，$p < 0.001$），受教育程度较高的受访者家庭春节朋友来访数明显多于受教育程度较低的受访者家庭（χ^2 = 436.95，$p < 0.001$），有工作的受访者家庭春节朋友来访数明显多于无工作受访者家庭（χ^2 = 88.63，$p < 0.001$）。随机抽取 3000 人后的差异检验结果与表中结果基本保持一致。

表 6 - 2　春节朋友来访数及其人群差异分析（$n = 29898$）

变量	分组	0 家（%）	1 ~ 5 家（%）	6 ~ 10 家（%）	> 10 家（%）	χ^2 值	p 值
总体		47.3	33.7	13.2	5.8		
性别	女	47.6	33.8	12.9	5.7	3.32	0.346
	男	46.9	33.7	13.5	5.9		
年龄	18 ~ 29 岁	42.3	35.9	15.6	6.2	430.06	< 0.001
	30 ~ 44 岁	40.8	37.2	15.1	6.9		
	45 ~ 59 岁	49.1	32.5	12.8	5.6		
	60 ~ 90 岁	55.9	29.5	10.0	4.6		
城乡	农村	50.6	30.9	12.3	6.2	179.99	< 0.001
	城镇	43.5	36.8	14.2	5.5		
户口	农业	48.4	32.1	13.2	6.3	99.45	< 0.001
	非农业	44.5	37.4	13.3	4.8		
婚姻状况	未婚	49.3	33.6	12.2	4.9	83.03	< 0.001
	已婚	46.4	34.0	13.6	6.0		
	离婚/丧偶	55.3	30.6	9.6	4.5		
受教育程度	文盲/半文盲	54.1	29.7	10.7	5.5	436.95	< 0.001
	小学	49.5	32.4	12.6	5.5		
	初中	44.2	35.5	14.4	5.9		
	高中	38.9	38.5	16.0	6.6		
	大专及以上	36.5	40.3	16.6	6.6		
工作状况	无工作	49.7	32.8	12.2	5.3	88.63	< 0.001
	有工作	44.6	34.8	14.2	6.1		

表 6 - 3 显示，受访者家庭日常邻居互动数平均约为 1.5（范围为 0 ~ 5）。差异检验结果显示，受访者家庭日常邻居互动数存在年龄、城乡、户口、婚姻状况、受教育程度及工作状况差异。中低年龄组受访者报告的日常邻居互动数明显多于高龄组受访者（$F = 36.81$，$p < 0.001$），农村和农业户口受访者报告的日常邻居互动数略多于城镇和非农业户口受访者（$t = 6.13$，$p < 0.001$；$t = 7.68$，$p < 0.001$），已婚受访者报告的日常邻居互动数略多于未婚和离婚/丧偶受访者（$F = 4.39$，$p = 0.012$），中学受教育程度的受访者报告的日常邻居互动数略多于其他受教育程度的受访者（$F = 8.60$，$p <$

0.001），有工作的受访者报告的日常邻居互动数明显多于无工作受访者（$t =$ −15.10，$p < 0.001$）。不过，随机抽取 3000 人后的分析结果显示，上述结果大多保持不变，仅有婚姻状况和受教育程度的组间差异不再具有统计学意义。

表 6 − 3　日常邻居互动数及其人群差异分析（$n = 30145$）

变量	分组	均值	标准差	t/F 值	p 值
总体		1.522	1.348		
性别	女	1.524	1.345	0.31	0.757
	男	1.519	1.351		
年龄	18~29 岁	1.616	1.386	36.81	<0.001
	30~44 岁	1.609	1.391		
	45~59 岁	1.482	1.322		
	60~90 岁	1.414	1.294		
城乡	农村	1.566	1.341	6.13	<0.001
	城镇	1.471	1.354		
户口	农业	1.560	1.336	7.68	<0.001
	非农业	1.430	1.369		
婚姻状况	未婚	1.488	1.362	4.39	0.012
	已婚	1.530	1.349		
	离婚/丧偶	1.450	1.318		
受教育程度	文盲/半文盲	1.462	1.313	8.60	<0.001
	小学	1.529	1.315		
	初中	1.561	1.363		
	高中	1.585	1.391		
	大专及以上	1.506	1.450		
工作状况	无工作	1.397	1.313	−15.10	<0.001
	有工作	1.634	1.367		

表 6-4 显示，受访者家庭日常亲友互动数平均约为 1.6（范围为 0~5），略高于日常邻居互动数。差异检验结果显示，受访者家庭日常亲友互动数存在年龄、城乡、户口、婚姻状况、受教育程度及工作状况差异。中低年龄组受访者报告的日常亲友互动数明显多于高龄组受访者（$F = 76.25$，$p <$

0.001），农村和农业户口受访者报告的日常亲友互动数明显少于城镇和非农业户口受访者（$t = -24.13$，$p < 0.001$；$t = -24.04$，$p < 0.001$），已婚和未婚受访者报告的日常亲友互动数略多于离婚/丧偶受访者（$F = 13.34$，$p < 0.001$），较高受教育程度的受访者报告的日常亲友互动数明显多于较低受教育程度的受访者（$F = 289.11$，$p < 0.001$），有工作的受访者报告的日常亲友互动数明显多于无工作受访者（$t = -11.70$，$p < 0.001$）。随机抽取3000人后的分析结果显示，上述结果大都保持不变，仅有婚姻状况的组间差异不再具有统计学意义。

表 6 - 4　日常亲友互动数及其人群差异分析（$n = 30091$）

变量	分组	均值	标准差	t/F 值	p 值
总体		1.617	1.656		
性别	女	1.624	1.657	0.68	0.499
	男	1.611	1.656		
年龄	18 ~ 29 岁	1.834	1.701	76.25	< 0.001
	30 ~ 44 岁	1.749	1.677		
	45 ~ 59 岁	1.557	1.645		
	60 ~ 90 岁	1.422	1.595		
城乡	农村	1.403	1.561	- 24.13	< 0.001
	城镇	1.861	1.727		
户口	农业	1.469	1.584	- 24.04	< 0.001
	非农业	1.966	1.766		
婚姻状况	未婚	1.574	1.646	13.34	< 0.001
	已婚	1.635	1.659		
	离婚/丧偶	1.456	1.625		
受教育程度	文盲/半文盲	1.328	1.536	289.11	< 0.001
	小学	1.470	1.572		
	初中	1.672	1.659		
	高中	1.997	1.750		
	大专及以上	2.461	1.804		
工作状况	无工作	1.505	1.637	- 11.70	< 0.001
	有工作	1.733	1.674		

6.3　家庭取向社会资本与健康的关联性分析

表 6 - 5 显示，家庭取向社会资本与我国居民的健康状况之间存在显著关联。具体来说，春节期间的亲戚来访与居民较好的自评健康及较低的抑郁水平[①]相联系，且只有在来访数量达到 6 家及以上时才能发挥作用，但亲戚来访并不与居民两周患病率相关联。春节期间的朋友来访与居民较好的自评健康及较低的两周患病率相联系，且超过 10 家的来访量与自评健康的积极联系最强（$OR = 1.325$，$p < 0.05$），但仅有 1 ~ 5 家这种少量的朋友来访才会与较低的两周患病率相联系（$OR = 0.872$，$p < 0.01$）。相比而言，春节期间朋友来访数量过多（超过 10 家）反而与较高的抑郁水平相联系（$\beta = 0.218$，$p < 0.1$）。

从日常互动视角来看，以家庭为单位的日常亲友互动与居民健康的关系与具体的互动量存在一定联系。与没有亲友互动相比，日常亲友互动数为 2 与更好的自评健康（$OR = 1.151$，$p < 0.1$）及更低的抑郁水平（$\beta = -0.171$，$p < 0.1$）相联系（尽管并不强），但更高的日常亲友互动数不仅不与自评健康和抑郁水平相联系，反而与更高的两周患病率相联系（互动数最高时 $OR = 1.233$，$p < 0.05$）。同样地，以家庭为单位的日常邻里互动也存在类似的影响。与没有邻里互动相比，日常邻里互动数为 1 与较低的两周患病率（$OR = 0.873$，$p < 0.05$）及抑郁水平（$\beta = -0.194$，$p < 0.05$）相联系，而更高的日常邻里互动数（达到 3 及以上）反而会与更高的两周患病率相联系（互动数最高时 $OR = 1.225$，$p < 0.1$）。

表 6 - 5　家庭取向社会资本与居民健康，CFPS 2010

	模型 1 自评健康		模型 2 两周患病		模型 3 抑郁水平	
	OR	*R_SE*	*OR*	*R_SE*	*β*	*R_SE*
截距	1.406	0.384	0.606 *	0.136	8.522 ***	0.365
亲戚来访（参照项：0）						
1 ~ 5	1.041	0.068	0.959	0.053	- 0.085	0.090

---

① CESD - 6 抑郁得分 6 个测量条目 Cronbach's α 系数为 0.859，具有较好的内部一致性。

	模型 1 自评健康		模型 2 两周患病		模型 3 抑郁水平	
	OR	*R_SE*	*OR*	*R_SE*	*β*	*R_SE*
6 ~ 10	1.149˄	0.088	0.936	0.060	− 0.377 ***	0.099
>10	1.224 *	0.125	1.108	0.089	− 0.239˄	0.126
朋友来访（参照项：0）						
1 ~ 5	1.192 **	0.067	0.872 **	0.040	0.064	0.072
6 ~ 10	1.150˄	0.096	0.961	0.062	0.094	0.090
>10	1.325 *	0.154	0.945	0.083	0.218˄	0.126
亲友互动（参照项：0）						
1	1.008	0.065	1.087	0.059	− 0.082	0.085
2	1.151˄	0.092	0.942	0.063	− 0.171	0.095
3	1.116	0.095	1.209 **	0.083	− 0.031	0.103
4	0.870	0.080	1.226 **	0.091	0.086	0.115
5	1.032	0.114	1.233 *	0.100	0.157	0.116
邻里互动（参照项：0）						
1	0.970	0.062	0.873 *	0.047	− 0.194 *	0.087
2	1.011	0.076	1.001	0.063	− 0.140	0.098
3	0.959	0.084	1.184 *	0.083	− 0.121	0.107
4	0.994	0.115	1.181˄	0.103	− 0.160	0.133
5	0.801	0.121	1.225˄	0.137	− 0.256˄	0.148
人口学特征	√		√		√	
社会经济地位	√		√		√	
健康行为	√		√		√	
家庭特征	√		√		√	
Pseudo_R^2	0.129		0.045		0.073	
n	25255		25255		25124	

注：*** $p < 0.001$，** $p < 0.01$，* $p < 0.05$，˄ $p < 0.1$。*OR* 表示发生比，*R_SE* 表示稳健标准误，*β* 表示回归系数。

6.4 家庭取向社会资本与健康之间关联的性别与城乡异质性

表 6 - 6 显示，家庭取向社会资本与居民自评健康之间的联系存在性别

与城乡差异。春节期间较多的亲戚来访仅与农村女性较好的自评健康相联系（来访数大于 10 时 $OR = 1.526$，$p < 0.05$），与其他亚组的自评健康并不存在显著联系。春节期间较多的朋友来访与城镇女性、农村男性及农村女性自评健康均存在不同程度的积极联系，且在大部分情况下来访量越多积极联系越强，但与城镇男性自评健康的联系并无统计学意义。相比而言，适量、中等强度的日常亲友互动与城乡女性较好的自评健康相联系（$OR = 1.515$，$p < 0.05$；$OR = 1.286$，$p < 0.1$），但过量、强度较高的日常亲友互动反而与农村女性较差的自评健康相联系（$OR = 0.693$，$p < 0.05$），并且同样不能促进其他群体的自评健康。然而，较多的日常邻里互动与农村男性的自评健康存在显著的消极联系（互动数为 5 时 $OR = 0.481$，$p < 0.05$）。

表 6 - 6   家庭取向社会资本与自评健康：性别与城乡差异

	模型 1 城镇男性		模型 2 城镇女性		模型 3 农村男性		模型 4 农村女性	
	OR	R_SE	OR	R_SE	OR	R_SE	OR	R_SE
截距	1.949	1.330	2.171	1.448	2.007	0.955	3.008	2.110
亲戚来访（参照项：0）								
1 ~ 5	1.096	0.169	0.928	0.123	1.029	0.128	1.172	0.137
6 ~ 10	1.303	0.244	0.963	0.159	1.157	0.169	1.265˙	0.170
>10	1.187	0.308	0.960	0.210	1.266	0.238	1.526*	0.272
朋友来访（参照项：0）								
1 ~ 5	0.941	0.128	1.359**	0.155	1.204˙	0.128	1.271*	0.127
6 ~ 10	1.016	0.201	1.373˙	0.247	1.023	0.163	1.218	0.173
>10	0.733	0.192	1.835*	0.477	1.630*	0.357	1.412˙	0.280
亲友互动（参照项：0）								
1	0.954	0.148	1.046	0.139	1.066	0.132	0.950	0.108
2	1.050	0.199	1.022	0.168	1.226	0.187	1.286˙	0.179
3	0.983	0.190	1.515*	0.280	1.122	0.184	0.929	0.141
4	0.860	0.186	1.097	0.210	0.868	0.153	0.693*	0.113
5	0.772	0.173	1.116	0.241	1.133	0.265	1.183	0.249

	模型 1 城镇男性		模型 2 城镇女性		模型 3 农村男性		模型 4 农村女性	
	OR	*R_SE*	*OR*	*R_SE*	*OR*	*R_SE*	*OR*	*R_SE*
邻里互动（参照项：0）								
1	0.935	0.135	0.993	0.130	0.884	0.111	1.075	0.125
2	1.286	0.231	0.890	0.144	0.924	0.135	1.011	0.133
3	1.138	0.230	0.946	0.177	0.722*	0.118	1.143	0.176
4	0.946	0.241	1.268	0.347	0.951	0.220	0.960	0.188
5	1.036	0.324	1.035	0.322	0.481*	0.139	0.892	0.257
人口学特征	√		√		√		√	
社会经济地位	√		√		√		√	
健康行为	√		√		√		√	
家庭特征	√		√		√		√	
Pseudo_R^2	0.111		0.132		0.126		0.132	
n	5935		6089		6831		6400	

注：$^{**}p<0.01$，$^{*}p<0.05$，$^{\cdot}p<0.1$。*OR* 表示发生比，*R_SE* 表示稳健标准误。

表 6-7 显示，家庭取向社会资本与居民两周患病之间的联系存在性别与城乡差异。春节期间较多的亲戚来访与城镇女性较高的两周患病率相联系（$OR=1.397$，$p<0.05$），但春节期间适量的朋友来访反而与城镇女性较低的两周患病率相联系（$OR=0.713\sim0.772$，$p<0.01$）。然而，无论是春节期间的亲戚来访还是朋友来访都不能与城镇男性及农村居民的两周患病情况产生显著关联。相比而言，日常亲友互动不与城镇女性的两周患病情况相关，但中高强度日常亲友互动与城镇男性、农村男性及农村女性较高的两周患病率相联系（$OR=1.336\sim1.408$，$p<0.1$；$OR=1.345\sim1.359$，$p<0.1$；$OR=1.281\sim1.470$，$p<0.1$）。对于城镇居民而言，强度相对较高的日常邻里互动与其较高的两周患病率相联系（城镇男性 $OR=1.758$，$p<0.05$；城镇女性 $OR=1.356$，$p<0.05$），然而，最低限度的日常邻里互动（互动数为1）与农村居民较低的两周患病率相联系（农村男性 $OR=0.712$，$p<0.01$；农村女性 $OR=0.778$，$p<0.05$）。

表 6-7 家庭取向社会资本与两周患病：性别与城乡差异

	模型1 城镇男性		模型2 城镇女性		模型3 农村男性		模型4 农村女性	
	OR	*R_SE*	*OR*	*R_SE*	*OR*	*R_SE*	*OR*	*R_SE*
截距	0.288*	0.144	1.721	0.839	0.282**	0.122	0.241**	0.120
亲戚来访（参照项：0）								
1~5	0.870	0.100	1.028	0.109	0.929	0.104	1.066	0.119
6~10	0.806	0.114	0.972	0.126	0.975	0.124	1.012	0.125
>10	0.968	0.171	1.397*	0.228	1.044	0.162	1.062	0.166
朋友来访（参照项：0）								
1~5	0.902	0.090	0.772**	0.070	0.940	0.086	0.912	0.079
6~10	1.135	0.156	0.713**	0.092	1.200	0.152	0.897	0.111
>10	1.161	0.215	0.777	0.150	1.054	0.174	0.858	0.144
亲友互动（参照项：0）								
1	1.165	0.144	1.183	0.131	1.099	0.119	1.011	0.103
2	1.085	0.155	1.030	0.136	0.919	0.127	0.819	0.101
3	1.336ˆ	0.200	1.207	0.159	1.080	0.151	1.281ˆ	0.174
4	1.360*	0.210	0.962	0.141	1.345ˆ	0.205	1.470**	0.214
5	1.408*	0.223	1.240	0.189	1.359ˆ	0.237	1.102	0.184
邻里互动（参照项：0）								
1	1.068	0.121	0.938	0.098	0.712**	0.078	0.778*	0.083
2	1.110	0.151	1.182	0.145	0.858	0.109	0.883	0.106
3	1.244	0.191	1.356*	0.185	1.072	0.149	1.062	0.143
4	1.351	0.254	1.019	0.187	0.987	0.174	1.274	0.209
5	1.758*	0.399	0.927	0.190	1.251	0.283	0.966	0.223
人口学特征	√		√		√		√	
社会经济地位	√		√		√		√	
健康行为	√		√		√		√	
家庭特征	√		√		√		√	
Pseudo_R^2	0.046		0.052		0.057		0.040	
n	5936		6088		6831		6400	

注：** $p<0.01$，* $p<0.05$，ˆ $p<0.1$。OR 表示发生比，*R_SE* 表示稳健标准误。

表 6 - 8 显示，家庭取向社会资本与居民抑郁水平之间的联系同样存在性别与城乡差异。与没有亲戚来访相比，春节期间适度的亲戚来访与城镇居民较低的抑郁水平相联系（城镇男性 $\beta = -0.626 \sim -0.395$，$p < 0.05$；城镇女性 $\beta = -0.478$，$p < 0.05$），但其与农村居民抑郁水平之间无显著联系。同样地，春节期间的朋友来访与所有 4 个亚组的抑郁水平之间的联系均无统计学意义。相比而言，与没有亲友互动相比，高强度的日常亲友互动（互动数为 5）与城镇男性较高的抑郁水平相联系（$\beta = 0.589$，$p < 0.01$），但会与农村男性较低的抑郁水平相联系（$\beta = -0.424$，$p < 0.1$）。日常邻里互动与抑郁水平之间的联系依然微弱，与没有邻里互动相比，仅有最低限度的日常邻里互动（互动数为 1 ~ 2）会与农村女性较低的抑郁水平相联系（$\beta = -0.381 \sim -0.339$，$p < 0.1$）。

表 6 - 8　家庭取向社会资本与抑郁水平：性别与城乡差异

	模型 1 城镇男性		模型 2 城镇女性		模型 3 农村男性		模型 4 农村女性	
	β	R_SE	β	R_SE	β	R_SE	β	R_SE
截距	7.732***	0.667	8.192***	0.806	8.256***	0.678	7.683***	0.824
亲戚来访（参照项：0）								
1 ~ 5	-0.395*	0.162	-0.290	0.186	0.141	0.174	0.233	0.190
6 ~ 10	-0.626**	0.187	-0.478*	0.210	-0.217	0.186	-0.134	0.205
>10	-0.092	0.268	-0.357	0.280	-0.220	0.220	-0.219	0.247
朋友来访（参照项：0）								
1 ~ 5	0.082	0.134	0.243	0.153	0.037	0.135	0.010	0.157
6 ~ 10	0.183	0.176	0.118	0.186	0.239	0.170	-0.091	0.187
>10	0.172	0.236	0.488	0.306	0.276	0.215	0.054	0.265
亲友互动（参照项：0）								
1	0.063	0.166	-0.144	0.180	-0.223	0.153	0.067	0.184
2	-0.163	0.176	0.064	0.216	-0.341*	0.165	-0.241	0.198
3	-0.054	0.190	-0.106	0.216	-0.030	0.196	0.086	0.229
4	0.095	0.202	-0.074	0.236	0.034	0.226	0.264	0.265
5	0.589**	0.218	0.013	0.207	-0.424*	0.223	0.020	0.304

	模型 1 城镇男性		模型 2 城镇女性		模型 3 农村男性		模型 4 农村女性	
	β	R_SE	β	R_SE	β	R_SE	β	R_SE
邻里互动（参照项：0）								
1	− 0.162	0.154	− 0.225	0.177	− 0.074	0.167	− 0.339˙	0.203
2	0.082	0.181	− 0.046	0.207	− 0.084	0.184	− 0.381˙	0.222
3	− 0.046	0.196	− 0.127	0.215	− 0.099	0.207	− 0.131	0.244
4	− 0.014	0.237	− 0.354	0.268	− 0.072	0.253	− 0.064	0.315
5	− 0.132	0.282	− 0.381	0.259	0.010	0.301	− 0.234	0.364
人口学特征	√		√		√		√	
社会经济地位	√		√		√		√	
健康行为	√		√		√		√	
家庭特征	√		√		√		√	
R^2	0.073		0.061		0.090		0.088	
n	5923		6062		6794		6354	

注：*** $p < 0.001$，** $p < 0.01$，* $p < 0.05$，˙ $p < 0.1$。R_SE 表示稳健标准误，β 表示回归系数。

6.5　基于倾向值匹配的因果性检验

进一步地，研究使用 PSM 来检验上述关系，旨在使所估计的关系更加接近因果关系。总体而言，PSM 估计的结果大部分与前述回归结果保持一致，但仍有相当一部分结果是不同的，我们更倾向于认为 PSM 估计结果较前一节的回归结果更可靠。此外，附表 2 报告了总样本中的平衡性检验，可以看到，在匹配处理之后，绝大多数协变量在对照组和处理组之间的标准化差异显著减小且小于 0.25，因此有理由认为 PSM 估计得到的效应更加可靠。

表 6 - 9 显示，春节期间的亲戚来访有助于促进居民自评健康，但这种积极作用实际上主要体现在农村女性群体中，且来访数量越多积极作用越强。过多的亲戚来访（>10 家）可能会增加居民两周患病率，但这种影响主要体现在城镇女性中。适量的亲戚来访（6～10 家）总体上也会降低居民抑郁水平，但这种降低作用主要体现在城镇居民中而非农村居民中。

春节期间适量的朋友来访（1～10家）能够有效提升居民自评健康，但这种促进作用只体现在城乡女性而非男性样本中。少量的朋友来访（1～5家）能够降低居民两周患病率，但过多的朋友来访（＞10家）反而与较高的两周患病率相联系。进一步可以发现，少量朋友来访的积极作用主要体现在城镇女性群体中，而过量朋友来访的消极作用主要体现在城乡男性群体中。

中等强度的日常亲友互动（互动数为3）有助于促进居民自评健康，但这种促进作用只体现在农村男性群体中。中等强度以上的日常亲友互动会增加居民两周患病率，然而该作用在城镇男性群体中并不显著。日常亲友互动对抑郁水平虽然总体上并未表现出显著的影响，但这是不同亚组中异质作用混合所导致的结果：较多的日常亲友互动降低了农村男性的抑郁水平，但却提高了城镇男性和农村女性的抑郁水平。

中低强度的日常邻里互动（互动数为1～3）可能会损害农村男性的自评健康，但并不会影响其他亚组的自评健康。与没有邻里互动相比，少量日常邻里互动确实能够降低居民两周患病率，但更多的日常邻里互动可能会产生相反的效果；不过少量日常邻里互动对两周患病率的降低作用只体现在农村居民中，而更多日常邻里互动的消极作用体现在城镇居民和农村女性中。与没有邻里互动相比，一定程度的日常邻里互动能够显著降低居民抑郁水平，且这种降低作用只适用于女性群体。

表 6-9　基于 PSM 的家庭取向社会资本健康效应检验：性别与城乡差异

		自评健康		两周患病		抑郁水平	
		ATT	R_SE	ATT	R_SE	ATT	R_SE
Panel A：亲戚来访							
总样本	截距	0.825 ***	0.010	0.266 ***	0.012	3.122 ***	0.102
	1～5	0.010	0.010	-0.019	0.013	-0.164	0.110
	6～10	0.020 ˙	0.011	-0.022	0.014	-0.474 ***	0.119
	＞10	0.013	0.016	0.036 ˙	0.020	-0.069	0.177
城镇男性	截距	0.867 ***	0.020	0.221 ***	0.021	2.644 ***	0.173
	1～5	0.018	0.021	-0.017	0.023	-0.194	0.189
	6～10	0.034	0.023	-0.034	0.026	-0.526 *	0.208
	＞10	0.015	0.033	-0.002	0.035	0.447	0.408

续表

		自评健康		两周患病		抑郁水平	
		ATT	*R_SE*	*ATT*	*R_SE*	*ATT*	*R_SE*
Panel A：亲戚来访							
城镇女性	截距	0.861 ***	0.015	0.280 ***	0.022	3.285 ***	0.228
	1~5	−0.011	0.017	−0.006	0.024	−0.434 ˙	0.242
	6~10	−0.012	0.020	−0.015	0.028	−0.698 **	0.263
	>10	−0.013	0.029	0.092 *	0.045	−0.187	0.351
农村男性	截距	0.834 ***	0.015	0.244 ***	0.020	2.808 ***	0.174
	1~5	−0.014	0.017	−0.021	0.022	0.214	0.193
	6~10	0.005	0.019	−0.004	0.024	−0.118	0.207
	>10	−0.013	0.026	0.021	0.031	−0.229	0.251
农村女性	截距	0.723 ***	0.024	0.310 ***	0.025	3.654 ***	0.233
	1~5	0.047 ˙	0.025	−0.011	0.027	−0.001	0.253
	6~10	0.056 *	0.027	−0.025	0.029	−0.368	0.269
	>10	0.061 ˙	0.034	0.050	0.038	−0.320	0.331
Panel B：朋友来访							
总样本	截距	0.844 ***	0.005	0.257 ***	0.007	2.728 ***	0.053
	1~5	0.025 ***	0.007	−0.028 **	0.009	0.033	0.070
	6~10	0.019 ˙	0.010	−0.007	0.013	0.033	0.101
	>10	−0.004	0.022	0.059 *	0.027	0.222	0.205
城镇男性	截距	0.887 ***	0.010	0.205 ***	0.012	2.420 ***	0.099
	1~5	0.009	0.013	−0.013	0.016	0.017	0.129
	6~10	0.011	0.019	0.018	0.026	−0.199	0.184
	>10	−0.073	0.048	0.101 ˙	0.058	0.270	0.354
城镇女性	截距	0.836 ***	0.012	0.309 ***	0.016	2.735 ***	0.113
	1~5	0.044 **	0.014	−0.058 **	0.019	0.130	0.149
	6~10	0.046 *	0.021	−0.041	0.030	0.039	0.234
	>10	0.047	0.050	0.011	0.072	0.746	0.542
农村男性	截距	0.853 ***	0.009	0.213 ***	0.011	2.588 ***	0.097
	1~5	0.012	0.013	−0.006	0.015	0.024	0.130
	6~10	0.018	0.017	0.032	0.022	0.158	0.182
	>10	0.019	0.031	0.105 *	0.049	−0.145	0.273

主
体
、
情
境
与
时
间
：
社会资本对中国居民健康的影响

		自评健康		两周患病		抑郁水平	
		ATT	*R_SE*	*ATT*	*R_SE*	*ATT*	*R_SE*
Panel B：朋友来访							
农村女性	截距	0.784 ***	0.012	0.298 ***	0.014	3.209 ***	0.108
	1~5	0.038 *	0.015	−0.021	0.018	0.050	0.155
	6~10	0.022	0.022	−0.013	0.025	0.028	0.200
	>10	0.023	0.037	−0.002	0.047	0.006	0.489
Panel C：亲友互动							
总样本	截距	0.841 ***	0.006	0.228 ***	0.007	2.844 ***	0.064
	1	0.001	0.008	0.013	0.010	−0.040	0.087
	2	0.010	0.010	−0.003	0.012	−0.158	0.106
	3	0.019˙	0.012	0.027˙	0.015	−0.082	0.121
	4	−0.009	0.015	0.067 **	0.019	0.243	0.185
	5	0.018	0.017	0.062 **	0.023	−0.026	0.182
城镇男性	截距	0.888 ***	0.012	0.189 ***	0.015	2.358 ***	0.117
	1	−0.003	0.016	0.018	0.021	0.119	0.170
	2	−0.002	0.020	0.009	0.024	−0.018	0.205
	3	−0.004	0.022	0.022	0.027	0.019	0.228
	4	−0.000	0.022	0.039	0.030	−0.048	0.223
	5	−0.021	0.031	0.062	0.038	0.889 *	0.369
城镇女性	截距	0.843 ***	0.012	0.249 ***	0.016	2.899 ***	0.135
	1	0.001	0.016	0.039˙	0.022	−0.148	0.185
	2	−0.014	0.021	0.031	0.026	0.106	0.243
	3	0.027	0.021	0.039	0.028	−0.146	0.235
	4	0.006	0.027	0.034	0.035	0.094	0.326
	5	−0.020	0.038	0.096 *	0.045	0.466	0.500
农村男性	截距	0.840 ***	0.012	0.201 ***	0.012	2.897 ***	0.124
	1	0.007	0.016	0.011	0.018	−0.197	0.157
	2	0.020	0.020	0.010	0.024	−0.476 *	0.191
	3	0.044 *	0.022	0.014	0.029	−0.224	0.249
	4	0.037	0.024	0.082˙	0.046	−0.216	0.339
	5	0.042	0.033	0.047	0.050	−0.652 *	0.296

续表

		自评健康		两周患病		抑郁水平	
		ATT	*R_SE*	*ATT*	*R_SE*	*ATT*	*R_SE*
Panel C：亲友互动							
农村女性	截距	0.799 ***	0.013	0.266 ***	0.015	3.254 ***	0.135
	1	− 0.011	0.017	− 0.001	0.021	0.093	0.184
	2	0.008	0.023	− 0.034	0.026	− 0.234	0.225
	3	− 0.036	0.032	0.059	0.037	− 0.019	0.298
	4	− 0.068	0.043	0.141 **	0.050	1.341 *	0.517
	5	0.039	0.048	0.071	0.055	− 0.518	0.359
Panel D：邻里互动							
总样本	截距	0.850 ***	0.007	0.249 ***	0.009	2.985 ***	0.082
	1	− 0.013	0.008	− 0.023 *	0.010	− 0.191 *	0.095
	2	− 0.008	0.010	0.015	0.013	− 0.106	0.111
	3	− 0.024 ˙	0.014	0.060 **	0.018	0.006	0.149
	4	0.017	0.020	0.033	0.026	− 0.433 *	0.210
	5	0.016	0.026	0.033	0.049	− 0.375	0.265
城镇男性	截距	0.896 ***	0.010	0.183 ***	0.013	2.427 ***	0.123
	1	− 0.015	0.013	0.018	0.017	− 0.065	0.154
	2	0.012	0.016	0.039 ˙	0.024	0.246	0.187
	3	− 0.013	0.021	0.090 **	0.033	0.110	0.248
	4	0.024	0.029	0.016	0.040	− 0.067	0.338
	5	− 0.020	0.044	0.011	0.050	0.177	0.326
城镇女性	截距	0.846 ***	0.014	0.269 ***	0.018	3.120 ***	0.169
	1	0.005	0.016	− 0.011	0.021	− 0.378 ˙	0.195
	2	− 0.016	0.021	0.054 ˙	0.028	− 0.257	0.232
	3	− 0.027	0.029	0.095 **	0.035	− 0.056	0.307
	4	0.037	0.035	0.031	0.047	− 0.586	0.427
	5	0.051	0.039	− 0.027	0.063	− 0.707 *	0.359
农村男性	截距	0.863 ***	0.013	0.271 ***	0.022	2.727 ***	0.156
	1	− 0.036 *	0.016	− 0.078 **	0.024	0.101	0.180
	2	− 0.020	0.019	− 0.040	0.027	0.048	0.208
	3	− 0.041 ˙	0.024	0.001	0.034	− 0.008	0.246
	4	− 0.037	0.052	− 0.041	0.058	− 0.038	0.575
	5	− 0.019	0.053	0.055	0.088	0.077	0.435

主体、情境与时间：社会资本对中国居民健康的影响

		自评健康		两周患病		抑郁水平	
		ATT	*R_SE*	*ATT*	*R_SE*	*ATT*	*R_SE*
Panel D：邻里互动							
农村女性	截距	0.784 ***	0.020	0.319 ***	0.024	3.845 ***	0.232
	1	−0.006	0.022	−0.061 *	0.026	−0.484 ˙	0.254
	2	−0.013	0.025	−0.022	0.030	−0.338	0.290
	3	−0.001	0.032	0.012	0.037	−0.205	0.325
	4	−0.022	0.056	0.150 *	0.061	−0.748 ˙	0.408
	5	−0.069	0.092	0.120	0.099	−0.863	0.568

注：*** $p < 0.001$，** $p < 0.01$，* $p < 0.05$，˙ $p < 0.1$。*ATT* 表示参与者平均处理效应，*R_SE* 表示稳健标准误。其他协变量已控制。

6.6 进一步的分析：家庭取向社会资本对健康行为的影响

考虑到家庭取向社会资本在已有研究中较少涉及，研究在此进一步分析其对健康行为的影响，以便更好地理解家庭取向社会资本影响健康结局的机制机理。很显然，健康行为与健康结局是密切相关的，若家庭取向社会资本与个人健康行为存在联系，那么可以进一步明晰其是如何影响健康结局的。表6－10显示，家庭取向社会资本与居民健康行为之间确实存在较强关联。春节拜年网中少量亲戚来访与个人增加身体锻炼行为、减少吸烟、减少酗酒行为相关，而更多亲戚来访则与个人减少吸烟和熬夜行为显著相关。春节拜年网中朋友来访与个人身体锻炼及吸烟行为的关联并不明显，但较多朋友来访则与较高概率的酗酒及熬夜行为显著相关。较多日常亲友互动与个人更频繁的身体锻炼行为、更低的吸烟概率相关，但却与较高的熬夜概率相关，而与酗酒行为不存在显著关联。相比而言，较多日常邻里互动与个人较高的酗酒概率及较低的熬夜概率相关，但与身体锻炼及吸烟行为不存在显著关联。

表6－10 家庭取向社会资本与居民健康行为，CFPS 2010

	模型 1 身体锻炼		模型 2 吸烟		模型 3 酗酒		模型 4 熬夜	
	β	*R_SE*	*OR*	*R_SE*	*OR*	*R_SE*	*OR*	*R_SE*
截距	−2.683 ***	0.228	0.420 ***	0.091	0.043 ***	0.011	0.135	0.034

续表

	模型 1 身体锻炼		模型 2 吸烟		模型 3 酗酒		模型 4 熬夜	
	β	*R_SE*	*OR*	*R_SE*	*OR*	*R_SE*	*OR*	*R_SE*
亲戚来访（参照项：0）								
1 ~ 5	0.125 *	0.055	0.903 ˆ	0.049	0.811 **	0.050	0.921	0.053
6 ~ 10	0.054	0.062	0.843 **	0.052	0.891	0.063	0.969	0.065
>10	0.111	0.084	0.820 *	0.066	1.071	0.098	0.833 *	0.071
朋友来访（参照项：0）								
1 ~ 5	0.088 ˆ	0.046	0.963	0.044	1.083 ˆ	0.057	1.058	0.051
6 ~ 10	0.039	0.062	1.031	0.064	1.213 **	0.085	1.383 ***	0.087
>10	0.108	0.090	1.090	0.096	1.299 **	0.125	1.385 ***	0.121
亲友互动（参照项：0）								
1	0.134 *	0.055	0.833 **	0.045	1.075	0.067	1.075	0.063
2	0.139 *	0.062	0.872 *	0.054	1.053	0.075	1.256 **	0.084
3	0.271 ***	0.070	0.854 *	0.058	1.011	0.079	1.184 *	0.085
4	0.297 ***	0.080	0.853 *	0.066	1.101	0.093	1.256 **	0.099
5	0.385 ***	0.087	0.862 ˆ	0.069	1.145	0.105	1.212 *	0.100
邻里互动（参照项：0）								
1	− 0.029	0.053	0.973	0.051	0.964	0.059	0.904 *	0.050
2	0.028	0.064	0.998	0.061	1.034	0.071	0.706 ***	0.047
3	0.000	0.069	0.966	0.067	1.150 ˆ	0.091	0.825 *	0.061
4	0.022	0.096	1.039	0.091	1.358 **	0.133	0.832 *	0.076
5	0.166	0.122	1.066	0.120	1.247 ˆ	0.155	0.765 *	0.086
人口学特征	√		√		√		√	
社会经济地位	√		√		√		√	
其他健康行为	√		√		√		√	
家庭特征	√		√		√		√	
R^2/Pseudo_R^2	0.184		0.163		0.172		0.095	
n	25256		25256		25256		25256	

注：*** $p < 0.001$，** $p < 0.01$，* $p < 0.05$，ˆ $p < 0.1$。OR 表示发生比，*R_SE* 表示稳健标准误，*β* 表示回归系数。

6.7 小结与讨论

"家"的概念在我国社会文化中具有特殊的意蕴，以"家"为基础来构建一些概念和理论则是探索我国居民社会生命的根底、把握中华文明的有效途径（肖瑛，2020），有助于相关社会理论的本土化发展。本章研究试图从"家"的取向视角去划分出一类特定的社会资本类型——家庭取向社会资本，并探讨其对居民健康的潜在影响。上述经验分析大致得出了家庭取向社会资本与三类健康结局之间的关系究竟为何，即其在部分程度上是有助于增进个人自评健康、降低抑郁水平的，但有时候会与较高的两周患病率相关联。综合而言，家庭取向社会资本对居民健康的影响存在一个"适度性"的问题，即适量的家庭对外互动有助于提升家庭内成员的健康水平，但过量的家庭对外互动则无助于甚至有损家庭成员的健康。在此基础上，研究选择其中几个核心问题展开探讨。

第一，尽管家庭取向社会资本部分程度上体现出积极的健康效应，但许多情况下是不显著的，偶尔还会体现出消极的健康效应（尤其是两周患病结局），即家庭取向社会资本的积极健康效应明显弱于个人取向社会资本（前一章讨论的普遍信任与特殊信任）。可能的解释包括如下三点。其一，大多数时候家庭取向社会资本是间接地与受访者个人产生联系的，因为家庭取向社会资本的构建和维系是以家庭整体为单位进行的，或者说是家庭中其他成员所负责的，尽管家庭资源具有很强的共享性，但这种构建和维系模式使个人缺少了参与关系构建的过程，参与的直接性和主体性更弱了，从而削弱了其发挥积极健康效应的能力。其二，从家庭取向社会资本与个人健康行为的分析中可以看到，该类型社会资本在一些情况下其实会增加个人健康风险行为（尽管总体上呈现一种混合的结果，既有积极影响又有消极影响）。我国有很多涉及人际关系的传统文化一定程度上塑造了这种结果，如春节期间较多的亲戚朋友来访一定程度上增加了聚餐饮酒行为，并且这也同样暗示了受访者具有较广的社交与人际范围、日常应酬较多，这是很难避免的饮食社交现象（陈云松、边燕杰，2015），而这种现象本身在某种程度上是不利于个人健康的。其三，尽管研究使用了倾向值匹配方法进行稳健性因果估计，但截面数据中存在的联立偏误问题依然是可能存在的。例如，家庭取向社会资本大部分时候和两周患病率是积极关联的，这并不一定意味着家庭取向社会资本一定增加了居民两周患病的可能性，也可能是因为家庭成员患病这一事件本身带来了更多的家庭对外互动行为。我们常说的探亲风俗中就有一种针对病人的探病行为，即个人患病后尤其是有身体疾患后，其亲友往往会前去探望，这种文化规范的存在使得如上述不显著或消极的估计结果成为可能，后续研究可尝试使用追踪数据来解决这种联立偏误问题。

第二，多数家庭取向社会资本指标与女性两周患病率增加的积极联系要更强。家庭取向社会资本缘何更多地增加了女性身体健康负担？这可能存在以下两方面原因。一是在"男主外，女主内"的家庭分工模式下，亲朋好友的来访（尤其是过量来访）极大增加了女性尤其是农村中年女性的家务劳动量（刘娜、Anne de Bruin，2015；许琪，2018），从而造成明显的身体健康损害。二是女性本身身体健康较男性差，其两周患病率比男性要高出 9 个百分点（见第 4 章），由于社会规范中探病行为的存在，这种联立偏误问题在女性样本中可能表现得更加明显。

第三，家庭取向社会资本给女性而非男性带来了更多的自评健康提升，如日常邻里互动指标仅能降低女性抑郁水平。与两周患病指标不同，自评健康与抑郁水平指标具有更强的主观性（齐亚强，2014），女性相较于男性更讲求情感体验性，尽管较多家庭取向社会资本可能增加了其体力活动负担、损害其身体健康状况，但女性从诸如拜年互动和日常邻里互动中收获了更多的情感体验，因而帮助其获得更好的主观性健康评价。

第四，较大规模的亲戚拜年网有助于城镇而非农村居民抑郁水平降低，但朋友拜年网则不能显著影响城乡居民抑郁水平。城乡人际关系模式的差异之一在于，除了婚丧嫁娶外，城镇居民的亲戚交往更多集中在春节期间的拜年活动中，而在现代化不断推进的背景下，农村居民虽然也逐渐有此趋势，但相比而言还存在较多与亲戚之间的日常性交往（胡荣、胡康，2008）。这一城乡差异模式使得亲戚拜年网在城镇居民中发挥了更强的积极作用，因为他们在日常生活更难有机会开展互动，基于边际效应递减规则，春节期间难得的互动机会可能更助长了互动对其健康的边际效益。

当然，本章研究有其固有的一些局限之处。本章针对家庭取向社会资本的测量和健康效应估计存在局限性，虽然研究采取了模糊行动主体的测量策略，但也并没有完美地区分出所得指标究竟是完全家庭取向的还是掺杂了个人取向社会资本。对部分受访者而言，拜年网中被拜年的主体可能就是其自身，而日常邻里/亲友互动网中，也可能是受访者自身代表家庭开展了这种互动。当然，这种区分在研究所用的 CFPS 数据中是无法完成的，需要进一步通过数据收集方案优化等手段加以实施。此外，本章所用的横截面结构数据在因果推断上具有天然的局限性，难以解决联立偏误的内生性问题，研究中使用的倾向值匹配方法等只是一种补救性的因果推断方法，并不是万能的，其只是使估计结果更贴近真实因果关系，提高我们判断因果关系的把握，具体研究结果还需要高质量的追踪数据以及更加科学精巧的研究设计进行进一步验证。例如，针对探病行为带来的联立偏误问题，一个可行的解决方法是，使用追踪数据检验患病后的被亲友探视是否能够促进疾病更快痊愈。

第 7 章　网络社交社会资本、现实社会资本与居民健康[*]

　　前述分析中的个人取向及家庭取向社会资本大多依赖于线下日常生活中的社会联系，但随着互联网技术的不断发展，尤其是疫情给线下社会联系带来了诸多不便，线上社会联系对居民生活的影响越发增强，线上网络社交社会资本的重要性日益凸显。尽管一些研究已经发现网络社交社会资本或多或少能够改善个人健康（Oh et al.，2013；Yap et al.，2019；Dang，2021），但鲜有经验研究探讨其与线下现实社会资本之间的互动如何影响健康，而且已有研究大多以青少年（主要为在校中学生、大学生）为研究对象，少有研究以全年龄段成年人为对象探讨网络社交社会资本、现实社会资本与健康三者之间的联系。此外，网络社交社会资本影响健康同样会存在与前述类似的内生混杂问题，并且还存在更加独特的分析样本的选择性问题，这些都需要更多针对性的分析加以解决。本章分析结果基于 2016 年的 CFPS 数据，因为 CFPS 2016 收集的现实社会资本变量最多（除了普遍信任、特殊信任外，还包括邻里整合度），有助于更加全面地研究不同现实社会资本亚组中网络社交社会资本的健康效应。研究基于倾向值匹配方法进行因果推断分析，并利用 Heckman 样本选择模型排除上网过程中的选择性混杂以进行稳健性分析。

---

* 本章主体内容已于 2022 年首先发表在 *Health & Social Care in the Community* 上。

7.1　网络社交社会资本与现实社会资本影响健康的交互关系：一个分析框架

在过去几十年里，互联网技术得到了飞跃式发展，人们越来越依赖互联网来开展社会交往行动，从而使得网络社交社会资本逐渐成为不可忽视的社会资本形式。既然网络社交能够带来社会资本，也是社会资本的有效测量方式或预测因子之一，那么通过网络社交而获得的社会资本存在健康效应也应当是可预见的。不少研究者曾对网络社交与健康之间的关系进行深入研究。根据社会资本理论，网络社交产生的社会资本可能会带来积极的健康收益。同时不少实证研究也指出，社交网站使用与更好的身体及心理健康相关联（Kontos et al.，2010；Nabi et al.，2013）。社交网站使用通常能够增加社会支持、减轻心理压力（Nabi et al.，2013；Oh et al.，2013）、维持人际关系、促进信任（Viswanath，2008；Kontos et al.，2010），从而达到获得健康收益的效果。此外，社交网站使用也能通过传播健康信息等方式来达到健康促进的效果（Liang and Scammon，2011；Lin et al.，2018）。由此，社交网站被多次应用到健康行为干预之中，并发挥着十分明显的积极作用（Cavallo et al.，2012；Cobb and Poirier，2014；Laranjo et al.，2015；Pechmann et al.，2015；Yang，2017）。然而，一些证据表明，社交网站使用可能无助于健康提升（Velden et al.，2019），甚至可能损害健康（Vannucci et al.，2017），因为社交网站使用本身的一些附加特征可能存在消极的健康效应。例如，社交网站使用通常伴随着久坐、长时间屏幕使用等健康风险行为，而且社交网站使用过度还可能增加患网瘾及其他精神疾病的可能性（Pontes，2017）。此外，社交网站也可能传播不良健康信息，从而增加其他健康风险行为发生的可能性，带来不良健康后果（Loss et al.，2014；Coyne et al.，2018）。由于这些线上社交带来的消极后果尤其不利于个人身体健康，因此可能会削弱或抵消互联网社会资本带来的积极健康效应。总体而言，基于社交网站的社会互动对健康的影响尚不明朗（Yap et al.，2019），本章根据上述证据提出以下假设。

假设1：更多网络社交社会资本有助于提升个人心理健康，但对个人身体健康的积极作用微弱甚至不发挥作用。

已有证据显示网络社交可以带来社会资本（Williams，2019；Nguyen et al.，2020），从而带来健康收益，而已有的现实社会资本存量也可能决定着网络社交社会资本的健康效应是否能够得以发挥。考虑到网络社交社会资本与现实社会资本之间的这种特定关系，在通向健康的途径中，网络社交社会资本与现实社会资本之间可能存在互动关系。根据替代效应理论（Ross and Mirowsky，1989，2006），网络社交带来的社会资本与线下现实情境中的社会资本在影响健康的过程中可能存在替代效应。也就是说，如果现实社会资本存量丰富，那么网络社交带来的社会资本对健康的潜在积极影响就会被弱化；如果现实社会资本存量不足，那么网络社交社会资本对健康的影响就显得更强，二者呈现一种替代性的关系。例如，较多的邻里社会资本意味着更频繁的邻里互动和更高的邻里整合度，线下邻里社交既会带来多种社会支持（Berkman and Krishna，2014），也间接增加了身体锻炼等健康行为，而线上社交虽然也会带来社会支持（Nabi et al.，2013），但会带来久坐、长时间屏幕使用等健康风险行为（石智雷等，2020）。如果个人处于邻里社交氛围良好的环境中，较多的网络社交就会挤占原本应当用于开展线下邻里社交的时间（Hage et al.，2016），这实际上是不利于个人健康的。然而，在线下社会资本不足的情况下，如生活在一个邻里互动匮乏的环境中，个体很难从线下现实社会资本中获取健康收益，此时网络社交社会资本带来的社会支持及健康信息等可能会作为一个及时而有益的替代品，从而产生可观的健康收益。

然而，网络社交社会资本与现实社会资本在影响健康的过程中也可能存在互补效应或资源倍增效应。也就是说，如果现实社会资本存量丰富，那么网络社交社会资本对健康的影响就会被强化，二者呈现一种补充性的关系。这与网络社交社会资本发挥作用的外部环境有关。欧美研究者大多指出网络社交更多地与桥型社会资本相联系（Ellison et al.，2007；Tiwari et al.，2019），但是网络社交能够培育何种社会资本还取决于现实社交网络的结构及个人社交偏好（Tian，2016）。在我国，基于互联网的网络社交连接的往往是已有社会网络中的熟悉个体，其功能主要是维持已有社会关系，很少用于拓展新的社会关系，因此更多地呈现闭合式的社会网络关系，表现为结型与桥型社会资本并存的状态（闫景蕾等，2016；沈艳，2017），这使得线上线下社会资本具有较高的重合性，即那些拥有较多线下现实社会资本的人同时也更可能拥有较多的网络社交社会资本。较多的线下现实社会资本意味着较多的社会网络、社会支持、信任甚至健康生活方式（Berkman and Krishna，2014；Xue and Cheng，2017），在线上线下社会资本高度重合的状态下，二者会互相强化：线下现实社会资本可以通过增加身体活动、面对面互动等方式来抵消网络社交社会资本带来的一些消极作用，从而强化网络社交社会资本的健康促进效应。基于上述两种截然不同的情况，本章提出以下两个竞争性假设。

假设 2a：在拥有更少现实社会资本的群体中，网络社交社会资本对健康产生积极作用，反之则产生消极作用。

假设 2b：在拥有更多现实社会资本的群体中，网络社交社会资本对健康产生积极作用，反之则产生消极作用。

7.2 网络社交社会资本的人群差异

互联网可及性受制于社会经济条件，也与个人社会特征相关联，这必然导致网络社交社会资本呈现相应的人群分化。表 7-1 显示，62.8% 的受访者网络社交水平较高，26.6% 的受访者有中等程度的网络社交水平，而几乎不进行网络社交的受访者仅占 10.6%。差异检验结果显示，网络社交社会资本在所有分组中的差异均存在统计学意义。男性受访者网络社交社会资本水平略低于女性受访者（$\chi^2 = 36.87$，$p < 0.001$），年龄较低的受访者网络社交社会资本水平明显高于年龄较高的受访者（$\chi^2 = 1200.00$，$p < 0.001$），农村受访者网络社交社会资本水平略低于城镇受访者（$\chi^2 = 75.57$，$p < 0.001$），且农业户口受访者网络社交社会资本水平也略低于非农业户口受访者（$\chi^2 = 73.10$，$p < 0.001$），未婚受访者网络社交社会资本水平明显高于已婚和离婚/丧偶受访者（$\chi^2 = 405.69$，$p < 0.001$），受教育程度较低的受访者网络社交社会资本水平明显低于受教育程度较高的受访者（$\chi^2 = 505.28$，$p < 0.001$），有工作受访者网络社交社会资本水平明显高于无工作受访者（$\chi^2 = 64.52$，$p < 0.001$）。随机抽取 3000 人后的分析结

果显示，上述人群差异结果基本保持不变。

表 7 - 1　网络社交社会资本及其人群差异分析（$n = 13910$）

变量	分组	低（%）	中（%）	高（%）	χ^2 值	p 值
总体		10.6	26.6	62.8		
性别	女	9.3	25.5	65.2	36.87	< 0.001
	男	11.7	27.6	60.6		
年龄	18 ~ 29 岁	4.0	22.7	73.31	1200.00	< 0.001
	30 ~ 44 岁	10.3	28.7	61.0		
	45 ~ 59 岁	22.1	32.3	45.6		
	60 ~ 90 岁	34.9	24.4	40.8		
城乡	农村	10.1	30.9	59.0	75.57	< 0.001
	城镇	11.0	24.1	64.9		
户口	农业	9.3	28.5	62.2	73.10	< 0.001
	非农业	12.9	23.3	63.8		
婚姻状况	未婚	3.3	20.8	75.9	405.69	< 0.001
	已婚	12.9	28.7	58.5		
	离婚/丧偶	13.7	25.1	61.2		
受教育程度	文盲/半文盲	22.3	34.6	43.1	505.28	< 0.001
	小学	15.1	31.0	53.9		
	初中	11.6	31.4	57.0		
	高中	9.6	25.0	65.3		
	大专及以上	5.6	18.2	76.2		
工作状况	无工作	15.4	28.2	56.4	64.52	< 0.001
	有工作	10.2	26.3	63.5		

7.3　网络社交社会资本与现实社会资本之间的联系[①]

表 7 - 2 显示，较高水平的网络社交社会资本与较高水平的普遍信任及

[①] 需要说明的是，后续一般回归及倾向值匹配分析主要针对能够上网的 13910 个样本（详细信息见附表 3），而在样本选择模型分析中，研究纳入的样本量要比 13910 大，因为该部分分析包含不能上网的受访者。

特殊信任相联系。与低水平网络社交社会资本相比，具有高水平网络社交社会资本的个体具有高水平普遍信任的可能性要高 30.2%（$OR = 1.302$，$p < 0.01$），具有高水平特殊信任的可能性要高 19.3%（$OR = 1.193$，$p < 0.05$）。尽管三类现实社会资本之间具有较强的积极关联（所有模型中 $OR > 1.000$，$p < 0.001$），但网络社交社会资本水平高的个体报告的邻里整合度显著较低（$OR = 0.812$，$p < 0.05$），反映了网络社交社会资本与现实社会资本在内涵上可能是有差异的。

表 7 - 2　网络社交社会资本与现实社会资本的关联性分析

	模型 1：普遍信任		模型 2：特殊信任		模型 3：邻里整合度	
	OR	R_SE	OR	R_SE	OR	R_SE
截距	0.723 ***	0.059	0.288 ***	0.025	0.536 ***	0.045
网络社交社会资本（参照项：低）						
中	1.118	0.103	1.085	0.102	0.954	0.087
高	1.302 **	0.108	1.193 *	0.101	0.812 *	0.068
普遍信任			2.535 ***	0.139	1.387 ***	0.076
特殊信任	2.535 ***	0.139			2.228 ***	0.119
邻里整合度	1.388 ***	0.076	2.227 ***	0.119		
Pseudo_R^2	0.048		0.068		0.038	
n	12066		12066		12066	

注：*** $p < 0.001$，** $p < 0.01$，* $p < 0.05$。所有模型均经过加权处理，OR 表示发生比，R_SE 表示稳健标准误。

7.4　网络社交社会资本与现实社会资本对健康的影响

表 7 - 3 显示，在单因素分析中（模型 1、模型 3 和模型 5），网络社交社会资本与抑郁水平及两周患病之间无显著关联，但高水平网络社交社会资本与自评健康之间存在积极联系（$OR = 1.862$，$p < 0.001$）。然而，在调整所有其他变量的情况下，网络社交社会资本与三类健康结局之间的关联均无统计学意义。此外，三类现实社会资本与三类健康结局之间联系密切。在调整

所有其他变量的情况下，普遍信任、特殊信任以及邻里整合度均能显著降低抑郁水平（$\beta = -0.768$，$p < 0.001$；$\beta = -0.674$，$p < 0.001$；$\beta = -0.756$，$p < 0.001$），并增加自评健康良好的可能性（$OR = 1.261$，$p < 0.01$；$OR = 1.481$，$p < 0.001$；$OR = 1.246$，$p < 0.01$），然而仅有普遍信任和特殊信任能够降低两周患病的可能性（$OR = 0.850$，$p < 0.05$；$OR = 0.805$，$p < 0.01$），邻里整合度似乎也能够降低两周患病的可能性，但二者之间的关联并无统计学意义。

表 7 – 3　网络社交社会资本与现实社会资本对健康的影响

	自评健康		两周患病		抑郁水平	
	模型 1	模型 2	模型 3	模型 4	模型 5	模型 6
	OR（R_SE）	OR（R_SE）	OR（R_SE）	OR（R_SE）	β（R_SE）	β（R_SE）
截距	2.467***	1.032	0.335***	0.370*	4.526***	11.357***
	(0.205)	(0.523)	(0.029)	(0.171)	(0.144)	(0.662)
网络社交社会资本（参照项：低）						
中	1.610***	1.080	0.924	1.117	0.303	0.264
	(0.165)	(0.125)	(0.096)	(0.126)	(0.169)	(0.175)
高	1.862***	1.037	0.869	1.073	−0.031	−0.037
	(0.173)	(0.114)	(0.082)	(0.116)	(0.153)	(0.163)
普遍信任		1.261**		0.850*		−0.768***
		(0.093)		(0.059)		(0.101)
特殊信任		1.481***		0.805**		−0.674***
		(0.115)		(0.058)		(0.099)
邻里整合度		1.246**		0.895		−0.756***
		(0.094)		(0.063)		(0.099)
其他协变量		√		√		√
R^2/Pseudo_R^2	0.007	0.090	0.0004	0.032	0.002	0.112
n	12126	10091	12126	10091	12119	10089

注：*** $p < 0.001$，** $p < 0.01$，* $p < 0.05$。所有模型均经过加权，括号内为稳健标准误，OR 表示发生比，R_SE 表示稳健标准误，β 表示回归系数。

7.5　不同现实社会资本水平组内的网络社交社会资本与健康

表 7 – 4 显示，在不同邻里整合度的亚组中，网络社交社会资本与自评

健康之间的联系存在差异性。在低邻里整合度的人群中，中等水平网络社交社会资本与自评健康之间存在积极联系：与低水平网络社交社会资本群体相比，中等水平网络社交社会资本群体的自评健康可能性会提高 29.5%（$p < 0.1$）。虽然在高邻里整合度的群体中，网络社交社会资本与自评健康之间存在不显著的消极联系（$OR = 0.841$，$p > 0.1$），但相比低邻里整合度的群体而言，二者实际上是存在显著差异的（0.841 < 1.295）。然而，网络社交社会资本与自评健康之间的联系在不同普遍信任和特殊信任水平的亚组之间并不存在显著差异。

表 7 - 4　网络社交社会资本、现实社会资本与自评健康

| | 模型 1 | 模型 2 | 模型 3 | 模型 4 | 模型 5 | 模型 6 |
	高普遍信任	低普遍信任	高特殊信任	低特殊信任	高邻里整合度	低邻里整合度
截距	2.962 (2.237)	0.501 (0.353)	5.463* (4.634)	0.521 (0.336)	0.584 (0.479)	1.874 (1.175)
网络社交社会资本（参照项：低）						
中	0.967 (0.154)	1.243 (0.206)	1.023 (0.189)	1.118 (0.164)	0.841 (0.153)	1.295˙ (0.196)
高	1.085 (0.168)	0.991 (0.153)	1.245 (0.226)	0.928 (0.129)	0.901 (0.159)	1.159 (0.164)
其他协变量	√	√	√	√	√	√
Pseudo_R^2	0.080	0.098	0.076	0.088	0.078	0.104
n	5907	4184	4407	5684	4328	5763

注：* $p < 0.05$，˙ $p < 0.1$。其他变量均纳入调整，模型报告的是 OR 值，括号内为稳健标准误。

表 7 - 5 显示，在不同邻里整合度的亚组中，网络社交社会资本与两周患病之间的联系存在差异性。在高邻里整合度的人群中，高水平网络社交社会资本与两周患病之间存在积极联系：与低水平网络社交社会资本的群体相比，高水平网络社交社会资本群体的两周患病可能性会提高 35.2%（$p < 0.1$）。虽然在低邻里整合度的群体中，网络社交社会资本与两周患病之间仅存在不显著的消极联系（$OR = 0.889$，$p > 0.1$），但相比高邻里整合度的群体而言，二者存在显著的差异（1.352 > 0.889）。然而，网络社交社会资本与两周患病之间的联系在不同普遍信任和特殊信任水平的亚组之

间同样不存在显著差异。

表 7 - 5　网络社交社会资本、现实社会资本与两周患病

	模型 1	模型 2	模型 3	模型 4	模型 5	模型 6
	高普遍信任	低普遍信任	高特殊信任	低特殊信任	高邻里整合度	低邻里整合度
截距	0.300ˆ (0.194)	0.313ˆ (0.213)	0.226* (0.170)	0.445 (0.257)	0.540 (0.407)	0.268* (0.157)
网络社交 社会资本 (参照项：低)						
中	1.068 (0.170)	1.163 (0.187)	1.092 (0.192)	1.155 (0.170)	1.239 (0.217)	1.018 (0.151)
高	1.197 (0.181)	0.940 (0.146)	1.039 (0.173)	1.112 (0.156)	1.352ˆ (0.226)	0.889 (0.125)
其他协变量	√	√	√	√	√	√
Pseudo_R^2	0.027	0.046	0.026	0.032	0.033	0.034
n	5907	4184	4407	5684	4328	5763

注：* $p < 0.05$，ˆ $p < 0.1$。其他变量均纳入调整，模型报告的是 OR 值，括号内为稳健标准误。

表 7 - 6 显示，在不同现实社会资本水平的亚组中，网络社交社会资本与抑郁水平之间的联系存在差异性。在普遍信任水平高的人群中，网络社交社会资本与抑郁水平之间存在积极联系：与低水平网络社交社会资本的群体相比，中等水平网络社交社会资本群体的抑郁水平会增加 0.398 个单位（ $p < 0.05$ ）。相比而言，在普遍信任水平低的人群中，网络社交社会资本与抑郁水平之间存在消极联系：与低水平网络社交社会资本的群体相比，高水平网络社交社会资本群体的抑郁水平会降低 0.443 个单位（ $p < 0.1$ ）。此外，在高邻里整合度的人群中，网络社交社会资本与抑郁水平之间也存在积极联系：与低水平网络社交社会资本的群体相比，中等水平网络社交社会资本群体的抑郁水平会增加 0.648 个单位（ $p < 0.01$ ），高水平网络社交社会资本群体的抑郁水平会增加 0.448 个单位（ $p < 0.05$ ）。相比而言，在低邻里整合度的人群中，网络社交社会资本与抑郁水平之间存在消极联系：与低水平网络社交社会资本的群体相比，高水平网络社交社会资本群体的抑郁水平会降低 0.516 个单位（ $p < 0.05$ ）。然而，网络社交社会资本与抑郁水平之间的联系在不同特殊信任水平的亚组之间并不存在显著差异。

表 7 - 6　网络社交社会资本、现实社会资本与抑郁水平

	模型 1	模型 2	模型 3	模型 4	模型 5	模型 6
	高普遍信任	低普遍信任	高特殊信任	低特殊信任	高邻里整合度	低邻里整合度
截距	9.618 ***	12.590 ***	10.256 ***	11.784 ***	12.335 ***	10.206 ***
	(0.859)	(1.062)	(0.968)	(0.886)	(1.006)	(0.887)
网络社交社会资本（参照项：低）						
中	0.398 *	0.085	0.081	0.392	0.648 **	-0.135
	(0.201)	(0.296)	(0.240)	(0.248)	(0.222)	(0.261)
高	0.275	-0.443 ˆ	-0.239	0.101	0.448 *	-0.516 *
	(0.196)	(0.266)	(0.216)	(0.237)	(0.210)	(0.241)
其他协变量	√	√	√	√	√	√
R^2	0.086	0.098	0.094	0.090	0.104	0.093
n	5906	4183	4407	5682	4327	5762

注：*** $p < 0.001$，** $p < 0.01$，* $p < 0.05$，ˆ $p < 0.1$。其他变量均纳入调整，模型报告的是系数值，括号内为稳健标准误。

7.6　因果关系检验：基于倾向值匹配分析

前面的分析并未考虑网络社交社会资本影响健康过程中可能存在的内生性问题，因此本小节进一步利用 PSM 中的 IPWRA 方法对不同现实社会资本亚组中网络社交社会资本的健康效应进行估计。表 7 - 7 显示，IPWRA 的估计结果与前述回归结果基本相似，但在效应量上存在一定差异。在低普遍信任的亚组中，高水平网络社交社会资本的个体相比低水平网络社交社会资本的个体，抑郁水平要低 0.789 个单位（$p < 0.01$）。相对而言，在高普遍信任的亚组中，网络社交社会资本对抑郁水平的影响不再具有统计学意义。在低邻里整合度的亚组中，高水平网络社交社会资本的个体相比低水平网络社交社会资本的个体，抑郁水平要低 0.522 个单位（$p < 0.05$）。相比而言，在高邻里整合度的亚组中，中等水平网络社交社会资本的个体相比低水平网络社交社会资本的个体，抑郁水平要高 0.447 个单位（$p < 0.05$）。对于自评健康和两周患病这两个健康结局变量，网络社交社

会资本的影响不再存在现实社会资本异质性。

表7-7　不同现实社会资本亚组中网络社交社会资本对健康的影响：基于 IPWRA

分组	网络社交社会资本	自评健康		两周患病		抑郁水平	
		ATT	*R_SE*	*ATT*	*R_SE*	*ATT*	*R_SE*
总样本	截距	0.765 ***	0.016	0.229 ***	0.016	4.768 ***	0.167
	中	0.011	0.019	0.018	0.020	0.073	0.189
	高	-0.000	0.018	0.010	0.019	-0.187	0.182
高普遍信任	截距	0.790 ***	0.021	0.208 ***	0.023	3.905 ***	0.178
	中	0.001	0.024	0.001	0.026	0.281	0.206
	高	0.023	0.026	0.019	0.026	0.204	0.201
低普遍信任	截距	0.739 ***	0.024	0.253 ***	0.025	5.918 ***	0.255
	中	0.020	0.028	0.042	0.030	-0.245	0.302
	高	-0.029	0.028	0.001	0.028	-0.789 **	0.279
高特殊信任	截距	0.807 ***	0.021	0.197 ***	0.023	4.234 ***	0.196
	中	0.004	0.028	0.013	0.028	-0.026	0.229
	高	0.028	0.026	-0.001	0.026	-0.342	0.213
低特殊信任	截距	0.732 ***	0.021	0.245 ***	0.022	5.218 ***	0.227
	中	0.019	0.028	0.029	0.027	0.108	0.262
	高	-0.021	0.025	0.021	0.026	-0.095	0.254
高邻里整合度	截距	0.796 ***	0.022	0.192 ***	0.021	3.813 ***	0.188
	中	-0.008	0.027	0.027	0.026	0.447 *	0.222
	高	-0.001	0.026	0.029	0.025	0.222	0.209
低邻里整合度	截距	0.742 ***	0.021	0.242 ***	0.022	5.628 ***	0.219
	中	0.024	0.025	0.030	0.027	-0.247	0.262
	高	-0.004	0.025	0.015	0.025	-0.522 *	0.246

注：*** $p<0.001$，** $p<0.01$，* $p<0.05$。*ATT* 表示参与者平均处理效应，*R_SE* 表示稳健标准误。网络社交社会资本的参照项为"低"。模型中匹配后样本损失率低于5%。匹配后不同组之间在90%的协变量上的标准化差异小于0.25（见附表4），表明匹配的平衡性较好（Hong, 2015）。

7.7　稳健性分析：基于 Heckman 样本选择模型

对比附表3和第4章的描述性结果可以看出，能够上网的样本具有明显更高的学历、更高的党员比例，也更多生活在城市地区，而这些因素本身是会影响居民健康的，即上网本身可能存在样本选择性。表 7 − 8 显示，部分 Heckman 样本选择模型显示 λ 显著不为零（$p < 0.05$），即表示确实存在一定程度的样本选择问题，其估计结果和普通回归模型及倾向值匹配模型的估计结果大部分是相同的，但依然存在一些差异。在总样本中，中等水平的网络社交社会资本可能带来抑郁水平的显著提升（$\beta = 0.283$，$p < 0.05$），但网络社交社会资本并不能影响居民自评健康和两周患病率。更具体地，在高普遍信任群体中，中高水平网络社交社会资本同时提高了居民两周患病率（$\beta = 0.044$，$p < 0.05$）和抑郁水平（$\beta = 0.466 \sim 0.494$，$p < 0.01$），而在低普遍信任群体中，高水平网络社交社会资本能够发挥心理健康促进作用，即显著降低了抑郁水平（$\beta = -0.345$，$p < 0.05$）。在低特殊信任群体中，中高水平网络社交社会资本提高了居民两周患病率（$\beta = 0.030$，$p < 0.1$）或抑郁水平（$\beta = 0.384$，$p < 0.05$），但在高特殊信任群体中则不存在任何具有统计学意义的健康效应。相比而言，在高邻里整合度的群体中，中高水平网络社交社会资本提高了居民两周患病率（$\beta = 0.040$，$p < 0.05$）和抑郁水平（$\beta = 0.335 \sim 0.402$，$p < 0.05$），但在低邻里整合度的群体中则不存在任何具有统计学意义的健康效应。

表 7 − 8　网络社交社会资本与现实社会资本对健康的交互影响：
基于 Heckman 样本选择模型

分组	网络社交社会资本	自评健康		两周患病		抑郁水平	
		β	SE	β	SE	β	SE
总样本	低（参照）	0		0		0	
	中	0.002	0.013	0.012	0.014	0.283*	0.112
	高	0.003	0.012	0.020	0.013	0.092	0.107
	λ	− 0.031	0.023	0.068**	0.025	0.572**	0.201
	N	27980		27980		27977	
高普遍信任	低（参照）	0		0		0	
	中	0.000	0.016	0.028	0.018	0.494***	0.141
	高	0.011	0.016	0.044*	0.018	0.466**	0.135
	λ	0.002	0.027	0.051˙	0.031	0.741**	0.238
	n	15494		15494		15492	

续表

分组	网络社交社会资本	自评健康		两周患病		抑郁水平	
		β	SE	β	SE	β	SE
低普遍信任	低（参照）	0		0		0	
	中	0.005	0.020	− 0.003	0.021	0.055	0.181
	高	− 0.007	0.019	− 0.006	0.020	− 0.345 *	0.172
	λ	− 0.083 *	0.037	0.092 *	0.039	0.442	0.334
	n	12451		12451		12450	
高特殊信任	低（参照）	0		0		0	
	中	− 0.023	0.018	0.000	0.021	0.137	0.161
	高	− 0.007	0.017	0.006	0.020	0.019	0.153
	λ	− 0.047	0.029	0.056 ^	0.033	0.539 *	0.260
	n	13743		13743		13743	
低特殊信任	低（参照）	0		0		0	
	中	0.019	0.018	0.020	0.019	0.384 *	0.155
	高	0.008	0.017	0.030 ^	0.018	0.133	0.148
	λ	− 0.033	0.034	0.068 ^	0.036	0.433	0.296
	n	14126		14126		14123	
高邻里整合度	低（参照）	0		0		0	
	中	− 0.012	0.018	0.021	0.020	0.402 *	0.159
	高	− 0.007	0.018	0.040 *	0.019	0.335 *	0.152
	λ	− 0.033	0.034	0.058	0.037	0.176	0.291
	n	13788		13788		13787	
低邻里整合度	低（参照）	0		0		0	
	中	0.011	0.017	0.003	0.019	0.190	0.157
	高	0.009	0.017	0.003	0.018	− 0.100	0.149
	λ	− 0.049	0.030	0.066 *	0.033	0.936 **	0.273
	n	14166		14166		14164	

注：*** $p < 0.001$，** $p < 0.01$，* $p < 0.05$，^ $p < 0.1$。β 表示系数，SE 表示标准误。

7.8 小结与讨论

互联网技术的不断发展带来了人们网络社交的不断深入，由此产生的健康效应受到了越来越多研究者的关注，然而这一特殊形式的社交方式究竟有益于还是不利于健康依然没有一致结论。本章立足社会资本理论，利用 CFPS 2016 数据，探讨在不同水平现实社会资本的人群中网络社交社会资本对健康的影响，并利用倾向值匹配分析中的 IPWRA 方法以及 Heckman 样本选择模型对可能存在的内生性问题进行控制。研究发现，网络社交社会资本对三类健康结局的影响稍有差异，对自评健康几乎没有影响，对两周患病的影响也比较微弱，但对抑郁的影响比较明显且存在现实社会资本异质性。在普遍信任及邻里整合度较低的亚群体中，高水平的网络社交社会资本与较低抑郁水平之间存在比较明显的因果关联，但在邻里整合度较高的亚群体中，中高水平的网络社交社会资本反而与较高的抑郁水平相联系。

总体而言，现实社会资本（本章中的普遍信任、特殊信任和邻里整合度）对个人身心健康的促进作用较强，而网络社交社会资本虽然具有一定的积极健康效应，但这种效应总体而言比较微弱，且主要体现在心理健康方面，这与已有的一些研究证据比较一致（Aarts et al.，2015；Dang，2020）。一种可能的解释是，尽管网络社交社会资本通过带来更多的社会关系、信息和资源来促进身体健康（Kontos et al.，2010；Lin et al.，2018），但其还会导致久坐、长时间屏幕使用等健康风险行为，可能直接损害身体健康（石智雷等，2020），这些积极的和消极的影响可能会相互抵消，从而使我们观察到网络社交社会资本无助于个人身体健康的统计结果。

在心理健康方面，研究发现网络社交社会资本和现实社会资本之间在影响健康的过程中存在交互作用。网络社交社会资本是现实社会资本培育的潜在补充方式，在现实社会资本稀缺的情况下更能表现出较强的心理健康效应。在普遍信任和社区社会资本匮乏的情况下，网络社交社会资本可以成为一个有效的替代品并带来实质性的心理健康收益。拥有更多的社区社会资本通常表明该个体居住在一个正式或非正式社会互动比较丰富的社区内，且该个体经常参与到这种互动中去。相比花更多的时间在社交网站上进行线上互动，对线下社区互动的积极参与通常能够带来更多的健康收益，因为后者通常伴随着更多的身体活动，而前者伴随着更多的久坐和屏幕使用行为。已有研究发现，社交网站使用或网络社交社会资本对吸烟、饮酒等健康风险行为有抑制作用（刘瑛，2011；Yang，2017），但它们往往忽视了伴随上网行为而来的久坐及屏幕使用等健康风险行为（石智雷等，2020）。因此，线下现实社会资本的积极健康效应通常会比网络社交社会资本的更明显，而后者在本章分析中被观察到与健康关联微弱，甚至在有足够现实社会资本的情况下会与健康呈负相关，例如，部分模型显示，较多的网络社交社会资本在部分情况下可能会增加居民患病的可能性。然而，当缺乏现实社会资本时，个人很难通过现实社会资本获得足够的健康收益。在这种情况下，利用社交网站和网络社交社会资本获得社会支持、健康信息或健康资源是增加健康收益的有效替代方式。

尽管增加网络社交社会资本是促进心理健康的潜在途径，但它可能会给身体健康带来不利影响，尤其是当个体拥有较高水平的社区社会资本时。当涉及身体健康（如两周发病率）时，邻里社会资本和网络社交社会资本之间存在替代效应。先前的证据表明，过度使用社交网站可能会挤占使用者用于与其邻居或朋友开展线下互动的时间（Hage et al.，2016），并且在线社交互动的质量并不如线下社交互动（Bargh and McKenna，2004）。因此，如果生活在一个邻里关系良好的社区，过度使用社交网站来开展社会交往活动并不是一个好的选择，这样可能会带来一些消极的健康后果。

上述这些结果也有助于我们去理解线上、线下社会资本与健康之间的联系，即网络社交社会资本的健康效应明显弱于线下现实社会资本，只有当个人拥有的现实社会资本不足时，网络社交社会资本才会发挥相对重要的作用。研究还发现网络社交社会资本与现实社会资本之间存在积极联系，但似乎是线下社交网络或关系的特征决定了个人究竟会在社交网站上与谁保持联系，而不是相反。现实社会资本在促进健康方面起主要作用，网络社交社会资本在现实社会资本不足的情况下才能够成为改善个人健康状况的有效替代。

本章针对网络社交社会资本的研究仍存在一些不足之处。第一，研究仅使用十分粗略的网络社交频率而没有包含网络社交规模、网络社交对象特性和亲密性等。例如，仅通过社交网站的每周在线社交频率来衡量网络社交社会资本，很难识别每天在社交网站上花费不同时间的个体之间的异质性。由于 CFPS 2016 数据显示我国半数以上网民几乎每天都使用社交网站开展线上社交活动，因此区分适度网络社交和过度网络社交，对于政策制定者开展健康干预具有更加现实的意义。第二，研究仅关注了线上与线下社会资本之间影响健康时的互动性，并没有进一步去检验这一具体过程中潜在的中介因素，以及这一互动过程的人群异质性。一个值得研究的地方在于，当前互联网受众以青年为主，那么这种互动性在青年与中老年之间可能存在较大的不同。总之，随着互联网技术的不断发展及其对大众生活的深刻影响，虚拟互联网带来的网络社交社会资本将会对个人健康产生复杂而深远的影响，值得进一步关注。

第 **8** 章 社会资本影响居民健康的时间异质性[*]

社会资本与健康的关系在近 20 年来受到了诸多关注（Kawachi et al.，1999；Moore and Kawachi，2017），多数研究发现了社会资本的健康促进效应（Kawachi et al.，1999；Kim et al.，2006；Meng and Chen，2014）。然而，在我国情境下研究社会资本与健康，我们不仅需要注意到跨文化适用性问题，还应当深刻理解社会资本在不同社会发展阶段对我国居民健康影响的异质性问题。虽然近年来关于我国居民的社会资本与健康研究逐渐增加，但对于时间异质性的探讨，尤其是横跨数十年历史的经验研究明显不足。我国在近百年内经历了巨大的变迁，从 20 世纪 50 年代前的战争时期到 50 年代后的和平时期，从半殖民地半封建社会进入社会主义社会，从计划经济时期（1950～1977 年）进入社会主义市场经济时期（1977 年至今），绵延 60 多年的户籍制度更是为社会分化建立了根深蒂固的城乡制度壁垒（陆益龙，2003）。社会资本根植于居民日常生活，受社会与生活环境变迁影响深远，因此探讨社会资本之于健康随社会变迁而产生的时间异质性影响具有重大的理论与现实意义。

8.1 社会资本影响个人健康的时间异质性及其城乡分化

结型和桥型社会资本的分类方式是社会资本主流分类方式之一，二者分别源自同质性社会网络和异质性社会网络。结型与桥型社会资本对健康的影响在诸多研究中均有涉及，但结果不一。多数研究认为结型社会资本能够提升个体自评健康水平（Chen and Meng，2015；Kim et al.，2006；Poortinga，

---

[*] 本章主体内容于 2020 年首先发表在 *Public Health* 上。

2012），并降低其抑郁水平（Wutich et al.，2014），但也有一些研究发现结型社会资本的健康促进效应并不显著，甚至发挥负向作用（Moore and Kawachi，2017）。桥型社会资本对健康的影响也是不确定的，一些研究认为其并不能提升自评身体健康水平（Chen and Meng，2015；Kim et al.，2006；Zhang and Jiang，2019），但也有证据显示其对自评健康（Poortinga，2012）及心理健康（Mitchell and LaGory，2002；Zhang and Jiang，2019）具有重要的促进效应。基于城乡比较视角，有研究指出，结型社会资本在城乡均发挥自评健康促进作用，但桥型社会资本则仅能促进城镇居民自评健康水平的提升（Meng and Chen，2014）。来自 Zhang 和 Jiang（2019）的证据显示，结型社会资本对自评健康的促进作用仅存在于城市居民中，且桥型社会资本对城乡居民的自评健康均无显著影响。此外，他们还发现两类社会资本的健康促进作用主要体现在心理健康而非身体健康方面，而这一结果并没有城乡差异。

社会资本本质上指人与人之间的社会联系（Shadi et al.，2018），而社会联系的形成方式及结构既会因为个体社会角色的不同而不同，又会受到社会发展结构特征的影响，因而在不同的个体生命周期及社会历史发展阶段中，社会资本可能具有不同的存量与内涵。微观个体的纵向研究通常存在三个不同的时间维度——个体年龄、调查时间/时期、个体出生世代或队列，但三者之间存在精确的线性关系，即年龄＋出生世代＝时期，这就是年龄－时期－世代模型的统计识别难题（Yang and Land，2013），对此学界已有诸多探讨，并提出了诸多有益的尝试性解决措施（Yang and Land，2013；O'Brien，2015）。在相关议题的实证研究中，一些研究者已经注意到了社会资本（Hu，2015；Schwadel and Stout，2012；Jiang and Wang，2022）及健康（Beck et al.，2014；Chen et al.，2010；Jiang and Wang，2018）均具有显著的年龄、时期及世代变异，但专门涉及社会资本对健康的时间异质性影响的研究十分有限。例如，来自美国的证据显示，正式社会参与和男性抑郁之间的负向关系随着年龄增长而增强，因为正式社会参与对老年男性抑郁的抑制作用较强（Ang，2018）。而来自中国的一项证据则显示，个人社交与社会信任对身心健康的影响在较短的时间内不太可能存在明显的时间异质性（Han and Chung，2021）。

尽管如此，我们在一定程度上可以通过不同研究间的对比来寻找社会资本影响个人健康时间异质性的证据。针对年龄效应，来自我国老年人的证据显示，结型社会资本能够促进城镇老年人身体与心理健康水平的提升，但对农村老年人则不存在此效果，且桥型社会资本对城乡老年人的身心健康均无显著影响（Norstrand and Xu，2012）。对比另一项全年龄段的研究（Meng and Chen，2014）[①]，两类社会资本对健康的促进效应在老年人群体中似乎减弱了，那么社会资本对健康的促进效应是否随年龄增长而减弱了呢？来自欧洲老年人的证据显示，结型与桥型社会资本对老年人自评健康具有十分显著的促进效应（Arezzo and Giudici，2017a）。不过，上述这种混合的证据使我们无法很好地理解社会资本影响健康的年龄效应，类似的混合也出现在时期和世代比较中。例如，Han 和 Chung（2021）指出社会资本对个人健康的影响整体上具有不太明显的时期异质性，但他们在研究中也指出，公民参与的健康效应在 2010～2013 年明显增强，随后又减弱了。由于社会发展阶段及研究样本生活环境对研究结果的影响比较复杂，不同时期及针对不同队列的研究之间的比较会混杂人群、地区、文化传统、社会历史等诸多差异，因而没有很强的可比性。

从已有研究来看，社会资本对健康影响的时间异质性尚不明确，尤其是跨越较长历史时期的、多种时间维度上的异质性，即我们对社会资本健康效应在年龄、时期、世代方面的异质性仍不明确。在我国近几十年来社会急剧转型的背景下，社会资本与健康二者本身就处于急剧变化的状态（Hu，2015；Chen et al.，2010），因此这种多维度的时间效应又是需要直面和深入探讨的。由此，本章研究聚焦于社会变迁背景下的社会资本与健康之间的关系，以信任作为社会资本的代理性指标，尝试为二者之间关系的时间异质性存在与否提供更加确切的证据。

8.2 两类信任资本及健康的城乡与年份差异

表 8-1 显示，在社会资本方面，城镇样本的结型信任低于农村样本，但城乡样本的结型信任存量随时期推移均有明显减少，2005～2015 年的十年间分别减少了 3.45 分和 5.53 分。与此相反，城镇样本的桥型信任高于农村

[①] 两项研究均使用 CGSS 2005 数据，因此具有更强的可比性。

样本，且城镇样本的桥型信任存量随时期略有增加，十年间增加了 2.92 分，而农村样本的桥型信任存量则几乎保持不变。在健康方面，城镇样本的自评健康水平略高于农村样本，且城镇样本的自评健康水平十年间几乎保持不变，但农村样本的自评健康水平则随时期有所降低，十年间降低了 4.96 分。相应地，城镇样本的抑郁水平低于农村样本，但城乡样本的抑郁水平均随时期而呈现明显的增长，十年间分别增加了 3.05 分和 6.01 分。

表 8 - 1   变量基本情况描述，CGSS 2005 和 CGSS 2015

	城镇，$n = 7867$		农村，$n = 7621$	
	2005 年	2015 年	2005 年	2015 年
社会资本				
结型信任	68.77/13.40	65.32/13.55	74.02/14.54	68.49/15.43
桥型信任	47.00/15.52	49.92/15.95	44.70/16.02	44.79/15.72
健康				
自评健康	77.19/33.66	77.02/34.78	71.25/39.14	66.29/41.71
抑郁水平	22.95/24.27	26.00/21.99	26.15/25.80	32.16/23.10

注：表中数据为均值/标准差。

相比按年龄划分，按出生世代划分的两个时期的社会资本具有更加一致的走势。故研究以出生世代为横坐标，两类信任资本得分为纵坐标，作图如下（见图 8 - 1 和图 8 - 2）。图中的实线表示结型信任，虚线表示桥型信任。

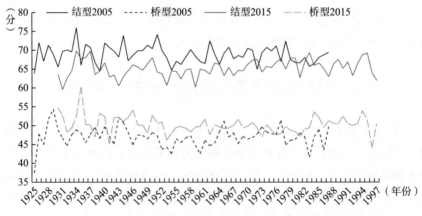

图 8 - 1   中国城镇居民结型和桥型信任的时期 - 世代比较

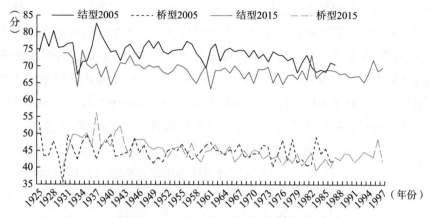

图 8 - 2 中国农村居民结型和桥型信任的时期 - 世代比较

由图可知，随着出生世代向后推移，中国城镇居民的信任资本存量并没有呈现显著增加或减少趋势，而农村居民的信任资本存量呈现轻微减少趋势。两类信任资本内部的时期比较体现出信任资本的时期变化，结合图 8 - 1、图 8 - 2 及表 8 - 1 可知，中国城镇居民的结型信任在十年间有所减少，而桥型信任在十年间有所增加；中国农村居民的结型信任在十年间有所减少，而桥型信任无明显增加或减少。由于以出生世代为横坐标时，两条时期线间的一致性更强，而以年龄为横坐标时一致性较弱，因此，相较于年龄因素，出生世代因素对信任资本存量的影响也许更为关键。但实质上，这里的年龄变异、时期变异及世代变异是相互混淆的，我们无法观察得到三者的净效应。由此，下面进一步探讨信任资本对健康的影响是否存在年龄、时期及世代差异。

8.3 社会资本与自评健康

由表 8 - 2 可知，在调整了性别、受教育程度、个人收入及家庭收入后，结型和桥型信任均能够显著提升城镇居民的自评健康水平，结型信任每增加 1 分，自评健康水平平均提升 0.233 分（$p < 0.001$），桥型信任每增加 1 分，自评健康水平平均提升 0.079 分（$p < 0.01$）。但在中国农村居民中，仅有结型信任能够发挥显著的健康促进效应，结型信任每提升 1 分，自评健康得分就会增加 0.145 分（$p < 0.001$）。信任资本与年龄、时期、

世代交互项的时间异质性分析显示，在城镇居民中，结型信任对自评健康的促进作用存在显著的年龄差异，而桥型信任对自评健康的影响作用则存在显著的时期差异。城镇居民年龄每增加 1 岁，结型信任的自评健康促进效应会额外提升 0.008 个单位（$p < 0.001$）；与 2005 年相比，桥型信任对城镇居民自评健康的促进作用在 2015 年会减少 0.133 个单位（$p < 0.001$）。但在中国农村，仅有结型信任对自评健康的影响存在显著的时期变异，与 2005 年相比，结型信任对农村居民自评健康的促进作用在 2015 年会减少 0.114 个单位（$p < 0.1$）。出生世代对自评健康的积极影响在城镇居民中逐渐增大，即自评健康的提升速度随出生时间的推移而增大，且影响效应的最大值和最小值之间的差值小于上限 0.128（$p < 0.05$）。但是，两类信任资本对城乡居民自评健康的影响均不存在显著的队列效应。

表 8–2　社会资本影响自评健康的时间异质性分析（加权后）

	模型 1（城镇）		模型 2（农村）	
	系数	标准误	系数	标准误
截距	56.509 ***	3.242	29.782 ***	3.601
年龄	-0.694 ***	0.028	-0.627 ***	0.037
年龄平方	-0.001	0.001	0.009 ***	0.002
时期	1.713 *	0.840	-4.254 ***	1.048
年龄 × 时期	0.128 *	0.050	0.065	0.070
结型信任	0.223 ***	0.029	0.145 ***	0.033
桥型信任	0.079 **	0.025	0.051	0.032
年龄 × 结型信任	0.008 ***	0.002	0.001	0.002
年龄 × 桥型信任	0.002	0.001	0.002	0.002
时期 × 结型信任	-0.090	0.059	-0.114˙	0.065
时期 × 桥型信任	-0.133 ***	0.050	-0.003	0.063
年龄 × 时期 × 结型信任	-0.001	0.004	-0.001	0.004
年龄 × 时期 × 桥型信任	0.003	0.003	0.007	0.004
性别（ref：男性）	-4.318 ***	0.774	-3.310 **	0.978
受教育程度	1.047 **	0.381	4.214 ***	0.554
个人收入（对数）	0.311 *	0.153	0.892 ***	0.197
家庭收入（对数）	1.960 ***	0.306	2.707 ***	0.338

续表

	模型 1（城镇）		模型 2（农村）	
	系数	标准误	系数	标准误
F 值	81.747***		65.577***	
调整 R^2	0.153		0.129	

注：*** $p<0.001$，** $p<0.01$，* $p<0.05$，ˆ $p<0.1$。模型中的时期变量（原取值 2005 和 2015）已转化为 0－1 变量，即"0＝2005，1＝2015"，并进行了中心化处理，下同。

8.4　社会资本与抑郁水平

由表 8－3 可知，在调整了性别、受教育程度、个人收入及家庭收入后，结型和桥型信任均能够显著降低城镇居民的抑郁水平，结型信任每增加 1 分，抑郁水平平均降低 0.175 分（$p<0.001$），桥型信任每增加 1 分，抑郁水平平均降低 0.032 分（$p<0.1$）。但在农村居民中，仅有结型信任能够发挥显著的心理健康促进效应，结型信任每提升 1 分，抑郁水平得分就会降低 0.123 分（$p<0.001$）。信任资本与年龄、时期、世代交互项的时间异质性分析显示，在城镇居民中，结型信任对抑郁水平的影响作用存在显著的年龄和时期差异，而桥型信任对抑郁水平的影响作用则存在显著的时期及世代差异。年龄每增加 1 岁，结型信任对城镇居民抑郁水平的抑制作用会额外提升 0.003 个单位（$p<0.05$）。与 2005 年相比，结型信任对城镇居民抑郁水平的抑制作用在 2015 年会降低 0.083 个单位（$p<0.05$），而桥型信任对城镇居民抑郁水平的抑制作用在 2015 年会降低 0.168 个单位（$p<0.001$）。出生世代对抑郁水平的影响逐渐增大，且其影响始终为抑制效应，即抑郁水平的下降速度随出生时间的推移而增加，且影响效应的最大值和最小值之间的差值上限在城镇低于 0.264（$p<0.001$），在农村低于 0.207（$p<0.001$）。此外，桥型信任对城乡居民抑郁水平的影响均存在显著的世代效应，桥型信任对抑郁水平的抑制作用随世代推移而逐渐增加，但整个生命历程中增加幅度在城镇居民中低于上限 0.006（$p<0.01$），在农村居民中则低于上限 0.007（$p<0.01$）。

表 8-3 社会资本影响抑郁水平的时间异质性分析（加权后）

	模型 1（城镇）		模型 2（农村）	
	系数	标准误	系数	标准误
截距	44. 242 ***	2. 280	53. 951 ***	2. 255
年龄	0. 138 ***	0. 020	0. 170 ***	0. 023
年龄平方	0. 000	0. 001	− 0. 005 ***	0. 001
时期	2. 712 ***	0. 591	7. 304 ***	0. 656
年龄 × 时期	− 0. 264 ***	0. 035	− 0. 207 ***	0. 044
结型信任	− 0. 175 ***	0. 020	− 0. 123 ***	0. 020
桥型信任	− 0. 032 ˙	0. 017	0. 008	0. 020
年龄 × 结型信任	− 0. 003 *	0. 001	− 0. 001	0. 001
年龄 × 桥型信任	0. 001	0. 001	0. 001	0. 001
时期 × 结型信任	0. 083 *	0. 041	0. 047	0. 041
时期 × 桥型信任	0. 168 ***	0. 035	0. 055	0. 039
年龄 × 时期 × 结型信任	− 0. 001	0. 003	0. 002	0. 003
年龄 × 时期 × 桥型信任	− 0. 006 **	0. 002	− 0. 007 **	0. 003
性别	1. 354 *	0. 544	2. 306 ***	0. 612
受教育程度	− 2. 107 ***	0. 268	− 2. 179 ***	0. 347
个人收入（对数）	− 0. 144	0. 107	− 0. 208 ˙	0. 124
家庭收入（对数）	− 1. 178 ***	0. 215	− 2. 117 ***	0. 212
F 值	30. 486 ***		42. 976 ***	
调整 R	0. 062		0. 088	

注：*** $p < 0.001$，** $p < 0.01$，* $p < 0.05$，˙ $p < 0.1$。

8.5 小结与讨论

社会资本的健康促进效应以及这一效应的城乡异质性已被诸多研究证实（Chen and Meng，2015；Meng and Chen，2014；熊艾伦等，2016；Zhang and Jiang，2019）。除了少数不一致之外，本章研究的大部分结果与已有研究是相互印证的。从个体角度而言，结型社会资本对城乡居民的身体及心理健康均有十分显著的促进作用，但桥型社会资本仅对城镇居民的身体及心理健康具有相对显著的促进作用，而不能对农村居民的健康状况产生影响。

回顾中国社会资本的城乡差异研究，我们不难发现，这种差异很大程度上是城乡经济及社会文化发展水平和发展结构导致的，中国农村的熟人社会特征使得其结型社会资本存量较高，而城镇更加市场化的发展特征则提升了其桥型社会资本存量（胡荣、胡康，2008）。另外，城镇生活环境具有将社会资本尤其是桥型社会资本顺利转化为健康回报的效果，如通过搭建与不同社会阶层中的个体的社会网络，通过便捷、多元化的健康资源、教育资源获取等途径取得实质性健康收益（Zhang and Jiang，2019）。在此背景下，桥型社会资本更可能在城镇背景下发挥健康促进作用。相比之下，就成分而言，我国居民的结型社会资本与血缘、亲缘特征高度相关，从而使得城乡居民均能够从中获得健康回报。但就健康促进效应的实现结果而言，虽然城镇居民结型社会资本的存量略低（见表 8 - 1），但实现路径的通畅性使得其实际健康促进效应略高于农村地区。

年龄 - 时期 - 世代视角下的社会资本与健康研究是本章研究的核心，其将生命历程视角贯穿到社会资本与健康研究之中，也为社会资本与健康研究开拓了新的研究领域。结型和桥型社会资本对居民健康的直接效应具有十分明显的城乡差异，相似的差异在两类社会资本影响健康的时间异质性分析中依然存在。主观健康水平在很多研究中与年龄均呈 U 形关系（Beck et al.，2014；Zheng et al.，2011），但本章研究发现这一结果仅存在于中国农村地区。为什么城市居民主观健康（包括自评健康和抑郁水平）仅随年龄增长逐渐下降而不存在"高龄健康"效应呢？本章研究提供了一个新的证据，即由于结型社会资本对城镇居民主观健康的积极影响随年龄增长而增大，其在很大程度上扮演着老年阶段主观健康的中间机制角色。也就是说，已有研究中所得到的城镇居民"高龄健康"现象部分程度上是社会资本健康促进效应随年龄增长而增强导致的。很明显，结型社会资本的这一作用在农村居民中并不存在，而农村居民的主观健康与年龄之间依然呈 U 形关系。我们尚不可知为何结型社会资本只能在城镇居民中扮演这一角色，但城乡本身存在的各类差异无疑发挥着关键作用。

相比 2005 年，结型社会资本对农村居民自评健康的促进作用在 2015年出现明显下降，而桥型社会资本对城镇居民自评健康的促进作用在 2015年也出现明显下降。随着城镇化、市场化的快速推进，我国农村亲密关系的异化越来越严重（贺雪峰，2011），这无疑对农村居民的健康产生了损害作用。城镇作为高存量异质性社会资本的所在地，其健康促进作用下降的原因可能是异质性关系维系负担增加，而这与社会经济的高速发展密不可分。另外，随着现代化与现代性日益发展，我国抑郁症患者数量也在不断增加（萧易忻，2016），异质性社会资本与现代化发展存在某种内在关联，即社会现代化发展内在地导致异质性社会资本的增加，这使得桥型社会资本的心理健康促进作用在这一背景下出现断崖式减弱。同质性的结型社会资本对心理健康的促进作用也出现小幅减弱，这与我国这一发展背景不无联系，例如，现代化背景下同质性社会资本的内在含义也可能或多或少地出现了异质化趋势，尽管我们仍然将其操作化为同质性社会资本。

世代效应是多数纵向研究所忽视的部分，在社会资本与健康研究中尚属空白。本章研究发现，桥型社会资本对抑郁水平的抑制作用存在队列差异，即桥型社会资本对抑郁水平的抑制作用在出生于不同社会发展阶段的人群中具有显著差异，且这一队列差异并无显著的城乡差异。从中国近百年的发展历史来看，从战乱年代到计划经济年代，再到市场经济时期，出生年份较早的个体在生命早期阶段，即思想观念/价值观形成关键阶段（青少年阶段）（Giuliano and Spilimbergo，2014），会更多地接触传统文化，使得思想观念更倾向于保守（周晓虹等，2017），虽然从物质及社会资源累积性的角度而言，更早出生的个体在桥型社会资本存量（见图 8-1 和图 8-2）上会处于更有利的位置，但在实际利用中囿于思想观念与行为模式等，无法充分发挥桥型社会资本对心理健康的促进作用。相比而言，晚近出生队列居民具有更加现代化的思想观念和行为模式，与异质性社会资本更具亲和性，能够更多地发挥其对心理健康的促进作用。

本章研究依然存在如下一些局限之处。首先，限于数据可得性，本章研究仅使用信任元素对社会资本进行测量，未能考察其他诸如互惠规范、社会网络、社会参与等社会资本元素。诸多研究表明，不同的社会资本成分对健康的影响是有差异的（Meng and Chen，2014；熊艾伦等，2016）。因此，综合性的社会资本分析有助于全面理解和把握社会资本健康促进效应的时间异质性之谜。其次，本章研究使用一般线性模型的交互分析法来考察年龄、时期、世代效应的存在与否，该策略需假定年龄、时期、队列对健康存在线性作用，但非线性作用可能无法被合理地检定出来。无论如何，本章研究至少在部分模型中检定出一些有效的时间异质性影响，但全面的时间异质性分析还需要一系列后续工作。最后，本章研究着眼于个体层次社会资本的健康促进效应，但社会资本之于健康的情境效应已被诸多研究所证实（Engström et al.，2008；Kawachi et al.，2008），那么社会资本的这种情境效应是否也会存在年龄、时期、世代上的变异呢？这一问题有待后续研究来回答。

第 9 章 早年同伴关系对中晚年抑郁的影响[*]

在全球老龄化持续加剧、养老负担持续增加的背景下，中老年人健康问题受到了社会各界的持续关注。中老年人抑郁症是一个常见却又容易被忽视的社会问题，其严重制约中老年人的日常社会活动，是中老年人失能的主要原因（Lei et al.，2014）。在我国，约三成居民的伤残调整寿命年负担是由精神及神经障碍导致的（Charlson et al.，2016）。因此，社会各界对中老年人心理健康的关注及相应的卫生投入也在不断增加（张霞、杨一帆，2017）。然而，对中老年人抑郁症的关注不能仅局限于中老年人的当前生活环境。在生命历程理论的视角下，中老年人的早年生活经历对当前的心理健康也具有重要影响（George，2014；Tian et al.，2019）。

生命历程理论强调，早年生活经历会对生命历程造成转折及持久影响（Elder，1974，1998；郑作彧、胡珊，2018）。该理论范式在流行病学与医学社会学领域发展迅速，并形成了一个新的研究领域：生命历程流行病学（Colman and Ataullahjan，2010；Ferraro et al.，2016）。诸多证据显示，早年不幸经历对晚年身体健康（Berg et al.，2016；Conti et al.，2012；Ferraro et al.，2016；刘亚飞，2018；Miller et al.，2011；Nurius et al.，2019；石智雷、吴志明，2018）及心理健康（Choi et al.，2017；Li et al.，2018；O'Rourke et al.，2018；Wielaard et al.，2018；Zhang et al.，2018）均具有深刻的影响。然而，已有绝大多数研究侧重早年家庭成长环境尤其是家庭关系的作用，认为家庭关系对个体在整个生命历程中的健康的影响尤为关键（Crosnoe and Elder，2004；Ferraro et al.，2016；Shaw et al.，2004；石

---

[*] 本章主体内容于 2020 年首先发表在 *Journal of Affective Disorders* 上。

智雷、吴志明，2018），忽视了个体早年同伴关系对生命后期健康的影响。早年同伴关系是影响青少年健康行为（Umberson et al.，2010）甚至成年后心理健康（Fritsch et al.，2005；Tian et al.，2019）的重要因素之一。因此，本章将视角转向早年同伴关系，在生命历程视角下探讨其对中晚年抑郁的持久影响。

另外，作为早年社会资本构建的基础，早年同伴关系构建具有非随机性，其会受到诸如个体早年家庭经济状况、个人童年性格及其他不易观测因素的影响，而这些因素又可能与成年后的心理健康状况有关，从而导致估计偏差。由于本章研究的处理变量为早年同伴关系，结局变量为中晚年抑郁，在时间上存在先后顺序，不存在双向因果问题，因此其内生性问题主要源于潜在的遗漏变量以及早年同伴关系的选择性。例如，性格孤僻者的同伴交往关系往往较少且质量不高（Parker et al.，2012），而性格孤僻也与较低的心理健康水平密切相关（Grenyer et al.，2017）；早年生活环境，包括家庭经济条件、邻里儿童特征、区域文化特征等，可能同时影响交友选择、交友质量以及心理健康。然而，Fritsch 等（2005）和 Tian 等（2019）的研究在探讨早年同伴关系与成年后心理健康时并没有考虑和解决上述潜在的内生性问题。据此，本章研究将使用倾向值匹配方法对早年同伴关系对中晚年抑郁的影响进行更加稳健的因果推断。

9.1　早年同伴关系与成年后心理健康：文献回顾与假设

大量理论与经验证据显示，社交关系或社会资本是心理健康的一个重要社会决定因素（House et al.，1988；Lin，2001）。积极的社会整合与互动对心理健康具有积极的因果效应（Ho，2016），社会孤立、互动缺乏则会带来较差的心理健康（Goryakin et al.，2014；Umberson and Montez，2010），甚至早年同伴关系在整个生命历程中会不断发展并发挥持久的健康效应（Tian et al.，2019）。然而，在研究早年同伴关系的健康效应时，研究者需要注意早年同伴关系与成年社交关系在内涵上的差异。作为初级群体关系的主要形式之一，早年同伴关系主要具有亲密性、互惠性等表达性特征（Cooley，2010），而成年社交关系包含互动者更多的工具性动机（Lin，2001）。因此，早年同伴关系与成年社交关系对健康的影响可能具有不同的路径及效果。

早年经历与中晚年心理健康之间的联系机制受到诸多研究的关注。来自神经生物学的研究表明，早年不幸经历造成的压力或创伤会破坏应激反应的生物调节机制，使个体在成年后更易受压力和精神问题的影响（Brady and Back，2012；Choi et al.，2017；Miller et al.，2011）。因此，早年同伴关系劣势也可能通过上述生物机制造成中晚年抑郁。相反，早年积极参加群体游戏有利于刺激大脑发育、降低成年期发生智力障碍的可能性（Diamond，2005）。早年同伴关系也可能通过非生物路径影响中晚年抑郁。社会化理论指出，生命早期的社会化过程对基本性格、思维及行为方式具有终生影响（Newman，2017；Putnam，2015），与童年同伴的嬉戏是早期社会化不可或缺的一环（Mead，2015），而低质量的早年同伴关系会造成低质量的社会化，影响成年后的行为与认知。此外，早年同伴关系劣势带来的压力也可能导致成年后的不适应、压力（Erikson，1995）、不信任以及不良社交关系（Miller et al.，2011），从而产生不良健康行为与健康结局（Umberson et al.，2010；Umberson and Montez，2010）。可以看出，上述机制均强调，早年优势/劣势可能在生命历程中不断累积、扩大，从而带来成年后的健康优势或劣势（Ferraro et al.，2016；Li et al.，2018；石智雷、吴志明，2018）。

然而，已有关于早年关系影响成年后健康的研究大多着眼于早年家庭关系，很少检验家庭外的早年同伴关系的潜在作用。例如，来自美国的证据显示，个体童年时期和睦的家庭关系会促使其在中晚年时期身心更健康（Crosnoe and Elder，2004；Shaw et al.，2004），而早年受虐待则会导致成年后较差的身体健康（Ferraro et al.，2016；Morton et al.，2014）。此外，尽管多种类型的早年不幸经历对成年后心理健康的消极影响已被诸多研究所证实（Choi et al.，2017；Li et al.，2018；O'Rourke et al.，2018；Wielaard et al.，2018），但少有研究关注早年同伴关系对心理健康的持久效应。例如，童年时期参与课外集体活动更多的美国居民在老年时期具有更低的抑郁风险（Fritsch et al.，2005），而童年时期同伴友谊水平更高的中国居民在中晚年时期也具有更低的抑郁水平，且这一作用部分取决于早年同伴关系带来的高社会经济地位及身体健康水平（Tian et al.，2019）。据此，研究提出以下假设。

假设1：早年同伴关系更好的个体在中晚年具有更低的抑郁水平。

进一步地，早年同伴关系对中晚年抑郁的影响在不同受教育水平人群中可能存在差异。受教育水平是个体中晚年抑郁的稳健预测指标，较高的受教育水平通常会使中晚年抑郁症发生概率更低（Ladin，2008；Ross and Mirowsky，2006）。教育与早年同伴关系在影响中晚年抑郁时可能存在互补或强化关系，即受教育水平越高，早年同伴关系优势对中晚年抑郁水平的抑制作用就越强。依据资源强化理论，资源优势者能够从其拥有的众多资源中获益更多（Ross and Mirowsky，2006）。个体教育优势会强化其健康优势，弥补早年同伴关系劣势带来的健康劣势，并强化早年同伴关系优势的健康促进作用。此外，早年同伴关系优势与教育优势可能相互依存（Graham-Bermann et al.，1996；李春玲，2003），这更促使两种优势互为补充、互相强化，共同带来成年后的心理健康优势。然而，早年同伴关系与教育在影响中晚年健康的过程中也可能存在替代关系，即早年同伴关系优势对中晚年抑郁水平的抑制作用在高受教育水平的个体中更弱。当个体拥有多种资源时，资源之间的拥挤或替代作用会使抑郁水平的变化对特定资源的依赖性减少（Ross and Mirowsky，1989，2006）。早年同伴关系优势和教育优势均可能降低抑郁发生的可能性，但二者同时存在时，它们对抑郁水平的影响就会因为彼此之间的可替代性而减小。据此，研究提出以下两个竞争性假设。

假设2a：早年同伴关系对中晚年抑郁水平的降低作用在受教育水平高的人群中更强（强化效应假设）。

假设2b：早年同伴关系对中晚年抑郁水平的降低作用在受教育水平低的人群中更强（替代效应假设）。

基于上述假设，本章研究利用具有全国代表性的CHARLS数据，拟在生命历程理论的框架下探究早年同伴关系对中晚年抑郁的影响，并比较在不同受教育水平群体中这一影响的潜在差异。已有几项直接相关的研究并没有考虑早年同伴关系在影响中晚年抑郁时潜在的内生性问题，也没有考虑早年同伴关系不同维度的健康效应的异质性（Fritsch et al.，2005；Tian et al.，2019）。因此，本章研究采用倾向值匹配法解决早年同伴关系的选择性带来的内生性问题，以获得早年同伴关系的不同方面对中晚年抑郁的净效应。

9.2　早年同伴关系和中晚年健康状况

表 9 - 1 报告了 CHARLS 数据所得的我国中老年居民早年同伴关系、自评健康及抑郁水平状况。在早年同伴关系的构建上，数据显示童年期间有很好的朋友的比例仅为 51.99%，但在早年同伴关系的参与度上，数据显示从没有或很少有朋友一起玩的比例为 22.71%，在早年同伴关系的感受上，数据显示从没有或很少因无朋友感到孤独的比例为 87.40%。说明我国中老年居民在早年期间存在一定程度的同伴关系问题，尤其是在同伴关系构建方面。

表 9 - 1　早年同伴关系和中晚年健康基本状况描述：CHARLS 2013 ~ 2014

单位：人，%

变量	频数	占比	变量	频数	占比
童年有无很好的朋友			自评健康		
有	7084	51.99	较差	3914	25.53
没有	6543	48.01	一般	7709	50.28
童年有无朋友一起玩			较好	2190	14.28
从没有	1858	13.64	很好	1518	9.90
很少	1236	9.07	抑郁得分（分）	7.83	5.78
有时	1814	13.31	抑郁得分组		
经常	8717	63.98	<12 分	11862	77.31
童年因无朋友感到孤独			≥12 分	3481	22.69
从没有	10738	79.17			
很少	1116	8.23			
有时	863	6.36			
经常	846	6.24			

注：抑郁得分的描述信息为均值和标准差。

中老年居民健康状况相比前几章节中的全年龄段人群明显更差，自评健康状况较好或很好的中老年样本比例仅占约 24.18%，不足 1/4，约半数中老年样本认为自己健康状况一般，超过 1/4 的中老年样本认为自己健康状况较差。0～30 尺度的抑郁量表测得中老年样本抑郁得分均值为 7.83 分，而抑郁分组测量显示约 22.69% 的中老年样本存在一定程度的抑郁症状。这些结果表明我国中老年居民的健康状况不容乐观。

9.3　基于回归模型的早年同伴关系与中晚年抑郁关系分析

表 9-2 显示，早年同伴关系能够显著影响中晚年抑郁水平。一般线性回归显示，在调整了受访者性别、年龄、受教育程度、居住地、户籍类型、自评健康、童年挨饿经历及童年家庭经济地位等变量后，童年时期感到孤独与中晚年时期较高的抑郁水平相联系（$\beta = 0.684$，$p < 0.001$），童年时期经常有朋友一起玩耍则与中晚年时期较低的抑郁水平相联系（$\beta = -0.292$，$p < 0.001$），但童年时期是否有好朋友与中晚年的抑郁水平无显著关联（见模型 2）。进一步分析发现，童年时期与朋友玩耍的频率达到最高（经常）时，童年玩耍经历才能够与中晚年抑郁水平显著关联（$\beta = -0.799$，$p < 0.001$）（见模型 3）。二项 Logit 回归显示，在调整了其他协变量后，童年孤独水平每提升 1 个单位，中晚年抑郁的可能性会增加 24.2%（$p < 0.001$），而童年时期与朋友玩耍的频率每增加 1 个单位，中晚年抑郁的可能性会降低 7.2%（$p < 0.01$），童年时期是否有好朋友依然与中晚年是否抑郁无关联（见模型 5）。进一步地，相比童年时期无朋友一起玩耍，童年时期与朋友经常玩耍和较少的中晚年抑郁显著关联（$OR = 0.814$，$p < 0.05$）（见模型 6）。此外，受教育程度在 4 个模型中均与中晚年抑郁呈负向关联（模型 2 中 $\beta = -0.182$，$p < 0.01$；模型 3 中 $\beta = -0.187$，$p < 0.01$；模型 5 中 $OR = 0.933$，$p < 0.05$；模型 6 中 $OR = 0.932$，$p < 0.05$），即接受更多的教育往往与较低的抑郁水平相联系。

表 9 – 2　早年同伴关系对中晚年抑郁的影响：一般线性回归与二项 Logit 回归

	模型 1	模型 2	模型 3	模型 4	模型 5	模型 6
截距	8.126 ***	15.573 ***	15.838 ***	0.300 ***	4.617 ***	5.162 ***
	(0.240)	(0.599)	(0.577)	(0.027)	(1.493)	(1.618)
感到孤独 1	0.948 ***	0.684 ***		1.328 ***	1.242 ***	
	(0.069)	(0.066)		(0.035)	(0.035)	
有朋友玩耍 1	− 0.516 ***	− 0.292 ***		0.861 ***	0.928 **	
	(0.063)	(0.061)		(0.021)	(0.025)	
有好朋友[a]	− 0.242˙	0.109	0.103	0.941	1.055	1.053
	(0.135)	(0.129)	(0.128)	(0.055)	(0.068)	(0.067)
感到孤独 2						
很少			0.934 ***			1.351 **
			(0.209)			(0.128)
有时			1.408 ***			1.431 ***
			(0.219)			(0.144)
经常			1.888 ***			1.937 ***
			(0.234)			(0.186)
有朋友玩耍 2						
很少			− 0.085			0.980
			(0.241)			(0.101)
有时			− 0.238			0.954
			(0.217)			(0.095)
经常			− 0.799 ***			0.814 *
			(0.195)			(0.070)
性别[b]		− 1.341 ***	− 1.341 ***		0.528 ***	0.528 ***
		(0.125)	(0.124)		(0.034)	(0.034)
年龄		− 0.010	− 0.010		0.998	0.998
		(0.007)	(0.007)		(0.004)	(0.004)
居住地[c]		− 0.719 ***	− 0.717 ***		0.783 ***	0.783 ***
		(0.163)	(0.161)		(0.055)	(0.055)
户籍类型[d]		− 0.409 *	− 0.396 *		0.741 **	0.745 **
		(0.186)	(0.185)		(0.084)	(0.084)
已婚状态[e]		− 1.278 ***	− 1.278 ***		0.673 ***	0.672 ***
		(0.209)	(0.207)		(0.061)	(0.061)
受教育程度		− 0.182 **	− 0.187 **		0.933 *	0.932 *
		(0.067)	(0.067)		(0.033)	(0.033)

续表

	模型 1	模型 2	模型 3	模型 4	模型 5	模型 6
自评健康		−2.012 *** (0.061)	−2.006 *** (0.061)		0.414 *** (0.023)	0.414 *** (0.023)
童年挨饿经历^f		0.589 *** (0.127)	0.585 *** (0.126)		1.352 *** (0.086)	1.350 *** (0.086)
童年家庭经济地位		−0.395 *** (0.074)	−0.396 *** (0.073)		0.851 *** (0.032)	0.851 *** (0.032)
R^2/Pseudo_R^2	0.038	0.196	0.196	0.019	0.132	0.133
n	13242	13088	13088	13242	13088	13088

注：*** $p < 0.001$，** $p < 0.01$，* $p < 0.05$，⁺ $p < 0.1$。所有模型均经过加权，括号内为稳健标准误；模型 1~3 报告的是 β 值；模型 4~6 报告的是 OR 值。a 参照组：无好朋友；b 参照组：女性；c 参照组：农村；d 参照组：农业户籍；e 参照组：未婚/离婚/丧偶；f 参照组：童年未挨饿。

9.4　基于倾向值匹配的因果关系检定

表 9 – 3 的倾向值匹配分析结果与前文一般线性回归和二项 Logit 回归结果总体是一致的，但后两种方法在部分模型中倾向于高估早年同伴关系对中晚年抑郁的影响。相比童年从没有因为没有朋友而感到孤独的个体，童年很少感到孤独的个体中晚年抑郁得分会增加 0.937 ~ 0.954 分（$p <$ 0.001），抑郁可能性会增加 28.9% ~ 30.4%（$p < 0.01$）[①]；有时感到孤独的个体中晚年抑郁得分会增加 1.378 ~ 1.419 分（$p < 0.001$），抑郁可能性会增加 28.9% ~ 31.0%（$p < 0.01$）；经常感到孤独的个体中晚年抑郁得分会提升 1.519 ~ 1.570 分（$p < 0.001$），抑郁可能性会增加 69.3% ~ 71.3%（$p < 0.001$）。相比童年从没有和朋友一起玩耍的个体，童年经常和朋友一起玩耍的个体中晚年抑郁得分会降低 0.603 ~ 0.886 分（$p < 0.05$），抑郁可能性会降低 18.1%（$p < 0.05$）。与表 9 – 2 结果相似，童年是否有好朋友依然不会影响中晚年抑郁状况。因此，假设 1 部分得证（早年同伴关系的参与和感受维度支持假设 1，构建维度不支持假设 1）。

---

① 此处数据经过一个发生比计算的转换，即发生比 $OR = [(0.233 + 0.047) \times (1 - 0.223)] / [0.223 \times (1 - 0.223 - 0.047)] = 1.289$。下同。

表9-3 早年同伴关系对中晚年抑郁的影响：平均处理效应（ATT）

处理变量	匹配方法	抑郁得分		是否抑郁	
		效应值	标准误	效应值	标准误
感到孤独	IPW				
	截距	7.767***	0.113	0.223***	0.007
	很少	0.937***	0.209	0.047**	0.016
	有时	1.378***	0.216	0.047**	0.017
	经常	1.519***	0.261	0.104***	0.020
	IPWRA				
	截距	7.750***	0.111	0.221***	0.007
	很少	0.954***	0.208	0.049**	0.016
	有时	1.419***	0.211	0.050**	0.017
	经常	1.570***	0.244	0.106***	0.020
有朋友玩耍	IPW				
	截距	8.745***	0.213	0.269***	0.015
	很少	0.176	0.266	0.013	0.020
	有时	-0.165	0.249	-0.012	0.019
	经常	-0.603*	0.240	-0.024	0.017
	IPWRA				
	截距	8.881	0.198	0.276***	0.015
	很少	0.040	0.253	0.006	0.019
	有时	-0.065	0.240	-0.000	0.019
	经常	-0.866***	0.221	-0.038*	0.016
有好朋友	1对2最近邻	0.016	0.140	0.008	0.009
	1对5最近邻	0.000	0.129	0.008	0.008
	卡尺匹配	0.000	0.121		
	卡尺1对2最近邻	-0.012	0.140		
	核匹配	-0.009	0.120		
	1对2倾向值匹配			0.000	0.009
	回归调整			0.003	0.009
	两阶段回归			-0.078	0.203

注：*** $p<0.001$，** $p<0.01$，* $p<0.05$。卡尺匹配的卡尺设置为0.01，核匹配带宽设置为0.03。在IPW匹配、IPWRA匹配以及"有好朋友→是否抑郁"的5种匹配中，不同组之间在各变量上的标准化差异均小于0.1，表明匹配后的平衡性较好（Hong，2015），其余平衡性检验的详细参数见附表7。前两个处理效应模型的支持域内样本量为13088，后一个处理效应的支持域内样本量为13330。

9.5　教育异质性分析

表 9 - 4 的分样本倾向值分析结果显示，在不同受教育水平组内，早年同伴关系对中晚年抑郁水平的影响存在些许差异。[①] 从截距项可知，受教育水平越高，中晚年抑郁程度就会越低。首先，受教育水平越高，童年感到孤独对中晚年抑郁水平的促进作用就会越强。在低受教育水平组内，相比童年未感到孤独的个体，童年很少或有时感到孤独的个体中晚年抑郁得分并不会显著增加，但童年经常感到孤独的个体中晚年抑郁得分会增加 1.470 ~ 1.559 分（$p < 0.001$）。在中等受教育水平组内，相比童年未感到孤独的个体，童年很少感到孤独的个体中晚年抑郁得分会增加 0.896 ~ 0.910 分（$p < 0.001$），童年有时感到孤独的个体中晚年抑郁得分会增加 1.591 ~ 1.655 分（$p < 0.001$），童年经常感到孤独的个体中晚年抑郁得分会增加 1.628 ~ 1.820 分（$p < 0.001$）。在高受教育水平组内，相比童年未感到孤独的个体，童年很少感到孤独的个体中晚年抑郁得分会增加 2.043 分（$p < 0.05$），童年有时感到孤独的个体中晚年抑郁得分会增加 1.831 ~ 2.034 分（$p < 0.01$），童年经常感到孤独的个体中晚年抑郁得分会增加 2.375 ~ 2.552 分（$p < 0.1$）。因此，随着早年孤独感的降低，不同受教育水平群体间的抑郁水平差异呈拉大趋势。

其次，受教育水平越高，童年有朋友一起玩耍对中晚年抑郁水平的抑制作用就会越弱。在低受教育水平组内，相比童年无朋友玩耍的个体，童年经常有朋友玩耍的个体中晚年抑郁得分会降低 1.022 ~ 1.037 分（$p < 0.01$）。在中等受教育水平组内，相比童年无朋友玩耍的个体，童年经常有朋友玩耍的个体中晚年抑郁得分会降低 0.582 ~ 0.795 分（$p < 0.1$）。但在高受教育水平组内，童年玩耍经历与中晚年抑郁水平之间无显著的因果关联。因此，随着早年玩耍频率的增加，不同受教育水平群体间的抑郁水平差异呈缩小趋势。

最后，尽管童年是否有好朋友与中晚年抑郁水平之间的联系在三个亚

---

① 在将中晚年抑郁作为二分变量进行分析时，所得结果与表 9 - 4 中的差异不大，故在此未报告其估计结果。

组中均无统计学意义，但相比低受教育水平的人群，童年有好朋友这一事实更倾向于在受教育水平高的人群中对抑郁水平发挥抑制作用，从而进一步拉大不同受教育水平人群之间的抑郁水平差异。综上所述，假设 2a 和 2b 均具有片面性（感受维度支持假设 2a，参与维度支持假设 2b）。

表 9 - 4　早年同伴关系对中晚年抑郁的影响：不同教育分组的比较

处理变量	匹配方法	低受教育水平		中等受教育水平		高受教育水平	
		效应值	标准误	效应值	标准误	效应值	标准误
感到孤独	IPW						
	截距	8.842 ***	0.208	7.560 ***	0.131	6.010 ***	0.275
	很少	0.663	0.410	0.896 ***	0.229	2.043 *	0.870
	有时	0.459	0.441	1.591 ***	0.262	2.034 **	0.665
	经常	1.559 ***	0.418	1.628 ***	0.328	2.375 ˙	1.258
	IPWRA						
	截距	8.821 ***	0.207	7.546 ***	0.131	6.010 ***	0.277
	很少	0.683 ˙	0.411	0.910 ***	0.228	2.043 *	0.871
	有时	0.534	0.417	1.655 ***	0.261	1.831 **	0.641
	经常	1.470 ***	0.407	1.820 ***	0.320	2.552 *	1.196
有朋友玩耍	IPW						
	截距	9.616 ***	0.320	8.608 ***	0.276	6.286 ***	0.801
	很少	-0.094	0.458	0.253	0.333	0.160	1.027
	有时	-0.434	0.432	-0.109	0.313	0.755	0.918
	经常	-1.022 **	0.377	-0.582 ˙	0.303	0.391	0.838
	IPWRA						
	截距	9.601 ***	0.316	8.718 ***	0.267	6.518 ***	0.797
	很少	-0.079	0.454	0.143	0.326	-0.072	1.009
	有时	-0.183	0.424	-0.095	0.309	1.016	0.905
	经常	-1.037 **	0.377	-0.795 **	0.285	-0.083	0.812
有好朋友	1 对 2 最近邻	0.253	0.310	0.051	0.171	-0.340	0.372
	1 对 5 最近邻	0.309	0.286	0.121	0.151	-0.219	0.356
	卡尺匹配	0.200	0.264	0.000	0.141	-0.366	0.341

续表

处理变量	匹配方法	低受教育水平		中等受教育水平		高受教育水平	
		效应值	标准误	效应值	标准误	效应值	标准误
有好朋友	卡尺 1 对 2 最近邻	0.300	0.286	0.115	0.152	-0.215	0.358
	核匹配	0.188	0.261	-0.005	0.140	-0.287	0.334

注：*** $p < 0.001$，** $p < 0.01$，* $p < 0.05$，⌃ $p < 0.1$。卡尺匹配的卡尺设置为 0.01，核匹配带宽设置为 0.03。在 IPW 匹配、IPWRA 匹配中，低受教育水平组和中等受教育水平组匹配后各协变量的标准化差异均小于 0.1，表明匹配后的平衡性较好（Hong，2015）。尽管高受教育水平组匹配后各协变量的平衡性比匹配前更优化，但部分协变量的标准化差异大于 0.1，总体平衡性略差，估计结果稳健性不够好。第三个处理变量的平衡性检验的详细参数见附表 7。在前两个处理变量中，低受教育水平组支持域内样本量 $n = 3161$，中等受教育水平组支持域内 $n = 8325$，高受教育水平组支持域内 $n = 1602$。

9.6　小结与讨论

早年社会关系是成年后社会关系的基础，是个人生命历程中社会资本的雏形。已有关于早年关系长期健康效益的研究主要关注家庭成员间的关系，而早年社区/邻里同伴关系作为儿童健康成长的重要一环却很少受到关注。本章研究首次立足生命历程理论，从构建、参与、感受三个方面出发，利用倾向值匹配方法控制潜在的内生性问题，探讨早年同伴关系对中晚年抑郁的影响及潜在的教育异质性。研究发现，早年同伴关系的参与和感受维度对中晚年抑郁有显著影响，更多的早年同伴玩耍行为及更少孤独感能够降低中晚年抑郁水平，而是否构建早年同伴关系则不能影响中晚年抑郁。受教育水平越高，早年孤独感对中晚年抑郁的促进作用越强，且早年同伴关系参与对中晚年抑郁的抑制作用越弱。本章研究提供了一个预防老年人抑郁症的新思路，即积极构建和参与早年同伴关系以应对未来日益增加的老年抑郁症负担。

本章研究的结果在总体上支持生命历程流行病学关于早年有害暴露持久损害心理健康的观点（Colman and Ataullahjan，2010；Li et al.，2018；O'Rourke et al.，2018；Tian et al.，2019；Wielaard et al.，2018），认为早年同伴关系劣势可能会带来持久的心理健康损害（Fritsch et al.，2005；Tian et al.，2019），这与成年期社会网络及社会资本存在积极健康效应在结果上是相似的。然而，早年同伴关系的不同方面表现出稍微不同的心理健康效应。早年同伴关系的感受维度对中晚年抑郁的影响最大，即使是程度不严重的孤独感，也能够显著增加中晚年抑郁的可能性。早年同伴关系的参与维度强调参与量的作用，较小的同伴互动量无法带来心理健康收益，只有当早年同伴互动量达到一个较高的阈值（与朋友的玩耍频率为"经常"）时，个体才能获得持久的心理健康收益，这与已有研究中早年不幸影响成年后抑郁存在梯度关系是一致的（Anda et al.，2006；Choi et al.，2017）。相比而言，早年是否有好朋友对中晚年抑郁的直接影响微弱。因此，要想发挥早年同伴关系的持久心理健康保护作用，参与其中、积极互动，并获得良好的心理收益与体验十分重要。然而，早年同伴关系的构建往往是关系参与及关系体验的前提，因此也是心理健康干预策略中不可忽视的前置因素。

早年同伴关系对中晚年抑郁的影响存在教育异质性，且资源倍增效应和替代效应呈并存状态。早年同伴关系的参与维度与教育在影响中晚年抑郁的过程中存在替代关系，当二者均处于高水平状态时，它们之间的替代作用会使得抑郁水平的变化对早年同伴关系的依赖性减少，这符合 Ross 和 Mirowsky（1989，2006）所提出的观点。相比而言，早年同伴关系的感受维度与教育在影响中晚年抑郁的过程中存在互补关系或资源倍增效应（Ross and Mirowsky，2006）：受教育水平越高，较少的孤独感对中晚年抑郁的抑制作用就会越强。在低孤独感与高受教育水平积极关联的情况下（在本章研究中，单因素分析显示孤独感与受教育水平呈负向关系），二者互为补充，共同带来成年后的心理健康优势。上述结果表明，在心理健康结果方面，儿童早年积极的社交参与是对其教育劣势的有效补充，而加强其对同伴关系感受则是强化其教育优势的途径之一。

本章研究的目标人群大多出生于 20 世纪 40~60 年代，既有出生于战乱年代的个体，也有出生于三年困难时期及婴儿潮时期的个体，但一个共同点是，他们都出生并成长于一个集体主义氛围浓厚的年代，一个总和生育率较高的年代，一个物资匮乏的年代，也是一个主要依靠同伴关系进行童年游戏和娱乐的年代。成长于该世代的中国居民受教育水平普遍不高，早年同伴关系显得十分重要。那些被同伴孤立的儿童更容易被其他儿童视为"异己"之人，更容易受到社会排斥和孤立，由此带来的压力持续存在，甚至随着时间而不断累积（Ferraro et al.，2016；石智雷、吴志明，2018），并通过生理（Brady and Back，2012；Choi et al.，2017）及社会（Erikson，1995；Mead，2015；Newman，2017）等多种路径增加中晚年抑郁的风险。相比之下，出生于改革开放后的一代，尤其是出生于 21 世纪初的一代，在未来步入中老年阶段后，其身心健康在多大程度上会受童年社交关系的影响，仍需要更多探究。

本章研究有如下几点局限。第一，研究使用的关于早年同伴关系的生命历程回溯调查结果在很大程度上依赖于受访者的回忆，而这在老年受访者中尤其可能产生较大的回忆偏倚，影响分析的准确性。第二，研究直接考察早年同伴关系对中晚年抑郁状况的影响及其在不同受教育水平群体间的差异，跳过了生命历程的中间环节，没有探究这一关联的发生、发展过程，以及在漫长的生命历程中是否存在优势/劣势累积、关键期转变等现象，因而也无法得知早年同伴关系在影响不同受教育水平中晚年群体的抑郁时存在的差异化模式的连续过程及深层次原因。第三，研究使用三个指标指代早年同伴关系的构建、参与、感受三个方面，虽然试图概括早年同伴关系的三个维度，但难免有失偏颇，不能涵盖如构建数量、参与质量等具体指标。上述局限之处还有待后续研究加以突破，以提供更加科学、有价值的证据。

第 *10* 章　社会资本与健康研究：总结与展望

前面几个章节重点构建了一个"个人－家庭－网络"取向的社会资本测量框架，并在该框架下探讨了不同类型社会资本的健康效应，以及引入时间维度后的、生命历程视角下的社会资本健康效应。本章在已有研究基础上，对前述几章研究所得结果进行总结并指出其政策应用启示，在此基础上展望社会资本健康效应研究的潜在发展方向。

10.1　已有研究获得了什么？

自20世纪90年代末开始，社会资本的健康效应与健康机制吸引了大批研究者的关注，二十多年的理论与经验研究积累都证明了，社会资本确实是一个重要的，多数情况下也是积极的健康社会决定因素，并且社会资本影响健康的机制也是复杂多样的。本书在这些研究的基础上，进一步探索社会资本与健康议题的可能拓展空间。本书针对个人取向、家庭取向、网络社交社会资本的健康效应进行了分析，并在其中穿插分析了性别与城乡差异、虚拟与现实情境社会资本的交互关系，以及生命历程视角下的社会资本健康效应。

第一，在多种社会资本表现形式中，个人取向社会资本对于个人健康而言依然是最重要的，其对健康的促进作用较之家庭取向和网络社交社会资本要更强。信任拥有较强的积极健康效应，但普遍信任和特殊信任的健康效应存在一定差异。特殊信任的健康效应在很大程度上取决于个人与信任对象在现实结构层面上的关系，越是个人在日常生活中接触较多的对象，对其的信任所带来的健康效应就可能越明显，这实际上也是造成信任的健康效应呈现性别与城乡异质性的重要原因之一。此外，信任对居民健康的影响还存在特定的年龄、时期和世代异质性，并且这些时间维度的异质性在结型和桥型信任上有各自不同的表现，同时也存在城乡维度上的区别，因为在社会转型发展过程中，城乡社会经济与文化发展进度是不同的，并且现代化的转型发展总体上会使得结型社会资本实质性地式微、桥型社会资本实质性地增加。

第二，家庭取向社会资本的积极健康效应明显弱于个人取向社会资本，仅部分程度上体现出积极健康效应，过多家庭取向社会资本反而会体现出不显著甚至消极健康效应，在某种程度上似乎体现出"适量性"积极健康效应。家庭取向社会资本的建构与维系以家庭整体为单位，基于家庭社会资源共享性原则而成立，不过由于家庭社会分工等的存在，家庭取向社会资本对家庭成员健康的影响并不相同，尤其是女性更少享受家庭取向社会资本的身体健康收益。较多的家庭取向社会资本会增加吸烟、饮酒等健康风险行为的发生概率，这在部分程度上可以帮助理解家庭取向社会资本的某些消极健康效应。

第三，网络社交社会资本对居民健康的影响在平均意义上比较有效，似乎只能略微降低两周患病概率和抑郁水平。然而，网络社交社会资本的健康效应更体现在其与现实社会资本的互动中，这由个人社会网络在现实场景和虚拟网络场景下的高度重叠性所决定。在普遍信任及邻里整合度较低的人群中，网络社交社会资本能够有效降低居民的抑郁水平；但在邻里整合度较高的人群中，网络社交社会资本反而与较高的抑郁水平相联系。也就是说，尽管网络社交社会资本的积极健康效应明显低于现实社会资本，但其能够在后者匮乏的情况下发挥补充性的健康促进作用。

第四，早年社会关系是成年后社会关系的基础，可以被视为贯穿个人生命历程的社会资本的雏形，其同样是早年生活经历的重要拼图，对个人健康可能产生持久性的影响。从生命历程视角来看，早年构建的同伴关系网络对成年后期的健康影响深远，早年同伴关系的参与和感受维度对中晚年抑郁有显著影响，而是否构建早年同伴关系虽不能直接影响中晚年抑郁，但其是参与和感受维度的基础，同样不容忽视。在特殊历史时期，青少年时期的教育在其中扮演着重要的调节者角色，早年孤独感对高受教育水平者中晚年抑郁的促进作用更强，且早年同伴关系参与对高受教育水平者中晚年抑郁的抑制作用较弱，呈现替代效应与强化效应并存的局面。

第五，通过一般回归模型估计结果和因果推断模型估计结果的对比可以发现，不考虑内生性问题的普通估计方法，如最小二乘模型和非线性模型，一般会高估社会资本与健康之间的因果联系，造成更多假阳性估计结果。因为那些具有积极特质的个人往往更可能积累更多社会资本，而这些人也同样更可能是更健康的，这种正向选择带来的内生混杂会放大社会资本与健康之间的联系。因此，本书也在方法论层面提示研究者需关注内生性对估计社会资本健康效应的干扰。

10.2　政策启示

我国在当前社会经济转型期间遭遇了一系列健康问题，在"健康中国"上升到国家战略层面的今天，居民健康问题得到了国家高度重视。本书通过对不同类型社会资本的分析，尝试提出一些培育社会资本以促进居民健康的方案和建议。

第一，信任资本依然是促进个人健康最关键的社会资本成分之一，应当注重培育居民之间的社会信任。在社会变迁过程中，普遍信任会随着人际联系的增强而自然提高，而特殊信任尤其是对亲密关系的信任则存在减弱的趋势。一方面，需要关注现代化背景下个人原子化趋势带来的社会关系疏离危机，通过各种形式的社会参与来增强人们之间的社会联系，以此培育信任；另一方面，需要关注社会信任的人群分化，在人们不断被卷入现代化浪潮的过程中，底层民众尤其受社会结构的束缚，其受困于工业化机器中，在阶层劣势下难以参与工作以外的社会活动以培育社会资本，也难以拥有培育社会资本的主动性意识。国家和政策制定者应当：①从上游入手，优先推动解决社会经济地位不断分化的问题；②继续推动社会组织深入发展，鼓励社区内自组织发展，不拘泥于形式，搭建社会互动平台，丰富居民生活。在此基础上，鼓励个人积极主动参与到社会之中，增进彼此间的了解以带来信任。

第二，家庭是培育社会资本的良好容器，家庭取向社会资本具有集约性，节约了维系社会联系的成本，但家庭取向社会资本的培育受现代化发展的不断侵蚀，社区人际关系、家庭外的亲属关系有日渐淡化的迹象。对此，国家和政府应当：①做好城乡住房发展规划，优化居民居住格局，创造有利于邻里互动的微观居住环境；②重视传统节日及习俗在维系社会关系上的作用，制定相关法律法规引导其合理发展，减少现代化带来的"人情变味"等异化问题。个人及其家庭成员应当：①合理利用中华传统文化节日和习俗，如婚丧嫁娶和春节拜年习俗，加强亲友联系，在政府倡导下摒弃不良和异化的习俗文化；②在条件允许的情况下积极参与社区文化活动，增加社区和邻里互动互惠；③重新审视传统的家庭内部社会分工模式，既要践行劳动力市场的性别平等，也要追求家庭在非经济分工领域内的性别平等。

此外，家庭取向社会资本一定程度上存在"适量性"的积极健康效应现象，这与培育和维持该社会资本所带来的成本及负担相联系，过量的家庭取向社会资本往往需要家庭中的部分/特定成员耗费较多的时间和精力成本。据此，我们应当：①关注家庭取向社会资本培育中的承担者，注重引导家庭内成员共同分担社会资本培育成本，如促进相对公平的家庭社交活动性别分工等；②从整个社会大环境入手倡导健康社交，减少不良社交文化如过度饮酒等可能带来的消极影响。这些措施并不局限于社会资本本身，而是需要深入我国家庭和社交文化中，对其进行合乎时宜的改造。

第三，在互联网迅猛发展的时代背景下，应当充分重视互联网使用对个人健康行为方式及结局的影响，尤其是网络社交社会资本的潜在健康价值。互联网使用具有天然的不利特征，如增加了久坐和网络成瘾风险，同时也会增加不良信息暴露。因此，政府在大力推动互联网普及的过程中，应当加强对互联网行业的监管，促使网络社交社会资本带来积极信息而非不良信息的传播；鼓励和营造健康上网的社会风气，减少居民长时间上网行为甚至网络成瘾风险。可以依托工作单位、学校等开展健康上网、合理使用电子设备活动，利用局部规章制度这些文化软环境来约束过度上网行为和解决电子产品依赖问题。关注网络社交社会资本对现实社会资本的补充作用，鼓励因客观条件不足而难以培育现实社会资本的群体增加互联网社交行为，利用信息技术来维持社交联系，同时倡导拥有较多现实社会资本的群体尽量减少利用互联网社交来代替线下互动的行为。

第四，我国近几十年来经历了波澜壮阔的社会变迁与转型发展，这是其他一些国家所不具备的发展历程。在这种社会急剧转型背景下，个人生命历程所历经的社会极具变迁性，这会使社会资本的性质和存量等在个人生命历程中发生明显变化，提醒我们注意社会资本健康效应的时间性特征。应当从生命早期开始注意培养个人社会关系，既要注重家庭内部关系和谐发展，又要关注儿童友谊关系发展，从家庭、学校、社区等多场所入手保证个人早年同伴关系的质量，为成年后期的健康奠定坚实的基础。

第五，除了社会资本因素外，更重要、更直接的社会经济地位和健康资源因素，以及隐藏在背后的现代化发展趋势的方方面面，也应当受到充分重视，它们与社会资本也存在诸多微妙的联系。从这些角度提出政策建议的文献数不胜数，在此不予赘述。

10.3　既存问题与发展方向展望

作为社会资本与健康研究第三阶段的核心研究范式，社会资本与健康因果关系研究取得了长足的进步，但依然存在诸多不足之处，即使我们前几章的经验分析为该领域研究增加了新的知识，进一步的研究仍任重道远。在本章，我们首先整理了目前社会资本与健康因果关系研究还需要关注的一些问题，然后从更长远的视角出发，展望社会资本与健康的下一个研究范式、趋势和任务，以期为未来的研究提供些许启发或洞见。

10.3.1　未来研究应当解决的问题

（1）社会资本与健康概念化与操作化的与时俱进

社会资本的概念化与操作化历来都是社会资本研究的重要议题，无论是综述或质性研究还是实证研究，都需要对社会资本的概念及测量进行一定的回顾或探讨。然而常见的问题是，研究者在社会资本与健康关系的量化研究中，经常简单地回顾或综述社会资本的概念及测量策略（Liu et al.，2016；Xue et al.，2016），或者象征性地探讨文化语境问题（Zhang and Jiang，2019），而少有研究将目标群体的文化背景整合到实证测量中

（Ichida et al. ，2013）。社会资本源自个体间的社会联系并与其密切关联（Coleman，1990；Lin，2001），而不同群体的社会联系方式又与其所属的社会文化背景密不可分，从而导致社会资本成为一个"有争议的概念"（Woolcock，2010），因为社会资本在本质上具有文化属性。基于社会文化语境的社会资本概念化与操作化，首先需要对目标群体的社会文化进行相对准确、深刻的把握，而这一把握必须是宏观 - 中观相结合的。例如，Huntington（1996）的"文明圈"概念是立足全球的宏观文化划分策略，而国家层面的文化受到特定国家历史和体制的共同塑造，中观层次则立足于对国家内部亚文化群体的准确把握。在整合历史文化特征的基础上，再立足社会资本的本质，对社会资本加以概念化和操作化，既要考虑文化的作用，又要避免陷入民族中心主义的陷阱，这是今后社会资本研究的重要研究方向之一。

不同背景下的研究针对不同社会资本维度的测量也会使用不同指标，这更加使得不同地区间社会资本的表意及文化内涵差异巨大。例如，打麻将是我国一项传统的社交娱乐活动，尽管其伴随着久坐等健康风险行为，但其通过精神满足、社交互动与娱乐等路径促进了心理健康水平的提升（Wang et al. ，2019）。因此，后续研究在探讨社会资本健康效应时需要关注特定的社会资本类型的文化契合性。此外，依托于个人社会网络的社会资本并不是一成不变的，而是不断变化、动态发展的，因为社会资本不仅具有客观嵌入性，还具有主观建构性（陈云松，2014，2020），且个人社会关系在个体生命周期和生命历程中也是不断变化的，静态化的社会资本测量难以满足今后研究的需求。因此，后续研究同样需要关注社会资本的动态发展这一特性。

除了社会资本之外，健康的测量及其他相关问题也是需要注意的。健康本质上是一个非常复杂的概念，但实证研究中的健康测量往往是一种简化的处理。从本书前两章的文献回顾来看，尽管越来越多的研究者提倡社会学模式的健康概念，但实证研究中自评健康仍是最常用的健康指标之一，这部分源于其在大型社会调查中的易操作性特征。尽管诸多研究也力证了自评健康在评估个体健康状况方面具有充分的信度和效度（Lundberg and Manderbacka，1996；Idler and Benyamini，1997；齐亚强，2014），但过分依赖这一健康代理性指标始终不是长久之计。自评健康作为健康结局至少存在以下两点局限：第一，指标单一，无法全面反映健康状况，例如，自评健康更好并不代表活的时间更长或者没有疾病（德吕勒，2009）；第二，由于同一个体的观念及行为倾向在不同方面具有相似性，如自我感觉社会资本存量高的个体会自我感觉更加健康，这使得社会资本与健康研究面临共生性偏误问题（胡安宁，2019）。此外，不少大型社会调查中会涉及其他一些健康结局指标，为何自评健康最受研究者的欢迎呢？一个潜在可能是，在测量精度不足的情况下，其他健康结局与社会资本之间不容易观测到具有统计学意义的因果关联。这可能会导致发表偏倚问题，即具有统计学意义的结果更容易发表，这应该得到充分的关注。尽管健康状况的完美测量是不可能的（德吕勒，2009），对社会学范式下的健康进行充分测量也是十分困难的，但在条件允许的情况下，健康状况测量的多指标化、成熟健康量表的应用，以及客观生物标记指标测量、临床健康指标测量等策略，有助于更准确地把握社会资本对健康的因果效应。

（2）不同背景下、人群间的比较分析

生活在社会空间中的个体受社会结构和生活方式的形塑和制约（德吕勒，2009），因此，社会资本对健康的塑造作用也受外在社会结构的制约和塑造，具体体现为不同国家和地区以及不同人群中研究结果的不一致。已有对社会资本与健康之间因果关联的探究起步于并主要集中在美国、欧洲等发达国家和地区（2007年开始），针对发展中国家和地区的研究稍稍落后（2010年之后开始），且研究密度也相对较低。观察上述研究可以发现，社会资本与健康之间的因果关联在发达国家和发展中国家既有相同之处，又存在诸多区别。例如，各类社会资本与自评健康之间的积极因果关联在两类国家中均被观察到，但需要注意的是，来自发展中国家的研究发现了更多关于社会资本与自评健康之间不存在因果关联的证据（Goryakin et al.，2014；Riumallo-Herl et al.，2014）。一个可能的原因是，社会资本的健康促进效应存在一个隐含路径，只有在社会发展水平较高、物质资源富足以及各类制度相对完善的条件下，社会资本对健康的促进作用才能充分发挥（Zhang and Jiang，2019）。因此，对不同社会背景下社会资本健康效应作用路径的详细比较与分析是十分必要的，有助于挖掘社会资本生效的条件，帮助制订针对性干预方案。

此外，后续研究需要特别关注特殊人群（如老年人、青少年、流动人口及其他特殊群体等）的社会资本与健康。社会是不断变迁的，从环境和生命历程的视角来看，不同环境、不同世代群体由于生活环境的不同，其价值观念和行为方式存在系统性差异，同时他们也具有迥然不同的健康状况和健康问题。对于存在文化性特征的社会资本来说，任何文化规范上的系统差异都可能带来完全不同的作用效果或作用机制。例如，流动人口社会资本在迁移过程中其实存在一个断裂和再构建的过程。流动人口大多数是由农村流向城市的农村转移劳动力，城乡发展环境存在根本不同，农村流向城市的劳动力需要经历生活环境的巨大改变，尤其是日常生活中社交行为模式的根本改变。由于社会网络关系的地缘性特征及我国居民尤其是农村居民社会关系网络中独有的"强关系"优先特征（张连德，2010；边燕杰等，2012；Bian，2018），这种流动的经历通常会使流动人口经历社交网络的断裂与重构，从而可能改变其社会资本结构和存量（靳小怡等，2014）。同样地，流动人口健康在整个迁移过程中也经历着剧烈的改变，早先提出的"健康移民效应"和"三文鱼偏误"相对科学地呈现和阐释了这种变化机理（秦立建等，2014；李建民等，2018）。因此，流动人口社会资本与健康问题需要结合独有的社会变迁和人群特征进行分析和阐释。

（3）多种方法的使用与相互验证

尽管社会资本与健康因果推断研究已有十数年的发展历程，但目前在因果推断方法的使用上依然比较单调，工具变量和固定效应模型占据绝对主流位置。其他一些常用的因果推断测量，如基于反事实框架的倾向值匹配法、双重差分法、断点回归等很少应用于其中。不同因果推断方法得出的结果并不一致，因为每种方法的理论假设之间存在差异，这也使得不同研究方法各有优劣。例如，固定效应模型难以解决随时间变化的内生性问题（陈强，2014），Heckman 样本选择模型更适用于解决样本选择问题（陈云松，2020），倾向值匹配法对于观测变量过度依赖导致一些时候并不能真正控制不可观测的混杂因素（胡安宁，2015），而工具变量法和准实验法受制于工具变量选择和实验组对比的合理性（陈云松，2012）。因此，在同一项研究中利用多种因果推断方法进行稳健分析，并对差异原因进行合理且充分的讨论显得十分必要。此外，在探讨因果关系的过程中，研究者过于关注因果关系本身，而较少对因果关系何以可能进行充分的实证检验。已有研究得到的社会资本作用于健康的各类中介机制还是依赖于相对传统的定量模型检验（如三步回归法、结构方向模型等）得到的，作用机制的内生性同样混入其中且影响着估计的准确性。混合方法的应用，如将作用机制分析（中介效应分析等）整合到因果推断分析中、进行多个因果推断模型间的比较等（如本书第 5 章和第 7 章都通过多种方法、从不同方面去解决内生性问题以捕捉社会资本对健康的因果效应），有助于理解社会资本何以可能带来健康收益这一问题。

10.3.2 社会资本与健康研究的发展方向

社会资本与健康研究已有几十年的发展历史，其研究范式至今也经历了几次重大转变。但无论是哪一种范式下的研究，对社会资本与健康本质内涵的把握无疑是最重要的，这需要考虑概念本身的文化属性及跨文化适应性的问题。在精准把握理论内涵的前提下，理论视角的指导作用不可忽视。"科学不是来自观察，而是在事先详细研究出的理论指导下获得的经验"（德吕勒，2009），对理论的强调在任何研究中都应该是第一位的。研究者应该谨慎地对待研究结果，因为我们观察到的社会资本与健康之间的非因果关联，并不意味着社会资本与健康之间不存在因果关联（Kawachi et al.，2013）。由此，我们认为社会资本与健康研究在未来的发展首先需要关注社会资本与健康这两个概念的理论发展，包括如何在新时代赋予其新内涵、如何恰当地捕捉这种内涵，以及二者产生联系的理论机制。任何抛弃理论，只重视社会资本与健康变量数据之间经验联系的研究，都无法揭示现象背后的理论含义，更无法带来新的有用的知识，推动社会资本与健康研究的进一步发展。

本书认为，跨学科研究是社会资本与健康研究的必然趋势。这里的跨学科更多是指研究理论视角与理念的交叉与综合。社会资本与健康研究的视角不应该局限于社会资本理论，而应该吸收、整合其他理论的合理内核以更好地发展。例如，生命历程理论强调个体生命周期与社会环境的综合作用（Elder，1974，1998），那么其可能为社会资本的长期健康效应开辟新的视角。生命历程导向的研究不再局限于单个生命片段上的社会资本健康效应，而是具有更长远、更广阔的研究视野，强调个人生活与社会发展历程的动态演化过程在其中的作用。如已有研究表明，早年同伴关系的数量和质量会对个人中晚年时期的心理健康产生积极作用（Tian et al.，2019；Jiang and Wang，2020b），生命前期社会资本的累积暴露与生命后期的健康行为及健康结局之间存在确证的关系（Umberson et al.，2010，2014）。本书第 8 章和第 9 章尝试引入生命历程理论来理解社会资本健康效应的时间性，今后的研究可以进一步拓宽研究视野，如探索特定生命阶段（如中学/大学时代）的社会关系构建对中晚年健康的持久影响，或者强调个人特殊生活事件带来的社会资本变动所造成的长期性健康影响，以及社会资本的这种健康效应在整个生命历程中的变化规律、变化机制及人群异质性等。

　　跨学科研究的第二个示例是空间研究。已有研究指出，社会网络是疾病传播的重要途径（Berkman and Krishna，2014）。社会网络依托于具体的社会空间，那么地理学视角的引入就会有助于研究者发现社会资本与健康研究中的新问题和新现象。早先的一项研究将空间分析引入社会资本与犯罪研究（Takagi et al.，2011），并发现在小范围内（300 米以内）联结产生的社会资本能够有效降低社区内的犯罪率，但更大范围即与居住更远的人产生的社会联系无助于降低社区内的犯罪率。这背后的原理和社会资本与健康研究是一脉相承的，社会资本只能在限定的地域范围内发挥社会整合作用，这种作用可以降低犯罪率意味着这种整合作用带来了某种有利的文化规范，而这无疑会产生多方面的积极效应，如带来好的健康行为和健康结局。同时，空间研究的其他研究点也是可以借鉴的，如最常见的空间外溢效应，我们有理由认为社会资本存在外溢性，这其实早已由社会资本本身的集体性决定了，社会资本可以是由个人社会网络形成而外在于个人的环境性规范，这种个人内化了的规范或者集体性规范会对周围个体或群体产生示范作用，如有研究发现，紧密的社会关系网对于传播积极健康行为有很好的效果（Xu and Jiang，2020）。当前，遥感大数据在社科领域内的应用方兴未艾，将空间分析与社会资本及健康研究相整合符合社会和研究本身的发展要求。

　　当然，当前定量社会科学存在朝向大数据和机器学习转变的倾向，以陈云松为代表的国内社会科学家在不断推动和拓展社会科学大数据的应用（柳建坤、陈云松，2018；陈云松等，2020），社会资本与健康研究也不例外，必然会朝着这一方向有所发展，而这无疑有助于社会资本与健康研究的更进一步深化。大数据研究的一个重要方面是对历史资料的深度再挖掘（陈云松、句国栋，2018）。对长时段历史时期的定量研究天然存在历史资料匮乏的局限性，因为很早之前的调查和统计数据不可能包含后来才发展起来的一些研究概念。例如，Putnam（2015）在《我们的孩子》一书中回顾了近半个世纪以来的社会资本变化，但其主要依赖于自我亲身经历及一些访谈资料来辅助理论加工和研究阐释。文学艺术以及科学作品总是反映其创作的时代，总是特定时代的产物，基于此，研究者可以通过对文学艺术及科学文献资料中涉及社会资本的词和衍生词进行分析，获得长时段历史时期内国民社会资本存量的粗略估计，辅以因果推断方法，从而从更长远的历史视角出发探索社会资本与国民健康之间的因果联系。

最后，社会资本与健康研究的内涵也应当与现实紧密联系，注重探索和解决当前和今后不同时代所面临的现实性健康问题。一个重要的方向是社会资本在突发灾难事件中所扮演的角色，不少研究已经发现，社会资本能够保护身处灾难的民众免受健康威胁，如针对日本地震的多项研究报告称社会支持网、社区整合度及社会参与等社会资本元素能够有效降低震后灾民的抑郁和身体功能退化等风险（Gero et al.，2020；Hikichi et al.，2020；Sato et al.，2020）。2019 年底至今的新冠肺炎疫情同样受到社会资本研究者的关注，是社会资本与健康研究适应时代的最新表现。疫情期间，国内学者边燕杰率先提出防疫社会资本的概念，并发现其有助于提高疫情中居民的自评健康和幸福感，还增加了他们锻炼身体和勤洗手、戴口罩等防疫行为（边燕杰等，2020；缪晓雷、边燕杰，2020）；国外诸多研究同样报告了社会资本对防疫过程中的资源动员及居民防疫意识和行动的积极作用（Borgonovi and Andrieu，2020；Wu，2021）。据此，今后社会资本与健康研究应继续贴合时代发展特征，解决时代所关注的健康问题，这是科学研究服务社会发展的重要表现。

参考文献

埃米尔·迪尔凯姆，1996，《自杀论》，冯韵文译，北京：商务印书馆。

埃米尔·涂尔干，2000，《社会分工论》，渠东译，北京：生活·读书·新知三联书店。

吉登斯，2013，《资本主义与现代社会理论：对马克思、涂尔干和韦伯著作的分析》，郭忠华、潘华凌译，上海：上海译文出版社。

边燕杰，2004，《城市居民社会资本的来源及作用：网络观点与调查发现》，《中国社会科学》第 3 期，第 136 ~ 146 页。

边燕杰等，2012，《社会网络与地位获得》，北京：社会科学文献出版社。

边燕杰、马旭蕾、郭小弦等，2020，《防疫社会资本的理论建构与行为意义》，《西安交通大学学报》（社会科学版）第 40 卷第 4 期，第 1 ~ 11 页。

边燕杰、张文宏、程诚，2012，《求职过程的社会网络模型：检验关系效应假设》，《社会》第 32 卷第 3 期，第 24 ~ 37 页。

陈强，2014，《高级计量经济学及 Stata 应用》（第 2 版），北京：高等教育出版社。

陈心广、王培刚，2014，《中国社会变迁与国民健康动态变化》，《中国人口科学》第 2 期，第 63 ~ 73 页。

陈讯，2013，《妇女当家：对农村家庭分工与分权的再认识——基于五省一市的 6 个村庄调查》，《民俗研究》第 2 期，第 26 ~ 35 页。

陈叶烽、叶航、汪丁丁，2010，《信任水平的测度及其对合作的影响：来自一组实验微观数据的证据》，《管理世界》第 4 期，第 54 ~ 64 页。

陈云松，2012，《逻辑、想象和诠释：工具变量在社会科学因果推断中的应用》，《社会学研究》第 27 卷第 6 期，第 192~216 页。

陈云松，2014，《社会资本的建构性与动态演化模型——以年羹尧事件为例》，《南京大学学报》（哲学·人文科学·社会科学）第 5 期，第 142~156 页。

陈云松，2020，《关系社会资本新论》，北京：中国人民大学出版社。

陈云松、边燕杰，2015，《饮食社交对政治信任的侵蚀及差异分析：关系资本的"副作用"》，《社会》第 35 卷第 1 期，第 92~120 页。

陈云松、范晓光，2010，《社会学定量分析中的内生性问题：测估社会互动的因果效应研究综述》，《社会》第 30 卷第 4 期，第 91~117 页。

陈云松、句国栋，2018，《国家不幸诗家幸？唐人诗作与时代际遇关系的量化研究》，《清华社会学评论》第 2 期，第 77~106 页。

陈云松、吴晓刚、胡安宁等，2020，《社会预测：基于机器学习的研究新范式》，《社会学研究》第 35 卷第 3 期，第 94~117 页。

陈仲常、谢波、丁从明，2012，《体制双轨制视角下的"中国式资源诅咒"研究》，《科研管理》第 33 卷第 8 期，第 153~160 页。

德吕勒，2009，《健康与社会：健康问题的社会塑造》，王鲲译，南京：译林出版社。

方然，2014，《"社会资本"的中国本土化定量测量研究》，北京：社会科学文献出版社。

费孝通，2006，《乡土中国》，上海：上海人民出版社。

高明华，2020，《早期社会心理风险对健康的影响效应——基于中国健康与养老追踪调查数据》，《中国社会科学》第 9 期，第 93~116 页。

郭慧玲，2016，《由心至身：阶层影响身体的社会心理机制》，《社会》第 36 卷第 2 期，第 146~166 页。

韩雷、白雁飞、张磊，2019，《社会资本与居民健康——基于 CFPS 数据的经验分析》，《湘潭大学学报》（哲学社会科学版）第 43 卷第 1 期，第 119~124 页。

贺雪峰，2011，《论熟人社会的人情》，《南京师大学报》（社会科学版）第 4 期，第 20~27 页。

胡安宁，2012，《倾向值匹配与因果推论：方法论述评》，《社会学研究》

第 27 卷第 1 期，第 221～242 页。

胡安宁，2014a，《教育能否让我们更健康——基于 2010 年中国综合社会调查的城乡比较分析》，《中国社会科学》第 5 期，第 116～130 页。

胡安宁，2014b，《社会参与、信任类型与精神健康：基于 CGSS 2005 的考察》，《社会科学》第 4 期，第 64～72 页。

胡安宁，2015，《社会科学因果推断的理论基础》，北京：社会科学文献出版社。

胡安宁，2019，《主观变量解释主观变量：方法论辨析》，《社会》第 39 卷第 3 期，第 183～209 页。

胡宏伟、李延宇、张楚等，2017，《社会活动参与、健康促进与失能预防——基于积极老龄化框架的实证分析》，《中国人口科学》第 4 期，第 87～96 页。

胡荣、胡康，2008，《城乡居民社会资本构成的差异》，《厦门大学学报》（哲学社会科学版）第 48 卷第 6 期，第 64～70 页。

胡湛、彭希哲，2018，《应对中国人口老龄化的治理选择》，《中国社会科学》第 12 期，第 134～155 页。

焦开山，2014，《健康不平等影响因素研究》，《社会学研究》第 29 卷第 5 期，第 24～46 页。

焦开山，2018，《中国老年人健康预期寿命的不平等问题研究》，《社会学研究》第 33 卷第 1 期，第 116～141 页。

靳小怡、任义科、杜海峰，2014，《农民工社会网络与观念行为变迁》，北京：社会科学文献出版社。

孔高文、刘莎莎、孔东民，2017，《我们为何离开故乡？家庭社会资本、性别、能力与毕业生就业选择》，《经济学》（季刊）第 16 卷第 2 期，第 621～648 页。

李斌，2017，《〈"健康中国 2030"规划纲要〉辅导读本》，北京：人民卫生出版社。

李成福、王海涛、王勇等，2018，《婚姻对老年人健康预期寿命影响的多状态研究》，《老龄科学研究》第 6 期，第 38～44 页。

李春玲，2003，《社会政治变迁与教育机会不平等——家庭背景及制度因素对教育获得的影响（1940—2001）》，《中国社会科学》第 3 期，第 86 ~ 98 页。

李建民、王婷、孙智帅，2018，《从健康优势到健康劣势：乡城流动人口中的"流行病学悖论"》，《人口研究》第 42 卷第 6 期，第 46 ~ 60 页。

李建新、李春华，2014，《城乡老年人口健康差异研究》，《人口学刊》第 5 期，第 37 ~ 47 页。

李鲁，2017，《社会医学》（第 5 版），北京：人民卫生出版社。

李煜，2001，《文化资本、文化多样性与社会网络资本》，《社会学研究》第 16 卷第 4 期，第 52 ~ 63 页。

李月、陆杰华、成前等，2020，《我国老年人社会参与与抑郁的关系探究》，《人口与发展》第 26 卷第 3 期，第 86 ~ 97 页。

梁童心、齐亚强、叶华，2019，《职业是如何影响健康的？——基于 2012 年中国劳动力动态调查的实证研究》，《社会学研究》第 34 卷第 4 期，第 193 ~ 217 页。

梁玉成、鞠牛，2019，《社会网络对健康的影响模式的探索性研究：基于网络资源和个体特征的异质性》，《山东社会科学》第 5 期，第 57 ~ 64 页。

林聚任等，2007，《社会信任和社会资本重建：当前乡村社会关系研究》，济南：山东人民出版社。

柳建坤、陈云松，2018，《公共话语中的社会分层关注度——基于书籍大数据的实证分析（1949 – 2008）》，《社会学研究》第 33 卷第 4 期，第 191 ~ 215 页。

刘娜、Anne de Bruin，2015，《家庭收入变化、夫妻间时间利用与性别平等》，《世界经济》第 38 卷第 11 期，第 117 ~ 143 页。

刘亚飞，2018，《童年饥饿经历会影响老年健康吗?》，《经济评论》第 6 期，第 113 ~ 126 页。

刘瑛，2011，《互联网使用对个体健康行为的影响研究》，博士学位论文，华中科技大学。

陆杰华、李月、郑冰，2017，《中国大陆老年人社会参与和自评健康相互影响关系的实证分析：基于 CLHLS 数据的检验》，《人口研究》第 41 卷第 1 期，第 15 ~ 26 页。

陆益龙，2003，《户籍制度：控制与社会差别》，北京：商务印书馆。

米松华、李宝值、朱奇彪，2016，《农民工社会资本对其健康状况的影响研究——兼论维度差异与城乡差异》，《农业经济问题》第 37 卷第 9 期，第 42～53 页。

缪晓雷、边燕杰，2020，《防疫社会资本、体育锻炼与身心健康》，《上海体育学院学报》第 44 卷第 12 期，第 1～12 页。

潘泽泉，2019，《社会资本影响个人健康水平吗？基于 CGSS 2008 的中国经验证据》，《浙江社会科学》第 1 期，第 66～78 页。

齐良书，2006，《收入、收入不均与健康：城乡差异和职业地位的影响》，《经济研究》第 11 期，第 16～26 页。

齐亚强，2014，《自评一般健康的信度和效度分析》，《社会》第 34 卷第 6 期，第 196～215 页。

秦立建、王震、蒋中一，2014，《农民工的迁移与健康——基于迁移地点的 Panel 证据》，《世界经济文汇》第 6 期，第 44～59 页。

沈艳，2017，《线上人缘：一种中国式社交图景——以 H 微信朋友圈为例》，《北京邮电大学学报》（社会科学版）第 19 卷第 3 期，第 6～11 页。

石智雷、顾嘉欣、傅强，2020，《社会变迁与健康不平等——对第五次疾病转型的年龄 - 时期 - 队列分析》，《社会学研究》第 35 卷第 6 期，第 160～185 页。

石智雷、吴志明，2018，《早年不幸对健康不平等的长远影响：生命历程与双重累积劣势》，《社会学研究》第 33 卷第 3 期，第 166～192 页。

孙博文、李雪松、伍新木，2016，《社会资本的健康促进效应研究》，《中国人口科学》第 6 期，第 98～106 页。

唐钧、李军，2019，《健康社会学视角下的整体健康观和健康管理》，《中国社会科学》第 8 期，第 130～148 页。

田毅鹏，2009，《转型期中国社会原子化动向及其对社会工作的挑战》，《社会科学》第 7 期，第 71～75 页。

王甫勤，2012，《社会经济地位、生活方式与健康不平等》，《社会》第 32 卷第 2 期，第 78～101 页。

王培刚、陈心广，2015，《社会资本、社会融合与健康获得：以城市流动人口为例》，《华中科技大学学报》（社会科学版）第 29 卷第 3 期，第 81~88 页。

王玮玲，2016，《基于性别的家庭内部分工研究》，《重庆大学学报》（社会科学版）第 22 卷第 5 期，第 135~143 页。

王友华，2015，《社会资本对老年人福利生活的影响研究——基于重庆地区的调查数据》，博士学位论文，华中科技大学。

魏东霞、谌新民，2017，《婚姻对个体精神健康的影响——基于中国健康与养老追踪调查的实证分析》，《西北人口》第 4 期，第 103~110 页。

尉建文、韩杨，2017，《社会资本对灾区民众心理健康的影响——基于汶川地震灾区的追踪数据研究》，《青年研究》第 2 期，第 66~74 页。

温兴祥、文风、叶林祥，2017，《社会资本对农村中老年人精神健康的影响——基于 CHARLS 数据的实证研究》，《中国农村观察》第 4 期，第 130~144 页。

西美尔，2001，《时尚的哲学》，费勇、吴晋译，北京：文化艺术出版社。

西美尔，2002a，《社会学：关于社会化形式的研究》，林荣远译，北京：华夏出版社。

西美尔，2002b，《货币哲学》，陈戎女等译，北京：华夏出版社。

夏柱智、贺雪峰，2017，《半工半耕与中国渐进城镇化模式》，《中国社会科学》第 12 期，第 117~137 页。

萧易忻，2016，《"抑郁症如何产生"的社会学分析：基于新自由主义全球化的视角》，《社会》第 36 卷第 2 期，第 191~214 页。

肖瑛，2020，《"家"作为方法：中国社会理论的一种尝试》，《中国社会科学》第 11 期，第 172~191 页。

谢宇、胡婧炜、张春泥，2014，《中国家庭追踪调查：理念与实践》，《社会》第 34 卷第 2 期，第 1~32 页。

熊艾伦、黄毅祥、蒲勇健，2016，《社会资本对个人健康影响的差异性研究》，《经济科学》第 5 期，第 71~82 页。

许琪，2018，《时间都去哪了？——从生命历程的角度看中国男女时间利用方式的差异》，《妇女研究论丛》第 4 期，第 19~32 页。

薛新东、刘国恩，2012，《社会资本决定健康状况吗——来自中国健康与养老追踪调查的证据》，《财贸经济》第8期，第113~121页。

闫景蕾、武俐、孙萌等，2016，《社交网站使用对抑郁的影响：线上社会资本的中介作用》，《中国临床心理学杂志》第24卷第2期，第317~320页。

杨金东、胡荣，2016，《社会资本与城乡居民的心理健康》，《云南社会科学》第1期，第131~136页。

杨菊华，2014，《时间利用的性别差异——1990~2010年的变动趋势与特点》，《人口与经济》第5期，第3~12页。

游五岳、姚洋，2020，《女性的政治地位与出生人口性别比——基于1950—2000年县级数据的实证研究》，《中国社会学科》第4期，第66~89页。

余成普，2019，《中国农村疾病谱的变迁及其解释框架》，《中国社会科学》第9期，第92~114页。

余慧、黄荣贵、桂勇，2008，《社会资本对城市居民心理健康的影响：一项多层线性模型分析》，《世界经济文汇》第28卷第6期，第40~52页。

乐章、梁航，2020，《社会资本对农村老人健康的影响》，《华南农业大学学报》（社会科学版）第19卷第6期，第34~45页。

张冲、童峰、苟兴才，2016，《中国城乡居民两周患病率的现状及变动趋势——基于1998-2013年的纵向调查数据》，《中国卫生统计》第33卷第4期，第675~676页。

张连德，2010，《进城农民工熟人社会网络何以延续？——基于信任视角的分析》，《人口与发展》第5期，第70~75页。

张霞、杨一帆，2017，《我国中老年人精神健康的影响因素研究——基于CHARLS数据的实证分析》，《老龄科学研究》第5卷第2期，第63~73页。

张文宏、阮丹青、潘允康，1999，《天津农村居民的社会网》，《社会学研究》第14卷第2期，第108~118页。

赵建国、刘子琼，2020，《互联网使用对老年人健康的影响》，《中国人口科学》第 5 期，第 14~26 页。

赵延东，2008，《社会网络与城乡居民的身心健康》，《社会》第 28 卷第 5 期，第 1~19 页。

赵颖智、李星颖，2020，《互联网使用对个体健康的影响——基于中国家庭追踪调查数据的实证分析》，《江汉论坛》第 5 期，第 139~144 页。

郑莉、曾旭晖，2016，《社会分层与健康不平等的性别差异——基于生命历程的纵向分析》，《社会》第 36 卷第 6 期，第 209~237 页。

郑作彧、胡珊，2018，《生命历程的制度化：欧陆生命历程研究的范式与方法》，《社会学研究》第 33 卷第 2 期，第 214~241 页。

周广肃、樊纲、申广军，2014，《收入差距、社会资本与健康水平——基于中国家庭追踪调查（CFPS）的实证分析》，《管理世界》第 7 期，第 12~21 页。

周晓虹等，2017，《中国体验：全球化、社会转型与中国人社会心态的嬗变》，北京：社会科学文献出版社。

朱荟，2015，《社会资本与心理健康：因果方向检定和作用路径构建》，《人口与发展》第 21 卷第 6 期，第 47~56 页。

朱慧劼、姚兆余，2015，《社会信任对城市居民健康状况的影响》，《城市问题》第 9 期，第 94~98 页。

邹宇春、敖丹、李建栋，2012，《中国城市居民的信任格局及社会资本影响——以广州为例》，《中国社会科学》第 5 期，第 131~148 页。

Aarts, S., Peek, S. T. M., and Wouters, E. J. M. 2015. "The Relation Between Social Network Site Usage and Loneliness and Mental Health in Community-Dwelling Older Adults." *International Journal of Geriatric Psychiatry* 30 (9): 942–949.

Adjaye-Gbewonyo, K., Kawachi, I., S. V. Subramanian et al. 2018. "High Social Trust Associated with Increased Depressive Symptoms in a Longitudinal South African Sample." *Social Science & Medicine* 197: 127–135.

Aida, J., Kondo, K., Hirai, H. et al. 2011. "Assessing the Association Between All-Cause Mortalityand Multiple Aspects of Individual Social Capital among the Older Japanese." *BMC Public Health* 11: e499.

Alpaslan, B. and Yildirim, J. 2020. "The Missing Link: Are Individuals with More Social Capital in Better Health? Evidence from India. " *Social Indicators Research* 150: 811 - 834.

Alvarez, E. C. , Kawachi, I. , and Romani, J. R. 2017. "Family Social Capital and Health: A Systematic Review and Redirection. " *Sociology of Health & Illness* 39 (1): 5 - 29.

Anda, R. F. , Felitti, V. J. , Bremner, D. J. et al. 2006. "The Enduring Effects of Abuse and Related Adverse Experiences in Childhood: A Convergence of Evidence from Neurobiology and Epidemiology. " *European Archives of Psychiatry and Clinical Neuroscience* 256: 174 - 186.

Angrist, J. D. and Krueger, A. B. 2001. "Instrumental Variables and the Search for Identification: From Supply and Demand to Natural Experiments. " *Journal of Economic Perspectives* 15 (4): 69 - 85.

Ang, S. 2018. "Social Participation and Health over the Adult Life Course: Does the Association Strengthen with Age?" *Social Science & Medicine* 206: 51 - 59.

Arezzo, M. F. and Giudici, C. 2017a. "Social Capital and Self-Perceived Health among European Older Adults. " *Social Indicators Research* 130 (2): 665 - 685.

Arezzo, M. F. and Giudici, C. 2017b. "The Effect of Social Capital on Health among European Older Adults: An Instrumental Variable Approach. " *Social Indicators Research* 134 (1): 153 - 166.

Bargh, J. A. and McKenna, K. Y. A. 2004. "The Internet and Social Life. " *Annual Review of Psychology* 55: 573 - 590.

Beck, A. N. , Finch, B. K. , Lin, S. -F. et al. 2014. "Racial Disparities in Self-Rated Health: Trends, Explanatory Factors, and the Changing Role of Socio-Demographics. " *Social Science & Medicine* 104: 163 - 177.

Bentolila, S. , Michelacci, C. , and Suarez, J. 2010. "Social Contacts and Occupational Choice. " *Economica* 77 (305): 20 - 45.

Berg, G. J. , Pinger, P. R. , and Schoch, J. 2016. "Instrumental Variable

Estimation of the Causal Effect of Hunger Early in Life on Health Later in Life. " *Economic Journal* 126 (591): 465 – 506.

Berkman, L. F. and Krishna, A. 2014. "Social Network Epidemiology. " In *Social Epidemiology*, edited by Berkman, L. F. et al. New York: Oxford University Press.

Berkman, L. F. and Syme, L. S. 1979. "Social Network, Host Resistance, and Mortality: A Nine – year Follow-up Study of Alameda County Residents. " *American Journal of Epidemiology* 109 (2): 186 – 204.

Bian, Y. 2018. "The Prevalence and the Increasing Significance of Guanxi. " *China Quarterly* 235: 597 – 621.

Boen, F. , Pelssers, J. , Scheerder, J. et al. 2020. "Does Social Capital Benefit Older Adults' Health and Well-being? The Mediating Role of Physical Activity. " *Journal of Aging and Health* 32 (7 – 8): 688 – 697.

Borgonovi, F. and Andrieu, E. 2020. "Bowling Together by Bowling Alone: Social Capital and Covid-19. " *Social Science & Medicine* 256: e113501.

Bourdieu, P. 1986. "The Forms of Capital. " *Handbook of Theory and Research for the Sociology of Education*, edited by John G. Richardson. New York: Greenwood Press.

Brady, K. T. and Back, S. E. 2012. "Childhood Trauma, Posttraumatic Stress Disorder, and Alcohol Dependence. " *Alcohol Research Current Reviews* 34 (4): 408 – 413.

Braveman, P. , Egerter, S. , and Williams, D. R. 2011. "The Social Determinants of Health: Coming of Age. " *Annual Review of Public Health* 32: 381 – 398.

Burks, S. V. , Carpenter, J. P. , and Verhoogen, E. 2003. "Playing Both Roles in the Trust Game. " *Journal of Economic Behavior & Organization* 51 (2): 195 – 216.

Burt, R. 1992. *Structural Holes: The Social Structure of Competition.* Boston: Harvard University Press.

Cain, C. L. , Wallace, S. P. , and Ponce, N. A. 2018. "Helpfulness, Trust,

主
体
、
情
境
与
时
间：

社会资本对中国居民健康的影响

and Safety of Neighborhoods: Social Capital, Household Income, and Self-reported Health of Older Adults." *The Gerontologist* 58 (1): 4 – 14.

Cai, Y. 2017. "Bonding, Bridging, and Linking: Photovoice for Resilience Through Social Capital." *Natural Hazards* 88 (2): 1169 – 1195.

Campos-Matos, I., S. V. Subramanian, and Kawachi, I. 2016. "The 'Dark Side' of Social Capital: Trust and Self-Rated Health in European Countries." *European Journal of Public Health* 26 (1): 90 – 95.

Carlson, D. L. and Kail, B. L. 2018. "Socioeconomic Variation in the Association of Marriage with Depressive Symptoms." *Social Science Research* 71: 85 – 97.

Carlson, P. 2016. "Trust and Health in Eastern Europe: Conceptions of a New Society." *International Journal of Social Welfare* 25: 69 – 77.

Cavallo, D. N., Tate, D. F., Ries, Amy V. et al. 2012. "A Social Media-Based Physical Activity Intervention: A Randomized Controlled Trial." *American Journal of Preventive Medicine* 43 (5): 527 – 532.

Charlson, F. J., Baxter, A. J., Cheng, H. G. et al. 2016. "The Burden of Mental, Neurological, and Substance Use Disorders in China and India: A Systematic Analysis of Community Representative Epidemiological Studies." *The Lancet* 388 (10042): 376 – 389.

Chemaitelly, H., Kanaan, C., Beydoun, H. et al. 2013. "The Role of Gender in the Association of Social Capital, Social Support, and Economic Security with Self-Rated Health among Older Adults in Deprived Communities in Beirut." *Quality of Life Research* 22 (6): 1371 – 1379.

Chen, F., Yang, Y. C., and Liu, G. 2010. "Social Change and Socioeconomic Disparities in Health over the Life Course in China: A Cohort Analysis." *American Sociological Review* 75 (1): 126 – 150.

Chen, H. and Meng, T. 2015. "Bonding, Bridging, and Linking Social Capital and Self-Rated Health among Chinese Adults: Use of the Anchoring Vignettes Technique." *PLoS One* 10 (11): e0142300.

Chen, J. H., Lauderdale, D. S., and Waite, L. J. 2016. "Social Participation and Older Adults' Sleep. " *Social Science & Medicine* 149: 164 – 173.

Chen, X. , Stanton, B. , Gong, J. et al. 2009. "Personal Social Capital Scale: An Instrument for Health and Behavioral Research. " *Health Education Research* 24 (2): 306 – 317.

Cheng, S. -T. and Chan, A. C. 2005. "The Center for Epidemiologic Studies Depression Scale in Older Chinese: Thresholds for Long and Short Forms. " *International Journal of Geriatric Psychiatry* 20: 465 – 470.

Child, S. , Stewart, S. , and Moore, S. 2017. "Perceived Control Moderates the Relationship Between Social Capital and Binge Drinking: Longitudinal Findings from the Montreal Neighborhood Networks and Health Aging (Monnet-Ha) Panel. " *Annals of Epidemiology* 27 (2): 128 – 134.

Choi, N. G. , DiNitto, D. M. , Nathan, M. C. , and Choi, B. Y. 2017. "Association of Adverse Childhood Experiences with Lifetime Mental and Substance Use Disorders among Men and Women Aged 50 + Years. " *International Psychogeriatrics* 29 (3): 359 – 372.

Christakis, N. A. and Fowler, J. H. 2008. "The Collective Dynamics of Smoking in a Large Social Network. " *New England Journal of Medicine* 358 (21): 2249 – 2258.

Cobb, N. K. and Poirier, J. 2014. "Effectiveness of a Multimodal Online Well-Being Intervention: A Randomized Controlled Trial. " *American Journal of Preventive Medicine* 46 (1): 41 – 48.

Cohen-Cline, H. , Beresford, S. A. , Barrington, W. et al. . 2018. "Associations Between Social Capital and Depression: A Study of Adult Twins. " *Health & Place* 50: 162 – 167.

Coleman, J. S. 1990. *Foundations of Social Theory*. Boston: Belknap Press of Harvard University Press.

Coleman, J. S. 1988. "Social Capital in the Creation of Human Capital. " *American Journal of Sociology* 94: 95 – 120.

Colman, I. and Ataullahjan, A. 2010. "Life Course Perspectives on the Epidemiology of Depression. " *Canadian Journal of Psychiatry* 55 (10): 622 – 632.

Conti, G. , Hansman, C. , Heckman, J. J. et al. 2012. "Primate Evidence on the Late Health Effects of Early-Life Adversity. " *Proceedings of the National Academy of Sciences of the United States of America* 109 (23): 8866 – 8871.

Cooley, C. H. 2010. *Social Organization.* Nabu Press.

Coyne, P. , Santarossa, S. , Polumbo, N. et al. 2018. "The Associations of Social Networking Site Use and Self-Reported General Health, Mental Health, and Well-Being Among Canadians. " *Digital Health* 4: 1 – 13.

Croezen, S. , Avendano, M. , Burdorf, A. et al. 2015. "Social Participation and Depression in Old Age: A Fixed-Effects Analysis in 10 European Countries. " *American Journal of Epidemiology* 182 (2): 168 – 176.

Crosnoe, R. and Elder, G. H. 2004. "From Childhood to the Later Years: Pathways of Human Development. " *Research on Aging* 26 (6): 623 – 654.

Dang, V. T. 2021. "Social Networking Site Involvement and Social Life Satisfaction: The Moderating Role of Information Sharing. " *Internet Research* 31 (1): 80 – 89.

Delhey, J. , Newton, K. , and Welzel, C. 2011. "How Generalis Trust in 'Most People'? Solving the Radius of Trust Problem. " *American Sociological Review* 76 (5): 786 – 807.

D'Hombres, B. , Rocco, L. , Suhrcke, M. et al. 2010. "Does Social Capital Determine Health? Evidence from Eight Transition Countries. " *Health Economics* 19: 56 – 74.

D'Hombres, B. , Rocco, L. , Suhrcke, M. et al. 2011. "The Influence of Social Capital on Health in Eight Former Soviet Countries: Why Does It Differ?" *Journal of Epidemiology & Community Health* 65 (1): 44 – 50.

Diamond, J. 2005. *Guns, Germs, and Steel: The Fates of Human Societies.* London: W. W. Norton & Company.

Elder, G. H. 1974. *Children of the Great Depression: Social Change in Life Experience.* Chicago: University of Chicago Press.

Elder, G. H. 1998. "The Life Course as Developmental Theory. " *Child Development* 69 (1): 1 – 12.

Ellison, N. B. , Steinfield, C. , and Lampe, C. 2007. "The Benefits of Face-book 'Friends': Social Capital and College Students' Use of Online Social Network Sites. " *Journal of Computer-Mediated Communication* 12 (4): 1143 - 1168.

Engbers, T. A. , Thompson, M. F. , and Slaper, T. F. 2017. "Theory and Measurement in Social Capital Research. " *Social Indicators Research* 132 (2): 537 - 558.

Engel, G. L. 1977. "The Need for a New Medical Model: A Challenge for Bio-medicine. " *Science* 196 (4286): 129 - 136.

Engström, K. , Mattsson, F. , Järleborg, A. , and Hallqvist, J. 2008. "Con-textual Social Capital as a Risk Factor for Poor Self - Rated Health: A Multi-level Analysis. " *Social Science & Medicine* 66 (11): 2268 - 2280.

Erikson, E. H. 1995. *Childhood and Society.* London: W. W. Norton & Company.

Falk, I. and Kilpatrick, S. 2000. "What Is Social Capital? A Study of Interac-tion in a Rural Community. " *Sociologia Ruralis* 40 (1): 87 - 110.

Feng, Z. , Vlachantoni, A. , Liu, X. et al. 2016. "Social Trust, Interper-sonal Trust and Self-Rated Health in China: A Multilevel Study. " *Interna-tional Journal for Equality in Health* 15: e180.

Ferlander, S. 2007. "The Importance of Different Forms of Social Capital for Health. " *Acta Sociologica* 50 (2): 115 - 128.

Ferraro, K. F. , Schafer, M. H. , and Wilkinson, L. R. 2016. "Childhood Disadvantage and Health Problems in Middle and Later Life: Early Imprints on Physical Health?" *American Sociological Review* 81 (1): 107 - 133.

Fiorillo, D. and Sabatini, F. 2015. "Structural Social Capital and Health in Ita-ly. " *Economics & Human Biology* 17: 129 - 142.

Fiorillo, D. , Lavadera, G. L. , and Nappo, N. 2020. "Individual Heteroge-neity in the Association Between Social Participation and Self-Rated Health: A Panel Study on BHPS. " *Social Indicators Research* 151: 645 - 667.

Fiorillo, D. , Lavadera, G. L. , and Nappo, N. 2019. "Structural Social Capita land Mental Health: A Panel Study. " *Applied Economics* 52 (19): 2079 -

主体、情境与时间: 社会资本对中国居民健康的影响

2095.

Fletcher, J. M. and Ross, S. L. 2018. "Estimating the Effects of Friends on Health Behaviors of Adolescents." *Health Economics* 27: 1450 – 1483.

Folland, S. 2007. "Does 'Community Social Capital' Contribute to Population Health?" *Social Science & Medicine* 64 (11): 2342 – 2354.

Fouweather, T. , Gillies, C. , Wohland, P. et al. 2015. "Comparison of Socio-economic Indicators Explaining Inequalities in Healthy Life Years at Age 50 in Europe: 2005 and 2010. " *European Journal of Public Health* 25 (6): 978 – 983.

Fritsch, T. , Smyth, K. A. , McClendon, M. J. et al. 2005. "Associations Between Dementia/Mild Cognitive Impairment and Cognitive Performance and Activity Levels in Youth. " *Journal of the American Geriatrics Society* 53 (7): 1191 – 1196.

Fujiwara, T. and Kawachi, I. 2008. "Social Capital and Health: A Study of Adult Twins in the U. S. " *American Journal of Preventive Medicine* 35 (2): 139 – 144.

Fukuyama, F. 1995. *Trust: The Social Virtues and the Creation of Prosperity*. New York: Free Press.

George, L. K. 2014. "Taking Time Seriously: A Call to Action in Mental Health Research. " *Journal of Health and Social Behavior* 55 (3): 251 – 264.

Gero, K. , Hikichi, H. , Aida, J. et al. 2020. "Association Between Community Social Capital and Preservation of Functional Capacity in the Aftermath of a Major Disaster. " *American Journal of Epidemiology* 189 (11): 1369 – 1378.

Gilson, L. 2003. "Trust and the Development of Health Care as a Social Institution. " *Social Science & Medicine* 56: 1453 – 1468.

Giordano, G. N. , Björk, J. , and Lindström, M. 2012. "Social Capital and Self-rated Health: A Study of Temporal (Causal) Relationships. " *Social Science & Medicine* 75: 340 – 348.

Giuliano, P. and Spilimbergo, A. 2014. "Growing Up in a Recession. " *Review of Economic Studies* 81 （2）: 787 – 817.

Glaeser, E. L. , Laibson, D. I. , Scheinkman, J. A. et al. 2000. "Measuring Trust. " *The Quarterly Journal of Economics* 115 （3）: 811 – 846.

Glanville, J. L. and Paxton, P. 2007. "How Do We Learn to Trust? A Confirmatory Tetrad Analysis of the Sources of Generalized Trust. " *Social Psychology Quarterly* 70 （3）: 230 – 242.

Glanville, J. L. and Story, W. T. 2018. "Social Capital and Self-rated Health: Clarifying the Role of Trust. " *Social Science Research* 71: 98 – 108.

Glenn, N. D. 2005. *Cohort Analysis.* California: Sage Publications.

Goryakin, Y. , Suhrcke, M. , Rocco, L. et al. 2014. "Social Capital and Self-Reported General and Mental Health in Nine Former Soviet Union Countries. " *Health Economics Policy Law* 9 （1）: 1 – 24.

Graham-Bermann, S. A. , Coupet, S. , Egler, L. et al. 1996. "Interpersonal Relationships and Adjustment of Children in Homeless and Economically Distressed Families. " *Journal of Clinical Child & Adolescent Psychology* 25 （3）: 250 – 261.

Grenyer, B. F. , Ng, F. Y. , Townsend, M. L. , and Rao, S. 2017. "Personality Disorder: A Mental Health Priority Area. " *Australian & New Zealand Journal of Psychiatry* 51 （9）: 872 – 875.

Habibov, N. and Cheung, A. 2018. "The Contextual-Level Effects of Social Trust on Health in Transitional Countries: Instrumental Variable Analysis of 26 Countries. " *International Journal of Health Planning & Management* 33 （1）: 225 – 234.

Habibov, N. and Weaver, R. 2014. "Endogenous Social Capital and Self-rated Health: Results from Canada's General Social Survey. " *Health Sociology Review* 23 （3）: 219 – 231.

Hage, E. , Wortmann, H. , Offenbeek, M. V. et al. 2016. "The Dual Impact of Online Communication on Older Adults' Social Connectivity. " *Information Technology & People* 29 （1）: 31 – 50.

Hamamura, T. , Li, L. M. W. , and Chan, D. 2017. "The Association Between Generalized Trust and Physical and Psychological Health Across Societies. " *Social Indicators Research* 134 (1): 277 - 286.

Hammer, M. 1981. "Social Supports, Social Networks, and Schizophrenia. " *Schizophrenia Bulletin* 7 (1): 45 - 57.

Han, Y. and Chung, R. 2021. "Are Both Individual-Level and County-Level Social Capital Associated with Individual Health? A Serial Cross-Sectional Analysis in China, 2010 - 2015. " *BMJ Open* 11 (8): e044616.

Haseda, M. , Kondo, N. , Takagi, D. et al. 2018. "Community Social Capital and Inequality in Depressive Symptoms among Older Japanese Adults: A Multilevel Study. " *Health & Place* 52: 8 - 17.

Heckman, J. 1979. "Sample Selection Bias as a Specification Error. " *Econometrics* 47: 153 - 161.

Henderson, S. 1981. "Social Relationships Adversity and Neurosis: An Analysis of Prospective Observations. " *The British Journal of Psychiatry* 138 (5): 391 - 398.

Hikichi, H. , Aida, J. , Matsuyama, Y. et al. 2020. "Community-Level Social Capital and Cognitive Decline after a Natural Disaster: A Natural Experiment from the 2011 Great East Japan Earthquake and Tsunami. " *Social Science & Medicine* 257: e111981.

Ho, C. Y. 2016. "Better Health with More Friends: The Role of Social Capital in Producing Health. " *Health Economics* 25 (1): 91 - 100.

Hong, G. 2015. *Causality in a Social World: Moderation, Meditation and Spillover.* Chichester: John Wiley & Sons, Ltd.

Hong, G. 2010. "Marginal Mean Weighting Through Stratification: Adjustment for Selection Bias in Multilevel Data. " *Journal of Educational and Behavioral Statistics* 35 (5): 499 - 531.

House, J. S. , Landis, K. R. , and Umberson, D. 1988. "Social Relationships and Health. " *Science* 241 (4865): 540 - 545.

Howley, P. 2015. "Addressing Endogeneity in Estimating the Effect of Social Capital on Psychological Health. " *Applied Economics Letters* 22 (1): 76 - 79.

Hu, A. 2015. "A Loosening Tray of Sand? Age, Period and Cohort Effects on Generalized Trust in Reform-Era China, 1990 – 2007. " *Social Science Research* 51: 233 –246.

Hu, A. 2017. "Radius of Trust: Gradient-based Conceptualization and Measurement. " *Social Science Research* 68: 147 – 162.

Hu, A. 2020. "Specific Trust Matters: The Association Between the Trustworthiness of Specific Partners and Subjective Wellbeing. " *Sociological Quarterly* 61 (3): 500 – 522.

Huntington, S. P. 1996. *The Clash of Civilizations and the Remaking of World Order.* New York: Simon & Schuster.

Ichida, Y. , Hirai, H. , Kondo, K. et al. 2013. "Does Social Participation Improve Self-rated Health in the Older Population? A Quasi-experimental Intervention Study. " *Social Science & Medicine* 94: 83 – 90.

Idler, E. L. and Benyamini, Y. 1997. "Self-rated Health and Mortality: A Review of Twenty-seven Community Studies. " *Journal of Health and Social Behavior* 38 (1): 21 – 37.

Jiang, J. and Kang, R. 2019. "Temporal Heterogeneity of the Association Between Social Capital and Health: An Age-period-cohort Analysis in China. " *Public Health* 172: 61 – 69.

Jiang, J. and Wang, P. 2020a. "Is linking Social Capital More Beneficial to the Health Promotion of the Poor? Evidence from China. " *Social Indicators Research* 147 (1): 45 – 71.

Jiang, J. and Wang, P. 2020b. "Does Early Peer Relationship Last Long? The Enduring Influence of Childhood Peer Relationship on Depression in Middle and Later Life. " *Journal of Affective Disorders* 273: 86 – 94.

Jiang, J. and Wang, P. 2018. "Health Status in a Transitional Society: Urban-rural Disparities from a Dynamic Perspective in China. " *Population Health Metrics* 16: e22.

Jiang, J. and Wang, P. 2022. "Which Generation Is More Likely to Participate in Society? A Longitudinal Analysis. " *Social Indicators Research* 162 (1):

209 – 229.

Jiang, J. and Zhang, X. 2020. "Social Transition and Health Inequality in China: An Age-period-cohort Analysis." *Public Health* 180: 185 – 195.

Jiang, J. 2020. "Anxiety from the Perspective of Modernity: An Empirical Study Based on the Chinese General Social Survey of 2005 – 2013." *Journal of Health Psychology* 25 (8): 1138 – 1152.

Jiang, J., Li, Q., Kang, R. et al. 2020. "Social Trust and Health: A Perspective of Urban-rural Comparison in China." *Applied Research in Quality of Life* 15 (3): 737 – 756.

Ji, Y., Yun, Q., Jiang, X. et al. 2020. "Family SES, Family Social Capital, and General Health in Chinese Adults: Exploring Their Relationships and the Gender-based Differences." *BMC Public Health* 20: e1401.

Johnson, N. D. and Mislin, A. 2012. "How Much Should We Trust the World Values Survey Trust Question?" *Economic Letters* 116 (2): 210 – 212.

Kawachi, I. and Berkman, L. F. 2014. "Social Capital, Social Cohesion, and Health." In *Social Epidemiology*, edited by Lisa F. Berkman et al., pp. 174 – 190. New York: Oxford University Press.

Kawachi, I. 2006. "Commentary: Social Capital and Health: Making the Connections One Step at the Time." *International Journal of Epidemiology* 35 (4): 989 – 993.

Kawachi, I., Kennedy, B. P., and Glass, R. 1999. "Social Capital and Self-rated Health: A Contextual Analysis." *American Journal of Public Health* 89 (8): 1187 – 1193.

Kawachi, I., Kennedy, B. P., Lochner, K. et al. 1997. "Social Capital, Income Inequality, and Mortality." *American Journal of Public Health* 87 (9): 1491 – 1498.

Kawachi, I., Subramanian, S. V., and Kim, D. 2008. *Social Capital and Health*. New York: Springer.

Kawachi, I., Takao, S., and Subramanian., S. V. 2013. *Global Perspectives on Social Capital and Health*. New York: Springer.

Kessler, R. C. , Andrews, G. , Mroczek, D. , Ustun, B. , and Wittchen, H-U. 1998. "The World Health Organization Composite International Diagnostic Interview Short-Form (CIDI-SF) . " *International Journal of Methods in Psychiatric Research* 7 (4) : 171 – 185.

Ke, Y. , Jiang, J. , and Chen, Y. 2019. "Social Capital and the Health of Left-behind Older Adults in Rural China: A Cross-Sectional Study. " *BMJ Open* 9 (11) : e030804.

Kim, D. , Baum, C. F. , Ganz, M. L. et al. 2011. "The Contextual Effects of Social Capital on Health: A Cross-national Instrumental Variable Analysis. " *Social Science & Medicine* 73: 1689 – 1697.

Kim, D. , Subramanian, S. V. , and Kawachi, I. 2006. " Bonding Versus Bridging Social Capital and Their Associations with Self-rated Health: A Multilevel Analysis of 40 US Communities. " *Journal of Epidemiology & Community Health* 60 (2) : 116 – 122.

Kontos, E. Z. , Emmons, K. M. , Puleo, E. et al. 2010. " Communication Inequalities and Public Health Implications of Adult Social Networking Site Use in the United States. " *Journal of Health Communication* 15 (S3) : 216 – 235.

Krug, G. and Prechsl, S. 2020. "The Role of Social Integration in the Adverse Effect of Unemployment on Mental Health- Testing the Causal Pathway and Buffering Hypotheses Using Panel Data. " *Social Science Research* 86: e102379.

Kuo, W. H. and Tsai, Y. M. 1986. " Social Networking, Hardiness and Immigrant's Mental Health. " *Journal of Health and Social Behavior* 27 (2) : 133 – 149.

Ladin, K. 2008. "Risk of Late-life Depression Across 10 European Union Countries: Deconstructing the Education Effect. " *Journal of Aging and Health* 20 (6) : 653 – 670.

Laranjo, L. , Arguel, A. , Neves, A. L. et al. 2015. "The Influence of Social Networking Sites on Health Behavior Change: A Systematic Review and Meta-analysis. " *Journal of the American Medical Informatics Association* 22 (1) : 243 – 256.

主
体
情
境
与
时
间：

社
会
资
本
对
中
国
居
民
健
康
的
影
响

Lee, S. 2018. "Social Capital and Health at the Country Level." *The Social Science Journal* 55 (1): 37 – 51.

Lei, X., Sun, X., Strauss, J. et al. 2014. "Depressive Symptoms and SES among the Mid-aged and Elderly in China: Evidence from the China Health and Retirement Longitudinal Study National Baseline." *Social Science & Medicine* 120: 224 – 232.

Liang, B. and Scammon, D. L. 2011. "E-Word-of-Mouth on Health Social Networking Sites: An Opportunity for Tailored Health Communication." *Journal of Consumer Behaviour* 10 (6): 322 – 331.

Li, C-H. 2020. "School Performance of Children of Cross-border Marriages: Effects of Within-family Social Capital and Community Contextual Factors." *Sociological Research Online* 25 (4): 661 – 681.

Li, C., Miles, T., Shen, L. et al. 2018. "Early-life Exposure to Severe Famine and Subsequent Risk of Depressive Symptoms in Late Adulthood: The China Health and Retirement Longitudinal Study." *British Journal of Psychiatry* 213 (4): 579 – 586.

Lin, H. C., Chen, Y. J., Chen, C. C. et al. 2018. "Expectations of Social Networking Site Users Who Share and Acquire Health-related Information." *Computers and Electrical Engineering* 69: 808 – 814.

Lin, N. 1999. "Building a Network Theory of Social Capital." *Connections* 22 (1): 28 – 51.

Lin, N. 2001. *Social Capital: A Theory of Social Structure and Action.* New York: Cambridge University Press.

Litwin, H. and Stoeckel, K. J. 2014. "Confidant Network Types and Well-being among Older Europeans." *The Gerontologist* 54 (5): 762 – 772.

Liu, G. G., Xue. X., Yu, C. et al. 2016. "How Does Social Capital Matter to the Health Status of Older Adults? Evidence from the China Health and Retirement Longitudinal Survey." *Economics and Human Biology* 22: 177 – 189.

Liu, J., Rozelle, S., Xu, Q. et al. 2019. "Social Engagement and Elderly Health in China: Evidence from the China Health and Retirement Longitudinal Survey （CHARLS）." *International Journal of Environmental Research & Public Health* 16: e278.

Ljunge, M. 2014. "Social Capital and Health: Evidence that Ancestral Trust Promotes Health among Children of Immigrants." *Economics & Human Biology* 15: 165 – 186.

Loss, J., Lindacher, V., and Curbach, J. 2014. "Do Social Networking Sites Enhance the Attractiveness of Risky Health Behavior? Impression Management in Adolescents' Communication on Facebook and Its Ethical Implications." *Public Health Ethics* 7 （1）: 5 – 16.

Lundberg, O. and Manderbacka, K. 1996. "Assessing Reliability of a Measure of Self-rated Health." *Scandinavian Journal of Social Medicine* 24 （3）: 218 – 224.

Marmot, M. 2005. "Social Determinants of Health Inequalities." *The Lancet* 365 （9464）: 1099 – 1104.

Marmot, M. 2002. "The Influence of Income on Health: Views of an Epidemiologist." *Health Affairs* 21 （2）: 31 – 46.

Mead, G. H. 2015. *Mind, Self, and Society.* Chicago: University of Chicago Press.

Meijer, M. and Syssner, J. 2017. "Getting Ahead in Depopulating Areas - How Linking Social Capital Is Used for Informal Planning Practices in Sweden and The Netherlands." *Journal of Rural Studies* 55: 59 – 70.

Meng, T. and Chen, H. 2014. "A Multilevel Analysis of Social Capital and Self-rated Health: Evidence from China." *Health & Place* 27: 38 – 44.

Miller, G. E., Chen, E., and Parker, K. J. 2011. "Psychological Stress in Childhood and Susceptibility to the Chronic Diseases of Aging: Moving Towards a Model of Behavioral and Biological Mechanisms." *Psychological Bulletin* 137 （6）: 959 – 997.

Mitchell, C. U. and LaGory, M. 2002. "Social Capital and Mental Distress in an Impoverished Community." *City & Community* 1 （2）: 199 – 222.

Moore, S. and Kawachi, I. 2017. "Twenty Years of Social Capital and Health

Research: A Glossary. " *Journal of Epidemiology & Community Health* 71 (5): 513 – 517.

Moore, S. , Shiell, A. , Hawe, P. et al. 2005. "The Privileging of Communitarian Ideas: Citation Practices and Translation of Social Capital into Public Health Research. " *American Journal of Public Health* 95 (8): 1330 – 1337.

Mora, T. and Gil, J. 2013. "Peer Effects in Adolescent BMI: Evidence from Spain. " *Health Economics* 22: 501 – 516.

Morton, P. M. , Mustillo, S. A. , and Ferraro, K. F. 2014. "Does Childhood Misfortune Raise the Risk of Acute Myocardial Infarction in Adulthood?" *Social Science & Medicine* 104: 133 – 141.

Mouw, T. 2003. "Social Capital and Finding a Job: Do Contacts Matter?" *American Sociological Review* 68 (6): 868 – 898.

Mrig, E. H. 2020. "Integrating Fundamental Cause Theory and Bourdieu to Explain Pathways Between Socioeconomic Status and Health: The Case of Health Insurance Denials for Genetic Testing. " *Sociology of Health & Illness* 43 (1): 133 – 148.

Murayama, H. , Fujiwara, Y. , and Kawachi, I. 2012a. "Social Capital and Health: A Review of Prospective Multilevel Studies. " *Journal of Epidemiology* 22 (3): 179 – 187.

Murayama, H. , Wakui, T. , Arami, R. et al. 2012b. "Contextual Effect of Different Components of Social Capital on Health in a Suburban City of the Greater Tokyo Area: A Multilevel Analysis. " *Social Science & Medicine* 75: 2472 – 2480.

Nabi, R. L. , Prestin, A. , and So, J. 2013. " Facebook Friends with (Health) Benefits? Exploring Social Network Site Use and Perceptions of Social Support, Stress, and Well-being. " *Cyberpsychology Behavior and Social Networking* 16 (10): 721 – 727.

Newman, D. 2017. *Sociology: Exploring the Architecture of Everyday Life.* Sage Publications, Inc.

Nguyen, M. H. , Hunsaker, A. , and Hargittai, E. 2020. " Older Adults' Online Social Engagement and Social Capital: The Moderating Role of Internet Skills. " *Information*, *Communication & Society*: 1 – 17.

Norstrand, J. A. and Xu, Q. 2012. "Social Capital and Health Outcomes among Older Adults in China: The Urban-rural Dimension. " *The Gerontologist* 52 (3): 325 – 334.

Nurius, P. S. , Fleming, C M. , and Brindle, E. 2019. "Life Course Pathways from Adverse Childhood Experiences to Adult Physical Health: A Structural Equation Model. " *Journal of Aging and Health* 31 (2): 211 – 230.

Nyqvist, F. , Pape, B. , Pellfolk, T. et al. 2014. " Structural and Cognitive Aspects of Social Capital and All-cause Mortality: A Meta-analysis of Cohort Studies. " *Social Indicators Research* 116 (2): 545 – 566.

O'Brien, R. M. 2015. *Age-Period-Cohort Models: Approaches and Analyses with Aggregate Data*. Boca Raton: CRC Press.

Oh, H. J. , Lauckner, C. , Boehmer, J. et al. 2013. " Facebooking for Health: An Examination into the Solicitation and Effects of Health-related Social Support on Social Networking Sites. " *Computers in Human Behavior* 29 (5): 2072 – 2080.

O'Rourke, N. , Carmel, S. , and Bachner, Y G. 2018. " Does Early Life Trauma Affect How Depression Is Experienced by Holocaust Survivors in Late Life?" *Aging & Mental Health* 22 (5): 662 – 668.

Oshio, T. 2016. "The Association Between Individual-level Social Capital and Health: Cross-sectional, Prospective Cohort and Fixed-effects Models. " *Journal of Epidemiology and Community Health* 70 (1): 25 – 30.

Parker, P. D. , Lüdtke, O. , Trautwein, U. , and Roberts, B. W. 2012. "Personality and Relationship Quality During the Transition from High School to Early Adulthood. " *Journal of Personality* 80 (4): 1061 – 1089.

Pechmann, C. , Pan, L. , Delucchi, K. et al. 2015. "Development of a Twitter-based Intervention for Smoking Cessation that Encourages High-quality Social Media Interactions via Automessages. " *Journal of Medical Internet*

Research 17 （2）: e50.

Pontes, H. M. 2017. "Investigating the Differential Effects of Social Networking Site Addiction and Internet Gaming Disorder on Psychological Health." *Journal of Behavioral Addictions* 6 （4）: 601 – 610.

Poortinga, W. 2006a. "Social Relations or Social Capital? Individual and Community Health Effects of Bonding Social Capital." *Social Science & Medicine* 63 （1）: 255 – 270.

Poortinga, W. 2006b. "Social Capital: An Individual or Collective Resource for Health?" *Social Science & Medicine* 62 （2）: 292 – 302.

Poortinga, W. 2012. "Community Resilience and Health: The Role of Bonding, Bridging, and Linking Aspects of Social Capital." *Health & Place* 18: 286 – 295.

Portes, A. 1998. "Social Capital: Its Origins and Applications in Modern Sociology." *Annual Review of Sociology* 24: 1 – 24.

Putnam, R. D. 1993. *Making Democracy Work: Civic Traditions in Modern Italy*. Princeton: Princeton University Press.

Putnam, R. D. 1995a. "Bowling Alone: America's Declining Social Capital." *Journal of Democracy* 6: 65 – 78.

Putnam, R. D. 1995b. "Tuning in, Tuning out: The Strange Disappearance of Social Capital in America." *Political Science and Politics* 28 （4）: 664 – 683.

Putnam, R. D. 1996. *Bowling Alone: Democracy in America at the End of the Twentieth Century*. New York: Cambridge University Press.

Putnam, R. D. 2000. *Bowling Alone: The Collapse and Revival of American Community*. New York: Simon and Schuster.

Putnam, R. D. 2001. "Social Capital: Measurement and Consequences." *Canadian Journal of Policy Research* 1: 41 – 51.

Putnam, R. D. 2002. *Democracies in Flux: The Evolution of Social Capital in Contemporary Society*. New York: Oxford University Press.

Putnam, R. D. 2015. *Our Kids: The American Dream in Crisis*. New York: Simon & Schuster.

Riumallo-Herl, C. J. , Kawachi, I. , and Avendano, M. 2014. "Social Capital, Mental Health and Biomarkers in Chile: Assessing the Effects of Social Capital in a Middle-income Country. " *Social Science & Medicine* 105: 47 – 58.

Robins, J. , Hernan, M. , and Siebert, U. 2003. "Effects of Multiple Interventions. " *Population Health Metrics* 2: 2191 – 2230.

Rocco, L. , Fumagalli, E. , and Suhrcke, M. 2014. "From Social Capital to Health-and Back. " *Health Economics* 23 (5): 586 – 605.

Rocco, L. 2014. "Trust Me, You Will Be in Better Health. " *Health Policy* 116 (1): 123 – 132.

Ronconi, L. , Brown, T. T. , and Scheffler, R. M. 2012. "Social Capital and Self-rated Health in Argentina. " *Health Economics* 21: 201 – 208.

Rosenbaum, P. R. and Rubin, D. B. 1983. "The Central Role of the Propensity Score in Observational Studies for Causal Effects. " *Biometrika* 70 (1): 41 – 55.

Ross, C. E. and Mirowsky, J. 1989. "Explaining the Social Patterns of Depression: Control and Problem Solving—Or Support and Talking?" *Journal of Health & Social Behavior* 30 (2): 206 – 219.

Ross, C. E. and Mirowsky, J. 2006. "Sex Differences in the Effect of Education on Depression: Resource Multiplication or Resource Substitution?" *Social Science & Medicine* 63 (5): 1400 – 1413.

Rubin, O. 2016. "The Political Dimension of 'Linking Social Capital': Current Analytical Practices and the Case for Recalibration. " *Theory & Society* 45 (5): 429 – 449.

Salomon, J. A. , Tandon, A. , and Murray, C. J. L. 2004. "Comparability of Self-rated Health: Cross Sectional Multi-country Survey Using Anchoring Vignettes. " *British Medical Journal* 328 (7434): 258 – 261.

Sato, K. , Amemiya, A. , Haseda, M. et al. 2020. "Postdisaster Changes in Social Capital and Mental Health: A Natural Experiment from the 2016 Kumamoto Earthquake. " *American Journal of Epidemiology* 189 (9): 910 – 921.

主体、情境与时间: 社会资本对中国居民健康的影响

Sato, Y., Aida, J., Tsuboya T. et al. 2018. "Generalized and Particularized Trust for Health Between Urban and Rural Residents in Japan: A Cohort Study from the JAGES Project." *Social Science & Medicine* 202: 43 –53.

Schröders, J., Dewi, F. S. T., Nilsson, M. et al. 2020. "Effects of Social Network Diversity in the Disablement Process: A Comparison of Causal Inference Methods and an Outcome-wide Approach to the Indonesian Family Life Surveys, 2007 –2015." *International Journal for Equity in Health* 19: e128.

Schultz, J., O'Brien, M. A., and Tadesse, B. 2008. "Social Capital and Self-rated Health: Results from the US 2006 Social Capital Survey of One Community." *Social Science & Medicine* 67: 606 –617.

Schultz, J., O'Brien, M. A., and Tadesse, B. 2008. "Social Capital and Self-rated Health: Results from the US 2006 Social Capital Survey of One Community." *Social Science & Medicine* 67: 606 –617.

Schwadel, P. and Stout, M. 2012. "Age, Period and Cohort Effects on Social Capital." *Social Forces* 91 (1): 233 –252.

Shadi, Y., Lotfi, M. H., Nedjat, S. et al. 2018. "Explaining Unequal Levels of Social Capital in Tehran." *Social Indicators Research* 140 (1): 243 –265.

Shaw, B. A., Krause, N., and Chatters, L M. 2004. "Emotional Support from Parents Early in Life, Aging, and Health." *Psychology and Aging* 19 (1): 4 –12.

Sirven, N. and Debrand, T. 2012. "Social Capital and Health of Older Europeans: Causal Pathways and Health Inequalities." *Social Science & Medicine* 75 (7): 1288 –1295.

Snelgrove, J. W., Pikhart, H., and Stafford, M. 2009. "A Multilevel Analysis of Social Capital and Self-rated Health: Euidence from the British Household Panel Survey." *Social Science & Medicine* 68 (11): 1993 –2001.

Song, H., Zmyslinski-Seelig, A., Kim, J. et al. 2014. "Does Facebook Make You Lonely? A Meta Analysis." *Computers in Human Behavior* 36: 446 –452.

Stata. 2017. *Stata Treatment-effects Reference Manual: Potential Outcomes/Counterfactual Outcomes*. Texas: Stata Corp LLC.

Steinhardt, C. H. 2012. "How Is High Trust in China Possible? Comparing the Origins of Generalized Trust in Three Chinese Societies. " *Political Sciences* 60 (2): 434 – 454.

Szreter, S. and Woolcock, M. 2004. "Health by Association? Social Capital, Social Theory, and the Political Economy of Public Health. " *International Journal of Epidemiology* 33 (4): 650 – 667.

Szreter, S. 2002. "The State of Social Capital: Bringing Back in Power, Politics, and History. " *Theory & Society* 31 (5): 573 – 621.

Takagi, D. , Ikeda, K. , Harihara, M. et al. 2011. "Does Crime Control Effect of Social Capital Vary Depending on the Range of 'Neighborhood'? Analyses Using GIS and Physical Distances Between Residents. " *Theory and Applications of GIS* 19: 13 – 24.

Taormina, R. J. 2013. "Measuring Trust in China: Resolving Eastern and Western Differences in Concepts of Trust. " Third Asian Conference of Psychology and the Behavioral Sciences. Osaka, Japan, 2 – 11.

Tegegne, M. A. 2018. "Linguistic Integration and Immigrant Health: The Longitudinal Effects of Interethnic Social Capital. " *Journal of Health and Social Behavior* 59 (2): 215 – 230.

Tian, F. , Meng, S. S. , and Qiu, P. 2019. "Childhood Adversities and Mid-late Depressive Symptoms over the Life Course: Evidence from the China Health and Retirement Longitudinal Study. " *Journal of Affective Disorders* 245: 668 – 678.

Tian, X. 2016. "Network Domains in Social Networking Sites: Expectations, Meanings, and Social Capital. " *Information, Communication & Society* 19 (2): 188 – 202.

Tiwari, S. , Lane, M. , and Alam, K. 2019. "Do Social Networking Sites Build and Maintain Social Capital Online in Rural Communities?" *Journal of Rural Studies* 66: 1 – 10.

Umberson, D. and Montez, J. K. 2010. "Social Relationships and Health: A Flashpoint for Health Policy." *Journal of Health and Social Behavior* 51 (S): S54 – S66.

Umberson, D., Crosnoe, R., and Reczek. C. 2010. "Social Relationships and Health Behavior Across the Life Course." *Annual Review of Sociology* 36: 139 – 157.

Umberson, D., Williams, K., Thomas, P. A. et al. 2014. "Race, Gender, and Chains of Disadvantage: Childhood Adversity, Social Relationships, and Health." *Journal of Health & Social Behavior* 55 (1): 20 – 38.

Van Der Gaag, M. and Snijders, T. A. B. 2005. "The Resource Generator: Social Capital Quantification with Concrete Items." *Social Networks* 27 (1): 1 – 29.

Vannucci, A., Flannery, K. M., and Ohannessian, C M. 2017. "Social Media Use and Anxiety in Emerging Adults." *Journal of Affective Disorders* 207: 163 – 166.

Velden, P. G. V., Setti, I., Meulen, E. V. et al. 2019. "Does Social Networking Sites Use Predict Mental Health and Sleep Problems When Prior Problems and Loneliness Are Taken into Account? A Population-based Prospective Study." *Computers in Human Behavior* 93: 200 – 209.

Verbeek, M. 2012. *A Guide to Modern Econometrics*. Wiley.

Villalonga-Olives, E., Wind, T. R., and Kawachi, I. 2018. "Social Capital Interventions in Public Health: A Systematic Review." *Social Science & Medicine* 212: 203 – 218.

Vincens, N., Emmelin, M., and Stafström, M. 2018. "Social Capital, Income Inequality and the Social Gradient in Self-rated Health in Latin America: A Fixed Effects Analysis." *Social Science & Medicine* 196: 115 – 122.

Viswanath, K. 2008. "Social Capital and Health Communications." In *Social Capital and Health*, edited by Kawachi, I. et al. New York: Springer.

Vos, T., Abajobir, A. A., Abate, K. H. et al. 2017. "Global, Regional, and National Incidence, Prevalence, and Years Lived with Disability for 328 Diseases and Injuries for 195 Countries, 1990 – 2016: A Systematic

Analysis for the Global Burden of Disease Study 2016. " *The Lancet* 390 (10100): 1211 - 1259.

Wang, P., Chen, X., Gong, J. et al. 2014. "Reliability and Validity of the Personal Social Capital Scale 16 and Personal Social Capital Scale 8: Two Short Instruments for Survey Studies. " *Social Indicators Research* 119 (2): 1133 - 1148.

Wang, R., Chen, Z., Zhou, Y. et al. 2019. "Melancholy or Mahjong? Diversity, Frequency, Type, and Rural-urban Divide of Social Participation and Depression in Middle- and Old-aged Chinese: A Fixed-effects Analysis. " *Social Science & Medicine* 238: e112518.

Webster, N. J., Antonucci, T. C., Ajrouch, K. J. et al. 2015. "Social Networks and Health among Older Adults in Lebanon: The Mediating Role of Support and Trust. " *The Journals of Gerontology*, *Series B*: *Psychological Sciences and Social Sciences* 70 (1): 155 - 166.

Wei, X., Zang, Y., Jia, X. et al. 2017. "Age, Period and Cohort Effects and the Predictors of Physical Activity and Sedentary Behavior among Chinese Children, from 2004 to 2011. " *BMC Public Health* 17: e353.

Wielaard, I., Hoyer, M., Rhebergen, D. et al. 2018. "Childhood Abuse and Late-life Depression: Mediating Effects of Psychosocial Factors for Early- and Late-onset Depression. " *International Journal of Geriatric Psychiatry* 33 (3): 537 - 545.

Williams, J. R. 2019. "The Use of Online Social Networking Sites to Nurture and Cultivate Bonding Social Capital: A Systematic Review of the Literature from 1997 to 2018. " *New Media & Society* 21 (11 - 12): 2710 - 2729.

Williams, S. L. and Ronan, K. 2014. "Combinations of Social Participation and Trust, and Association with Health Status: An Australian Perspective. " *Health Promotion International* 29 (4): 608 - 620.

Wilson, B., Drefahl, S., Sasson I. et al. 2020. "Regional Trajectories in Life Expectancy and Lifespan Variation: Persistent Inequality in Two Nordic Welfare States. " *Population Space & Place* 26 (8): e2378.

Woolcock, M. 1998. "Social Capital and Economic Development: Towards a Theoretical Synthesis and Policy Framework." *Theory & Society* 27 (2): 151 – 208.

Woolcock, M. 2010. "The Rise and Routinization of Social Capital, 1988 – 2008." *Annual Review of Political Science* 13: 469 – 487.

Wu, C. 2021. "Social Capital and COVID – 19: A Multidimensional and Multilevel Approach." *Chinese Sociological Review* 53 (1): 27 – 54.

Wutich, A., Brewis, A., and Boone, C. G. 2014. "Stigmatized Neighborhoods, Social Capital, and Health." *Medical Anthropology Quarterly* 28 (4): 556 – 577.

Xue, X. and Cheng, M. 2017. "Social Capital and Health in China: Exploring the Mediating Role of Lifestyle." *BMC Public Health* 17: e863.

Xue, X., Mo, E., and Reed, W. R. 2016. "The Relationship Between Social Capital and Self-reported Health in China." *Economics: The Open-Access, Open-Assessment E-Journal* 10 (13): 1 – 44.

Xue, X., Reed, R. W., and Menclova, A. 2020. "Social Capital and Health: A Meta-analysis." *Journal of Health Economics* 72: 1 – 16.

Xu, J., Zhao, W., and Gong, F. 2020. "Market Transition, Multidimensional Socioeconomic Status, and Health Disparities in Urban China." *Sociological Perspectives*: 1 – 27.

Xu, P. and Jiang, J. 2020. "Individual Capital Structure and Health Behaviors among Chinese Middle-aged and Older Adults: A Cross-sectional Analysis Using Bourdieu's Theory of Capitals." *International Journal of Environmental Research and Public Health* 17: e7369.

Yamaguchi, M., Inoue, Y., Shinozaki, T. et al. 2019. "Community Social Capital and Depressive Symptoms among Older People in Japan: A Multilevel Longitudinal Study." *Journal of Epidemiology* 29 (10): 363 – 369.

Yamamura, E. 2011. "Differences in the Effect of Social Capital on Health Status Between Workers and Non-workers." *International Review of Economics* 58: 385 – 400.

Yang, Q. 2017. "Are Social Networking Sites Making Health Behavior Change Interventions More Effective? A Meta-analysis. " *Journal of Health Communication* 22 (3): 223 – 233.

Yang, Y. and Land, K. C. 2013. *Age-period-cohort Analysis: New Models, Methods, and Empirical Applications.* Boca Raton: CRC Press.

Yap, S. F. , Kim, J. E. , Lee, C. K. et al. 2019. "Social Capital and Health Risk: An Integrative Review. " *Australasian Marketing Journal* 27: 24 – 31.

Yip, W. , S. V. Subramanian, Mitchell, A. D. et al. 2007. "Does Social Capital Enhance Health and Well-being? Evidence from Rural China. " *Social Science & Medicine* 64: 35 – 49.

Younsi, M. and Chakroun, M. 2016. "Does Social Capital Determine Health? Empirical Evidence from MENA Countries. " *Social Science Journal* 53: 371 – 379.

Zhang, Y. and Jiang, J. 2019. "Social Capital and Health in China: Evidence from the Chinese General Social Survey 2010. " *Social Indicators Research* 142 (1): 411 – 430.

Zhang, Z. , Liu, J. , Li, L. , and Xu, H. 2018. "The Long Arm of Childhood in China: Early-life Conditions and Cognitive Function among Middle-aged and Older Adults. " *Journal of Aging and Health* 30 (8): 1319 – 1344.

Zheng, H. , Yang, Y. , and Land, K. C. 2011. "Variance Function Regression in Hierarchical Age-period-cohort Models: Applications to the Study of Self-rated Health. " *American Sociological Review* 76 (6): 955 – 983.

附　录

附表 1　第 5 章中针对总样本的豪斯曼检验

自评健康	固定效应	随机效应	差值	标准误	χ^2
普遍信任	0.039	0.064	-0.026	0.007	138.96***
特殊信任	0.066	0.110	-0.043	0.007	
性别	0.293	0.160	0.133	0.141	
年龄	0.004	-0.025	0.029	0.012	
城乡	0.002	0.036	-0.034	0.012	
户口	0.016	-0.008	0.024	0.015	
婚姻状况					
已婚	-0.056	-0.076	0.020	0.031	
离婚/丧偶	-0.077	0.005	-0.082	0.043	
政治面貌	-0.087	-0.001	-0.086	0.043	
受教育程度					
小学	0.055	0.084	-0.029	0.041	
初中	0.020	0.162	-0.143	0.056	
高中	-0.103	0.140	-0.243	0.077	
大专及以上	-0.279	0.111	-0.390	0.093	
工作状况	0.107	0.105	0.002	0.009	
主观个人收入	0.070	0.106	-0.037	0.004	
主观个人地位	0.048	0.068	-0.019	0.004	
锻炼频率	0.002	0.010	-0.008	0.001	

自评健康	固定效应	随机效应	差值	标准误	χ^2
是否吸烟	0.009	0.030	-0.020	0.017	
是否饮酒	0.076	0.117	-0.042	0.013	
是否熬夜	-0.002	-0.041	0.039	0.010	
家庭年收入对数	0.006	0.019	-0.012	0.004	
家庭规模	0.005	0.012	-0.007	0.004	
时期	-0.022	-0.004	-0.018	0.012	
截距	45.601	10.307	35.294	22.955	
两周患病	固定效应	随机效应	差值	标准误	χ^2
普遍信任	-0.016	-0.031	0.015	0.003	131.72***
特殊信任	-0.002	-0.022	0.021	0.003	
性别	-0.127	-0.084	-0.043	0.063	
年龄	0.002	0.005	-0.003	0.005	
城乡	0.006	-0.018	0.024	0.006	
户口	0.002	-0.004	0.006	0.007	
婚姻状况					
已婚	-0.017	-0.005	-0.012	0.014	
离婚/丧偶	-0.026	0.004	-0.030	0.020	
政治面貌	0.051	0.004	0.047	0.019	
受教育程度					
小学	-0.028	-0.038	0.011	0.019	
初中	-0.011	-0.062	0.052	0.025	
高中	-0.016	-0.064	0.048	0.035	
大专及以上	0.011	-0.043	0.054	0.042	
工作状况	0.023	0.014	0.009	0.004	
主观个人收入	-0.012	-0.024	0.012	0.002	
主观个人地位	-0.004	-0.008	0.004	0.002	
锻炼频率	0.001	0.000	0.001	0.001	
是否吸烟	0.012	0.007	0.005	0.008	
是否饮酒	-0.018	-0.032	0.014	0.006	
是否熬夜	0.008	0.026	-0.017	0.005	
家庭年收入对数	0.005	-0.004	0.009	0.002	

主体、情境与时间：社会资本对中国居民健康的影响

自评健康	固定效应	随机效应	差值	标准误	χ^2
家庭规模	-0.003	-0.005	0.002	0.002	
时期	0.003	0.005	-0.002	0.005	
截距	-5.640	-9.945	4.305	10.201	

抑郁水平	固定效应	随机效应	差值	标准误	χ^2
普遍信任	-0.219	-0.503	0.284	0.027	516.13***
特殊信任	-0.407	-0.618	0.210	0.027	
性别	-0.853	-0.722	-0.130	0.523	
年龄	0.017	0.006	0.011	0.043	
城乡	-0.814	-0.740	-0.074	0.047	
户口	-0.049	-0.110	0.061	0.057	
婚姻状况					
已婚	-0.400	-0.238	-0.162	0.115	
离婚/丧偶	0.960	0.861	0.099	0.163	
政治面貌	0.752	-0.040	0.792	0.160	
受教育程度					
小学	0.317	-0.782	1.099	0.154	
初中	1.252	-0.997	2.249	0.209	
高中	1.755	-1.040	2.795	0.286	
大专及以上	2.701	-0.735	3.436	0.345	
工作状况	-0.720	-0.470	-0.250	0.035	
主观个人收入	-0.134	-0.228	0.094	0.014	
主观个人地位	-0.230	-0.303	0.073	0.014	
锻炼频率	0.051	-0.006	0.057	0.004	
是否吸烟	0.292	0.283	0.010	0.063	
是否饮酒	0.010	-0.110	0.120	0.049	
是否熬夜	0.076	0.291	-0.215	0.038	
家庭年收入对数	-0.035	-0.212	0.178	0.014	
家庭规模	-0.015	0.005	-0.020	0.014	
时期	0.205	0.276	-0.071	0.043	
截距	-407.038	-544.706	137.667	84.832	

注：*** $p < 0.001$。

附表 2　第 6 章中总样本的平衡性检验

Panel A：亲戚来访	标准化差异		方差比率	
	未加权	加权	未加权	加权
亲戚来访 = 1				
朋友来访				
1 ~ 5	0.499	− 0.015	1.598	0.995
6 ~ 10	0.253	0.024	2.697	1.073
> 10	0.106	− 0.021	2.371	0.876
亲友互动				
1	0.063	0.041	1.089	1.057
2	0.118	0.047	1.311	1.104
3	0.057	− 0.011	1.165	0.972
4	0.085	0.004	1.320	1.011
5	0.055	0.007	1.197	1.022
邻里互动				
1	0.057	− 0.023	1.036	0.987
2	0.066	− 0.020	1.124	0.968
3	0.098	0.033	1.275	1.079
4	0.102	− 0.059	1.553	0.813
5	0.089	0.016	1.800	1.099
性别	− 0.006	− 0.013	1.000	1.000
年龄	0.128	− 0.033	1.117	1.072
城乡	− 0.171	− 0.002	1.027	1.000
户口	− 0.235	− 0.003	0.899	0.998
婚姻状况				
已婚	0.099	− 0.015	0.814	1.035
离婚/丧偶	− 0.060	0.024	0.831	1.083
政治面貌	0.006	− 0.008	1.018	0.976
受教育程度				
小学	0.052	− 0.010	1.079	0.986

Panel A：亲戚来访	标准化差异		方差比率	
	未加权	加权	未加权	加权
初中	− 0.012	− 0.014	0.989	0.987
高中	− 0.072	− 0.014	0.864	0.971
大专及以上	− 0.120	0.014	0.711	1.045
工作状况	0.025	0.007	0.995	0.998
个人年收入对数	− 0.039	0.000	0.982	0.986
主观个人收入	0.146	0.051	1.069	1.044
主观个人地位	0.191	0.045	0.982	1.003
锻炼频率	0.018	− 0.022	1.026	0.867
是否吸烟	− 0.026	0.011	0.989	1.005
是否饮酒	− 0.048	− 0.013	0.937	0.982
是否熬夜	− 0.076	0.016	0.921	1.020
家庭年收入对数	0.050	− 0.010	0.975	1.079
家庭规模	0.285	− 0.021	1.287	0.932
兄弟姐妹数	0.048	− 0.043	0.941	0.934
亲戚来访 = 2				
朋友来访				
1 ~ 5	0.429	− 0.004	1.550	0.999
6 ~ 10	0.595	0.038	5.529	1.113
> 10	0.323	− 0.034	7.157	0.805
亲友互动				
1	0.023	0.027	1.032	1.037
2	0.136	0.038	1.357	1.084
3	0.122	− 0.019	1.358	0.953
4	0.155	0.019	1.602	1.057
5	0.125	− 0.014	1.464	0.956
邻里互动				
1	− 0.053	− 0.026	0.961	0.986
2	0.146	− 0.024	1.269	0.963
3	0.144	0.035	1.410	1.086
4	0.184	− 0.029	2.068	0.908

Panel A：亲戚来访	标准化差异		方差比率	
	未加权	加权	未加权	加权
5	0.193	0.013	3.049	1.077
性别	0.000	0.003	1.000	1.000
年龄	0.104	−0.055	1.109	1.102
城乡	−0.329	−0.081	1.001	0.993
户口	−0.433	−0.099	0.749	0.922
婚姻状况				
已婚	0.171	0.016	0.680	0.962
离婚/丧偶	−0.114	−0.003	0.687	0.990
政治面貌	0.015	0.012	1.047	1.035
受教育程度				
小学	0.109	0.006	1.162	1.008
初中	−0.033	−0.012	0.968	0.989
高中	−0.086	−0.053	0.839	0.889
大专及以上	−0.163	−0.044	0.612	0.858
工作状况	0.008	−0.018	0.998	1.004
个人年收入对数	−0.024	−0.041	0.980	1.027
主观个人收入	0.248	0.034	1.054	1.004
主观个人地位	0.337	0.064	0.943	1.014
锻炼频率	−0.047	−0.068	0.935	0.819
是否吸烟	−0.012	0.024	0.995	1.011
是否饮酒	0.000	−0.023	1.000	0.968
是否熬夜	−0.043	0.008	0.956	1.010
家庭年收入对数	0.162	−0.115	0.924	1.332
家庭规模	0.499	0.028	1.375	0.858
兄弟姐妹数	0.161	0.007	0.998	0.983
亲戚来访 = 3				
朋友来访				
1 ~ 5	0.185	0.051	1.281	1.015
6 ~ 10	0.664	0.073	6.034	1.221
>10	0.767	−0.040	19.885	0.776

Panel A：亲戚来访	标准化差异		方差比率	
	未加权	加权	未加权	加权
亲友互动				
1	− 0.049	0.005	0.928	1.006
2	0.067	0.016	1.175	1.035
3	0.128	− 0.058	1.376	0.859
4	0.187	0.001	1.739	1.002
5	0.224	− 0.068	1.863	0.794
邻里互动				
1	− 0.100	− 0.056	0.923	0.968
2	0.109	− 0.025	1.202	0.960
3	0.184	0.090	1.527	1.218
4	0.234	0.023	2.406	1.076
5	0.278	− 0.008	4.291	0.951
性别	0.033	0.006	0.998	1.000
年龄	0.038	− 0.107	1.115	1.176
城乡	− 0.476	− 0.192	0.936	0.962
户口	− 0.621	− 0.176	0.578	0.852
婚姻状况				
已婚	0.196	0.007	0.637	0.982
离婚/丧偶	− 0.134	0.027	0.636	1.093
政治面貌	0.021	− 0.083	1.064	0.765
受教育程度				
小学	0.106	0.015	1.159	1.020
初中	− 0.024	− 0.088	0.978	0.913
高中	− 0.143	− 0.135	0.732	0.719
大专及以上	− 0.209	− 0.048	0.512	0.844
工作状况	0.034	− 0.046	0.992	1.008
个人年收入对数	− 0.013	− 0.066	0.892	0.963
主观个人收入	0.255	0.082	1.147	1.117
主观个人地位	0.418	0.089	0.956	1.004
锻炼频率	− 0.081	− 0.134	0.894	0.740

Panel A：亲戚来访	标准化差异		方差比率	
	未加权	加权	未加权	加权
是否吸烟	0.049	0.047	1.017	1.020
是否饮酒	0.073	− 0.060	1.089	0.916
是否熬夜	− 0.108	− 0.048	0.885	0.940
家庭年收入对数	0.116	− 0.219	0.914	1.194
家庭规模	0.649	0.154	1.365	0.772
兄弟姐妹数	0.209	− 0.043	1.023	0.901
Panel B：朋友来访				
朋友来访 = 1				
亲戚来访				
1 ~ 5	0.150	− 0.065	0.995	1.016
6 ~ 10	0.230	0.030	1.359	1.032
> 10	0.114	0.068	1.474	1.246
亲友互动				
1	0.060	− 0.013	1.082	0.985
2	0.063	− 0.014	1.147	0.972
3	0.095	− 0.031	1.275	0.932
4	0.151	0.018	1.573	1.046
5	0.232	0.020	2.166	1.053
邻里互动				
1	− 0.061	− 0.025	0.962	0.983
2	0.073	− 0.006	1.124	0.991
3	0.125	− 0.019	1.337	0.963
4	0.151	0.046	1.823	1.171
5	0.139	− 0.012	2.297	0.945
性别	− 0.005	0.009	1.000	1.000
年龄	− 0.201	− 0.007	0.943	0.945
城乡	0.153	− 0.055	1.012	1.007
户口	0.111	− 0.072	1.088	0.960
婚姻状况				
已婚	0.056	0.001	0.881	0.999

Panel B：朋友来访	标准化差异		方差比率	
	未加权	加权	未加权	加权
离婚/丧偶	- 0.057	0.001	0.830	1.002
政治面貌	0.051	- 0.015	1.171	0.956
受教育程度				
小学	- 0.046	0.024	0.940	1.036
初中	0.054	- 0.045	1.054	0.962
高中	0.121	- 0.007	1.307	0.986
大专及以上	0.117	0.004	1.468	1.011
工作状况	0.077	- 0.006	0.985	1.002
个人年收入对数	0.120	- 0.034	0.981	1.030
主观个人收入	0.183	0.009	1.015	0.995
主观个人地位	0.103	0.025	0.946	1.007
锻炼频率	0.067	- 0.023	1.011	0.886
是否吸烟	- 0.030	- 0.002	0.987	0.999
是否饮酒	0.002	- 0.021	1.003	0.972
是否熬夜	0.102	0.010	1.130	1.010
家庭年收入对数	0.319	- 0.042	0.796	0.953
家庭规模	0.102	0.000	0.888	0.913
兄弟姐妹数	- 0.078	0.032	0.999	1.044
朋友来访 = 2				
亲戚来访				
1 ~ 5	- 0.305	- 0.042	0.878	1.012
6 ~ 10	0.551	0.010	1.669	1.011
> 10	0.471	0.090	3.166	1.327
亲友互动				
1	0.007	- 0.051	1.010	0.936
2	0.121	- 0.051	1.279	0.900
3	0.162	- 0.042	1.476	0.909
4	0.179	0.024	1.688	1.064
5	0.312	0.007	2.627	1.018
邻里互动				

主体、情境与时间：社会资本对中国居民健康的影响

Panel B：朋友来访	标准化差异		方差比率	
	未加权	加权	未加权	加权
1	−0.146	−0.028	0.900	0.981
2	0.072	0.000	1.123	1.000
3	0.171	−0.026	1.463	0.949
4	0.239	0.009	2.386	1.034
5	0.262	−0.024	3.876	0.894
性别	0.024	−0.009	0.999	1.000
年龄	−0.275	−0.023	0.905	0.922
城乡	0.127	−0.122	1.014	1.008
户口	0.037	−0.156	1.032	0.903
婚姻状况				
已婚	0.110	0.005	0.768	0.988
离婚/丧偶	−0.115	−0.002	0.666	0.994
政治面貌	0.110	−0.014	1.380	0.961
受教育程度				
小学	−0.066	0.050	0.913	1.073
初中	0.077	−0.025	1.077	0.979
高中	0.152	−0.041	1.389	0.922
大专及以上	0.135	−0.017	1.548	0.951
工作状况	0.118	−0.067	0.972	1.015
个人年收入对数	0.125	−0.090	1.002	1.083
主观个收入	0.257	0.024	1.019	0.984
主观个人地位	0.232	0.056	0.910	1.034
锻炼频率	0.052	−0.040	1.017	0.909
是否吸烟	0.022	−0.001	1.009	1.000
是否饮酒	0.095	−0.007	1.126	0.991
是否熬夜	0.208	−0.043	1.248	0.952
家庭年收入对数	0.420	−0.123	0.804	1.096
家庭规模	0.268	−0.032	1.030	0.897
兄弟姐妹数	−0.036	0.042	1.002	1.019
朋友来访 = 3				

Panel B：朋友来访	标准化差异		方差比率	
	未加权	加权	未加权	加权
亲戚来访				
1～5	−0.650	0.027	0.594	0.991
6～10	0.318	0.001	1.473	1.001
>10	1.083	0.026	4.727	1.092
亲友互动				
1	−0.082	−0.117	0.881	0.852
2	0.034	−0.031	1.079	0.939
3	0.231	−0.014	1.685	0.970
4	0.196	0.051	1.755	1.137
5	0.474	−0.055	3.561	0.857
邻里互动				
1	−0.276	−0.009	0.786	0.994
2	0.048	0.018	1.083	1.026
3	0.211	−0.030	1.572	0.941
4	0.345	0.031	3.116	1.116
5	0.358	−0.035	5.334	0.848
性别	0.027	−0.001	0.999	1.000
年龄	−0.228	0.133	0.907	0.894
城乡	−0.027	−0.139	0.994	1.007
户口	−0.100	−0.179	0.904	0.886
婚姻状况				
已婚	0.122	0.043	0.743	0.897
离婚/丧偶	−0.097	−0.010	0.715	0.967
政治面貌	0.206	−0.006	1.733	0.983
受教育程度				
小学	−0.063	0.013	0.918	1.019
初中	0.038	−0.076	1.039	0.934
高中	0.105	0.002	1.268	1.004
大专及以上	0.087	−0.029	1.343	0.917
工作状况	0.150	0.011	0.960	0.997

主体、情境与时间：社会资本对中国居民健康的影响

Panel B：朋友来访	标准化差异		方差比率	
	未加权	加权	未加权	加权
个人年收入对数	0.194	− 0.061	0.887	1.033
主观个人收入	0.283	0.007	1.072	0.975
主观个人地位	0.310	0.042	1.001	1.073
锻炼频率	0.046	− 0.022	0.985	0.951
是否吸烟	0.095	− 0.018	1.030	0.991
是否饮酒	0.202	0.058	1.251	1.074
是否熬夜	0.200	− 0.007	1.241	0.993
家庭年收入对数	0.444	− 0.100	0.854	1.159
家庭规模	0.467	− 0.068	1.946	1.239
兄弟姐妹数	0.097	0.095	0.967	0.934
Panel C：亲友互动				
亲友互动 = 1				
亲戚来访				
1 ~ 5	0.068	0.048	1.008	1.005
6 ~ 10	0.085	0.012	1.115	1.014
> 10	− 0.005	− 0.042	0.987	0.894
朋友来访				
1 ~ 5	0.209	0.010	1.174	1.005
6 ~ 10	0.149	− 0.029	1.467	0.940
> 10	0.077	− 0.048	1.441	0.824
邻里互动				
1	0.436	− 0.013	1.131	1.002
2	0.132	0.050	1.296	1.095
3	0.076	− 0.002	1.288	0.993
4	0.080	− 0.006	1.685	0.966
5	0.023	− 0.061	1.259	0.603
性别	− 0.029	− 0.010	1.001	1.000
年龄	− 0.129	− 0.005	1.012	1.019
城乡	0.131	− 0.003	1.033	1.000
户口	0.101	− 0.020	1.108	0.983

Panel C：亲友互动	标准化差异		方差比率	
	未加权	加权	未加权	加权
婚姻状况				
已婚	0.025	0.001	0.945	0.998
离婚/丧偶	− 0.022	0.004	0.932	1.012
政治面貌	0.033	− 0.025	1.115	0.926
受教育程度				
小学	− 0.056	0.024	0.931	1.035
初中	0.050	0.007	1.051	1.007
高中	0.084	− 0.030	1.229	0.937
大专及以上	0.130	0.009	1.706	1.030
工作状况	0.062	0.002	0.993	1.000
个人年收入对数	0.140	0.022	0.935	0.969
主观个人收入	0.120	0.002	1.015	1.018
主观个人地位	0.122	− 0.002	0.962	1.025
锻炼频率	0.058	− 0.020	1.081	0.959
是否吸烟	− 0.079	− 0.001	0.967	1.000
是否饮酒	− 0.028	− 0.043	0.961	0.943
是否熬夜	0.073	− 0.030	1.099	0.966
家庭年收入对数	0.242	0.009	0.861	0.916
家庭规模	0.109	0.014	1.007	0.925
兄弟姐妹数	− 0.052	0.002	0.975	0.967
亲友互动 = 2				
亲戚来访				
1 ~ 5	0.059	0.057	1.007	1.005
6 ~ 10	0.149	0.026	1.196	1.030
> 10	0.021	− 0.045	1.059	0.887
朋友来访				
1 ~ 5	0.192	− 0.015	1.163	0.991
6 ~ 10	0.234	− 0.024	1.746	0.950
> 10	0.120	− 0.037	1.715	0.865
邻里互动				

主
体
、
情
境
与
时
间
：

社会资本对中国居民健康的影响

Panel C：亲友互动	标准化差异		方差比率	
	未加权	加权	未加权	加权
1	0.062	0.013	1.042	0.997
2	0.452	0.025	1.922	1.048
3	0.277	−0.005	2.142	0.985
4	0.189	0.015	2.910	1.082
5	0.086	−0.075	2.128	0.524
性别	−0.018	−0.001	1.001	1.000
年龄	−0.166	0.035	0.988	1.058
城乡	0.152	0.017	1.036	1.002
户口	0.138	0.000	1.144	1.000
婚姻状况				
已婚	0.067	0.012	0.855	0.972
离婚/丧偶	−0.070	0.009	0.789	1.030
政治面貌	0.072	−0.004	1.256	0.988
受教育程度				
小学	−0.038	0.057	0.954	1.079
初中	0.068	−0.026	1.069	0.975
高中	0.123	−0.001	1.338	0.998
大专及以上	0.180	−0.026	2.020	0.910
工作状况	0.175	−0.007	0.961	1.001
个人年收入对数	0.220	0.026	0.878	0.982
主观个人收入	0.149	0.002	1.011	1.042
主观个人地位	0.127	−0.027	0.862	0.918
锻炼频率	0.085	0.003	1.080	0.958
是否吸烟	−0.051	0.003	0.980	1.002
是否饮酒	0.008	−0.031	1.012	0.958
是否熬夜	0.135	−0.035	1.178	0.961
家庭年收入对数	0.338	0.027	0.838	1.000
家庭规模	0.054	0.002	0.891	0.866
兄弟姐妹数	−0.017	0.030	0.948	0.944
亲友互动 = 3				

Panel C：亲友互动	标准化差异		方差比率	
	未加权	加权	未加权	加权
亲戚来访				
1~5	-0.030	0.050	0.994	1.005
6~10	0.174	0.015	1.225	1.018
>10	0.103	-0.043	1.290	0.893
朋友来访				
1~5	0.199	-0.028	1.168	0.984
6~10	0.255	-0.018	1.816	0.963
>10	0.231	0.001	2.521	1.005
邻里互动				
1	-0.181	0.060	0.841	0.986
2	0.326	0.006	1.703	1.011
3	0.536	0.000	3.224	1.001
4	0.377	0.014	5.697	1.076
5	0.188	-0.042	4.099	0.717
性别	-0.018	0.004	1.001	1.000
年龄	-0.189	0.006	0.956	1.006
城乡	0.232	0.087	1.035	1.002
户口	0.225	0.071	1.216	1.056
婚姻状况				
已婚	0.069	0.061	0.850	0.862
离婚/丧偶	-0.064	-0.066	0.807	0.790
政治面貌	0.114	-0.010	1.416	0.970
受教育程度				
小学	-0.062	0.017	0.923	1.024
初中	0.026	0.014	1.027	1.013
高中	0.157	0.033	1.431	1.070
大专及以上	0.243	-0.026	2.441	0.910
工作状况	0.177	0.048	0.960	0.989
个人年收入对数	0.299	0.052	0.822	0.955
主观个人收入	0.202	0.000	0.972	0.924

主体、情境与时间：社会资本对中国居民健康的影响

Panel C：亲友互动	标准化差异		方差比率	
	未加权	加权	未加权	加权
主观个人地位	0.101	− 0.027	0.845	0.908
锻炼频率	0.180	0.065	1.285	1.128
是否吸烟	− 0.031	0.018	0.989	1.009
是否饮酒	0.061	0.017	1.082	1.023
是否熬夜	0.158	− 0.029	1.206	0.967
家庭年收入对数	0.450	0.045	0.842	0.997
家庭规模	0.099	− 0.029	1.074	0.913
兄弟姐妹数	0.007	0.034	1.025	1.061
亲友互动 = 4				
亲戚来访				
1 ~ 5	− 0.038	0.030	0.992	1.003
6 ~ 10	0.192	0.035	1.247	1.041
> 10	0.146	− 0.011	1.412	0.972
朋友来访				
1 ~ 5	0.291	− 0.057	1.218	0.965
6 ~ 10	0.265	− 0.009	1.847	0.982
> 10	0.204	− 0.078	2.310	0.721
邻里互动				
1	− 0.320	0.019	0.695	0.996
2	0.256	0.047	1.563	1.088
3	0.542	0.022	3.246	1.068
4	0.553	0.017	8.611	1.097
5	0.330	− 0.062	7.910	0.598
性别	0.003	0.046	1.000	0.997
年龄	− 0.199	0.046	0.977	1.004
城乡	0.286	− 0.059	1.028	0.990
户口	0.270	− 0.055	1.247	0.951
婚姻状况				
已婚	0.057	0.031	0.876	0.929
离婚/丧偶	− 0.059	− 0.025	0.820	0.918

Panel C：亲友互动	标准化差异		方差比率	
	未加权	加权	未加权	加权
政治面貌	0.127	-0.016	1.465	0.952
受教育程度				
小学	-0.124	0.079	0.843	1.109
初中	0.074	-0.007	1.074	0.993
高中	0.194	-0.019	1.534	0.960
大专及以上	0.264	-0.025	2.583	0.913
工作状况	0.172	0.084	0.963	0.979
个人年收入对数	0.276	0.018	0.876	0.963
主观个人收入	0.163	-0.034	0.964	0.981
主观个人地位	0.179	-0.016	0.868	0.930
锻炼频率	0.212	-0.006	1.292	0.989
是否吸烟	-0.033	0.044	0.988	1.020
是否饮酒	0.098	0.052	1.129	1.067
是否熬夜	0.171	-0.076	1.221	0.911
家庭年收入对数	0.511	-0.003	0.811	0.982
家庭规模	0.048	-0.030	0.857	0.837
兄弟姐妹数	0.003	0.087	0.933	0.864
亲友互动 = 5				
亲戚来访				
1 ~ 5	-0.078	0.105	0.980	1.004
6 ~ 10	0.168	-0.011	1.219	0.987
>10	0.208	0.006	1.591	1.016
朋友来访				
1 ~ 5	0.311	-0.017	1.226	0.990
6 ~ 10	0.344	0.028	2.100	1.057
>10	0.364	-0.048	3.599	0.825
邻里互动				
1	-0.446	-0.039	0.554	1.005
2	0.050	0.098	1.113	1.184
3	0.409	0.035	2.714	1.107

主
体
、
情
境
与
时
间
：

Panel C：亲友互动	标准化差异		方差比率	
	未加权	加权	未加权	加权
4	0.608	− 0.008	9.502	0.959
5	0.674	− 0.067	19.164	0.569
性别	− 0.040	0.020	1.001	0.999
年龄	− 0.328	0.084	0.918	0.977
城乡	0.466	− 0.123	0.964	0.971
户口	0.508	− 0.092	1.328	0.916
婚姻状况				
已婚	0.061	− 0.106	0.867	1.244
离婚/丧偶	− 0.062	0.050	0.812	1.170
政治面貌	0.253	− 0.066	1.967	0.806
受教育程度				
小学	− 0.235	− 0.047	0.693	0.932
初中	0.047	0.078	1.048	1.069
高中	0.292	− 0.036	1.801	0.924
大专及以上	0.474	− 0.025	4.082	0.912
工作状况	0.159	− 0.076	0.968	1.007
个人年收入对数	0.385	0.010	0.849	0.941
主观个人收入	0.224	− 0.084	0.991	1.177
主观个人地位	0.137	− 0.059	0.918	1.042
锻炼频率	0.317	0.026	1.403	1.034
是否吸烟	− 0.029	0.014	0.990	1.007
是否饮酒	0.118	− 0.009	1.153	0.988
是否熬夜	0.300	− 0.131	1.352	0.843
家庭年收入对数	0.742	− 0.194	0.781	2.302
家庭规模	− 0.082	− 0.023	0.738	0.780
兄弟姐妹数	− 0.079	0.077	0.990	0.910
Panel D：邻里互动				
邻里互动 = 1				
亲戚来访				
1 ~ 5	0.091	− 0.037	1.010	1.001

Panel D：邻里互动	标准化差异		方差比率	
	未加权	加权	未加权	加权
6～10	0.062	0.043	1.088	1.059
＞10	0.038	－0.023	1.114	0.940
朋友来访				
1～5	0.111	－0.035	1.094	0.978
6～10	0.071	0.021	1.200	1.054
＞10	0.015	0.017	1.074	1.083
亲友互动				
1	0.472	－0.017	1.792	0.990
2	0.253	0.011	1.981	1.024
3	0.127	0.063	1.571	1.229
4	0.087	0.018	1.502	1.080
5	－0.021	0.011	0.906	1.058
性别	－0.012	0.003	1.000	1.000
年龄	－0.003	0.015	1.036	1.019
城乡	－0.020	－0.021	1.000	1.000
户口	－0.077	－0.048	0.950	0.967
婚姻状况				
已婚	0.024	0.007	0.948	0.984
离婚/丧偶	0.007	－0.007	1.024	0.978
政治面貌	－0.009	－0.009	0.974	0.974
受教育程度				
小学	0.036	－0.033	1.051	0.959
初中	0.040	－0.008	1.040	0.992
高中	0.008	－0.025	1.017	0.949
大专及以上	－0.062	0.004	0.826	1.014
工作状况	0.093	0.032	0.993	0.995
个人年收入对数	0.047	0.029	0.965	0.966
主观个人收入	0.046	0.045	0.959	0.961
主观个人地位	0.063	0.041	0.862	0.864
锻炼频率	－0.033	－0.038	0.910	0.899

主
体
、
情
境
与
时
间
：

社会资本对中国居民健康的影响

Panel D：邻里互动	标准化差异		方差比率	
	未加权	加权	未加权	加权
是否吸烟	− 0.032	− 0.005	0.987	0.998
是否饮酒	− 0.022	− 0.013	0.969	0.981
是否熬夜	− 0.012	0.006	0.987	1.007
家庭年收入对数	0.109	− 0.037	0.927	1.053
家庭规模	0.124	0.050	1.136	1.154
兄弟姐妹数	− 0.011	0.024	1.021	1.078
邻里互动 = 2				
亲戚来访				
1 ~ 5	− 0.006	− 0.009	0.999	1.000
6 ~ 10	0.187	0.025	1.250	1.035
> 10	0.110	− 0.036	1.341	0.908
朋友来访				
1 ~ 5	0.170	− 0.006	1.134	0.997
6 ~ 10	0.148	0.010	1.427	1.026
> 10	0.099	− 0.023	1.523	0.889
亲友互动				
1	0.145	0.041	1.283	1.023
2	0.463	− 0.013	2.818	0.972
3	0.346	0.042	2.718	1.150
4	0.297	0.027	3.034	1.118
5	0.120	0.023	1.616	1.117
性别	− 0.017	0.003	1.000	1.000
年龄	− 0.046	0.010	0.995	1.021
城乡	− 0.159	0.023	0.981	0.998
户口	− 0.191	− 0.038	0.858	0.974
婚姻状况				
已婚	0.035	0.010	0.922	0.978
离婚/丧偶	0.000	− 0.004	0.999	0.986
政治面貌	0.002	− 0.005	1.005	0.985
受教育程度				

续表

Panel D：邻里互动	标准化差异		方差比率	
	未加权	加权	未加权	加权
小学	0.058	-0.040	1.082	0.949
初中	0.042	-0.004	1.043	0.997
高中	-0.007	-0.028	0.985	0.942
大专及以上	-0.098	0.007	0.730	1.022
工作状况	0.190	0.061	0.967	0.990
个人年收入对数	0.113	0.049	0.848	0.922
主观个人收入	0.107	0.050	0.936	0.937
主观个人地位	0.139	0.036	0.847	0.874
锻炼频率	-0.026	-0.018	0.979	0.998
是否吸烟	-0.006	0.003	0.998	1.001
是否饮酒	0.033	-0.018	1.044	0.974
是否熬夜	-0.085	0.002	0.902	1.003
家庭年收入对数	0.116	-0.034	0.874	1.020
家庭规模	0.211	0.057	1.142	1.063
兄弟姐妹数	0.072	0.019	0.979	1.007
邻里互动 = 3				
亲戚来访				
1 ~ 5	0.007	-0.006	1.002	1.000
6 ~ 10	0.169	0.010	1.228	1.014
>10	0.164	0.026	1.514	1.067
朋友来访				
1 ~ 5	0.202	-0.123	1.152	0.914
6 ~ 10	0.212	-0.002	1.616	0.995
>10	0.176	-0.024	1.990	0.888
亲友互动				
1	-0.027	0.005	0.947	1.003
2	0.287	-0.026	2.117	0.946
3	0.514	0.013	3.599	1.045
4	0.486	0.019	4.609	1.081
5	0.338	0.003	2.974	1.015

主体、情境与时间：

Panel D：邻里互动	标准化差异		方差比率	
	未加权	加权	未加权	加权
性别	-0.002	-0.011	1.000	1.000
年龄	-0.116	-0.018	0.954	1.004
城乡	-0.163	-0.039	0.980	1.000
户口	-0.207	-0.020	0.844	0.986
婚姻状况				
已婚	0.059	-0.041	0.871	1.095
离婚/丧偶	-0.044	0.035	0.859	1.114
政治面貌	-0.008	-0.012	0.977	0.963
受教育程度				
小学	0.040	-0.067	1.056	0.915
初中	-0.008	-0.045	0.992	0.957
高中	0.026	0.013	1.058	1.028
大专及以上	-0.092	0.069	0.745	1.238
工作状况	0.207	0.133	0.961	0.968
个人年收入对数	0.153	0.076	0.794	0.870
主观个人收入	0.129	0.075	0.973	0.969
主观个人地位	0.157	0.093	0.884	0.889
锻炼频率	-0.038	-0.014	0.918	0.957
是否吸烟	0.003	0.019	1.001	1.008
是否饮酒	0.054	-0.034	1.072	0.952
是否熬夜	-0.011	0.032	0.989	1.036
家庭年收入对数	0.182	-0.025	0.798	0.959
家庭规模	0.308	0.067	1.158	1.063
兄弟姐妹数	0.082	0.031	0.981	1.053
邻里互动 = 4				
亲戚来访				
1~5	-0.058	-0.173	0.985	0.980
6~10	0.245	0.055	1.316	1.076
>10	0.242	0.038	1.768	1.101
朋友来访				

Panel D：邻里互动	标准化差异		方差比率	
	未加权	加权	未加权	加权
1～5	0.220	−0.050	1.162	0.968
6～10	0.312	0.043	1.902	1.110
＞10	0.312	−0.056	2.913	0.744
亲友互动				
1	−0.154	−0.031	0.700	0.980
2	0.149	0.073	1.558	1.151
3	0.431	0.051	3.176	1.184
4	0.640	−0.017	5.803	0.929
5	0.668	0.005	5.009	1.023
性别	0.004	0.000	1.000	1.000
年龄	−0.159	0.044	0.976	1.054
城乡	−0.182	0.185	0.975	0.959
户口	−0.167	0.139	0.879	1.072
婚姻状况				
已婚	0.072	0.023	0.842	0.949
离婚/丧偶	−0.042	0.004	0.864	1.014
政治面貌	0.063	0.058	1.195	1.180
受教育程度				
小学	0.014	−0.086	1.021	0.890
初中	0.068	0.075	1.068	1.064
高中	0.027	−0.022	1.061	0.954
大专及以上	−0.057	0.083	0.840	1.286
工作状况	0.283	0.007	0.927	0.999
个人年收入对数	0.237	0.079	0.749	0.923
主观个人收入	0.119	−0.013	0.987	0.989
主观个人地位	0.161	−0.004	0.899	1.015
锻炼频率	0.013	0.050	0.979	1.118
是否吸烟	0.043	−0.011	1.016	0.995
是否饮酒	0.151	0.024	1.191	1.033
是否熬夜	0.050	0.074	1.054	1.081

主
体、
情
境
与
时
间：

社会资本对中国居民健康的影响

Panel D：邻里互动	标准化差异		方差比率	
	未加权	加权	未加权	加权
家庭年收入对数	0.339	−0.023	0.842	1.154
家庭规模	0.300	−0.009	1.337	0.972
兄弟姐妹数	0.082	−0.017	0.980	1.015
邻里互动 = 5				
亲戚来访				
1 ~ 5	−0.178	0.032	0.935	0.997
6 ~ 10	0.309	0.085	1.379	1.114
>10	0.380	−0.093	2.205	0.762
朋友来访				
1 ~ 5	0.183	−0.046	1.142	0.971
6 ~ 10	0.426	0.116	2.209	1.295
>10	0.410	−0.075	3.611	0.662
亲友互动				
1	−0.275	−0.084	0.477	0.942
2	0.008	−0.094	1.030	0.807
3	0.225	0.014	2.073	1.049
4	0.486	−0.061	4.619	0.750
5	1.193	−0.063	6.339	0.702
性别	−0.020	−0.067	1.001	0.996
年龄	−0.186	0.015	0.984	0.968
城乡	0.024	0.335	0.999	0.881
户口	0.019	0.328	1.012	1.105
婚姻状况				
已婚	0.002	0.136	0.996	0.697
离婚/丧偶	−0.005	−0.108	0.983	0.673
政治面貌	0.172	0.169	1.549	1.539
受教育程度				
小学	−0.072	−0.055	0.895	0.931
初中	0.090	−0.047	1.089	0.955
高中	0.111	0.210	1.248	1.427

Panel D：邻里互动	标准化差异		方差比率	
	未加权	加权	未加权	加权
大专及以上	0.090	0.182	1.266	1.653
工作状况	0.198	−0.030	0.965	1.002
个人年收入对数	0.262	0.117	0.828	1.100
主观个人收入	0.242	0.263	1.024	1.053
主观个人地位	0.332	0.236	0.854	0.800
锻炼频率	0.138	0.238	1.061	1.068
是否吸烟	0.010	−0.222	1.005	0.858
是否饮酒	0.123	−0.132	1.159	0.810
是否熬夜	0.100	0.184	1.104	1.183
家庭年收入对数	0.519	0.379	0.733	0.633
家庭规模	0.270	−0.069	1.206	0.866
兄弟姐妹数	−0.032	−0.234	1.020	1.037

附表 3　第 7 章中上网样本的基本信息 （n=13910）

变量	赋值	频数（人）	占比（%）	均值	标准差
控制变量					
性别	男 =1	7309	52.5		
	女 =0	6601	47.5		
年龄				34.600	11.654
城乡	城镇 =1	8494	61.7		
	农村 =0	5281	38.3		
户口	非农业 =1	4924	35.5		
	农业 =0	8959	64.5		
婚姻状况	未婚 =0	3360	24.1		
	已婚 =1	10120	72.8		
	离婚/丧偶 =2	430	3.1		

主
体
、
情
境
与
时
间
：

社
会
资
本
对
中
国
居
民
健
康
的
影
响

变量	赋值	频数（人）	占比（％）	均值	标准差
受教育程度	文盲=1	538	4.1		
	小学=2	1941	14.8		
	初中=3	4400	33.4		
	高中=4	3183	24.2		
	大专及以上=5	3093	23.5		
政治面貌	党员=1	1506	10.8		
	非党员=0	12404	89.2		
主观个人收入				2.453	0.930
主观个人地位				2.646	0.965
身体锻炼				2.180	2.844
吸烟	是=1	4130	29.7		
	否=0	9780	70.3		
酗酒	是=1	1848	13.3		
	否=0	12062	86.7		
熬夜	是=1	7312	52.6		
	否=0	6589	47.4		
家庭收入				104986	247375
家庭规模				4.279	1.934
业余上网时长				12.920	11.594
现实社会资本					
普遍信任	信任=1	8229	59.2		
	不信任=0	5672	40.8		
特殊信任	高=1	7739	55.8		
	低=0	6134	44.2		
邻里整合度	高=1	5866	42.2		
	低=0	8024	57.8		
网络社交社会资本	高（几乎每天）	8733	62.8		
	中（不是每天）	3706	26.6		
	低（从不）	1471	10.6		
健康结局					

230

变量	赋值	频数（人）	占比（%）	均值	标准差
自评健康	健康 = 1	11360	81.7		
	不健康 = 0	2550	18.3		
两周患病	是 = 1	3151	22.7		
	否 = 0	10759	77.3		
抑郁得分				4.749	3.504

注：特殊信任变量的 3 个测量条目 Cronbach's α 系数为 0.644，邻里整合度变量的 3 个测量条目 Cronbach's α 系数为 0.654，抑郁水平变量的 8 个测量条目 Cronbach's α 系数为 0.755，均具有较好的内部一致性。

附表 4　第 7 章中总样本的平衡性检验

	标准化差异		方差比率	
	未加权	加权	未加权	加权
网络社交 = 1				
普遍信任	0.063	0.097	0.988	0.986
特殊信任	0.031	0.053	1.009	1.017
邻里整合度	− 0.013	0.008	0.997	1.001
性别	− 0.022	0.059	1.007	0.985
年龄	− 0.573	− 0.006	0.813	0.931
城乡	− 0.149	0.028	1.067	0.993
户口	− 0.225	− 0.043	0.897	0.971
婚姻状况				
已婚	− 0.228	0.036	1.670	0.941
离婚/丧偶	− 0.030	− 0.041	0.858	0.814
受教育程度				
小学	− 0.047	− 0.052	0.932	0.926
初中	0.046	− 0.027	1.022	0.989
高中	− 0.028	− 0.020	0.960	0.971
大专及以上	0.105	0.150	1.246	1.394
工作状况	− 0.183	− 0.024	0.723	0.934

主
体
、
情
境
与
时
间
：

	标准化差异		方差比率	
	未加权	加权	未加权	加权
政治面貌	-0.034	-0.013	0.922	0.969
主观个人收入	0.069	0.000	0.893	0.876
主观个人地位	0.033	-0.033	0.898	0.906
锻炼频率	-0.103	0.025	0.850	0.967
是否吸烟	-0.028	-0.011	0.982	0.993
是否酗酒	-0.069	-0.034	0.887	0.941
是否熬夜	0.104	0.002	1.061	1.001
家庭年收入对数	-0.003	-0.091	0.868	0.870
家庭规模	0.165	-0.009	1.186	1.030
上网时长	0.034	0.056	0.897	0.950
网络社交=2				
普遍信任	0.147	0.099	0.962	0.986
特殊信任	0.041	0.027	1.011	1.009
邻里整合度	-0.105	-0.003	0.973	0.999
性别	-0.102	0.108	1.026	0.967
年龄	-0.911	-0.009	0.781	1.035
城乡	0.002	0.081	0.998	0.975
户口	-0.137	-0.006	0.947	0.996
婚姻状况				
已婚	-0.524	0.030	2.463	0.950
离婚/丧偶	-0.025	-0.043	0.883	0.805
受教育程度				
小学	-0.177	-0.064	0.738	0.908
初中	-0.104	-0.021	0.934	0.992
高中	0.042	0.001	1.058	1.002
大专及以上	0.395	0.144	1.878	1.377
工作状况	-0.265	-0.017	0.610	0.938
政治面貌	-0.014	-0.011	0.968	0.974
主观个人收入	0.161	-0.024	0.848	0.883
主观个人地位	0.015	-0.048	0.855	0.946

	标准化差异		方差比率	
	未加权	加权	未加权	加权
锻炼频率	−0.108	−0.001	0.826	0.968
是否吸烟	−0.095	0.027	0.934	1.017
是否酗酒	−0.120	−0.030	0.802	0.947
是否熬夜	0.375	0.025	1.116	1.011
家庭年收入对数	0.221	−0.039	0.782	0.821
家庭规模	0.057	0.036	1.315	1.286
上网时长	0.545	0.110	1.338	0.576

附表5　结型与桥型社会资本因子旋转后的因子载荷

城乡	信任条目	结型社会资本	桥型社会资本
城镇	亲戚信任	**0.800**	0.021
	近邻信任	**0.762**	0.159
	同事信任	**0.751**	0.242
	远邻/街坊信任	**0.657**	0.346
	老同学信任	**0.619**	0.335
	陌生人信任	−0.042	**0.759**
	业余活动同伴信任	0.262	**0.758**
	外地相遇同乡信任	0.267	**0.730**
	社会活动同伴信任	0.257	**0.684**
	交情不深朋友/相识信任	0.364	**0.597**
农村	同村同姓人信任	**0.837**	0.207
	近邻信任	**0.815**	0.075
	邻居外的同村信任	**0.786**	0.281
	同村非同姓人信任	**0.782**	0.320
	亲戚信任	**0.684**	−0.010
	陌生人信任	−0.052	**0.792**

续表

城乡	信任条目	结型社会资本	桥型社会资本
农村	交情不深朋友/相识信任	0.259	**0.717**
	外地相遇同乡信任	0.236	**0.666**

注：因子分析采用主成分分析方法提取公因子，采用最大方差方法进行因子载荷旋转，黑体加粗表示对应条目被归属到相应的社会资本因子中。城镇样本中，KMO 值为 0.864，提取两个公因子的累积方差贡献率为 57.6%。农村样本中，KMO 值为 0.852，提取两个公因子的累积方差贡献率为 62.5%。

附表6　第9章中 CESD -10 抑郁量表

条目	选项			
Dep1 我因为一些小事而烦恼	1 很少/根本没有	2 不太多	3 有时/一半时间	4 大多数时间
Dep2 我在做事时很难集中精力	1 很少/根本没有	2 不太多	3 有时/一半时间	4 大多数时间
Dep3 我感到情绪低落	1 很少/根本没有	2 不太多	3 有时/一半时间	4 大多数时间
Dep4 我觉得做任何事都很费劲	1 很少/根本没有	2 不太多	3 有时/一半时间	4 大多数时间
Dep5 我对未来充满希望	1 很少/根本没有	2 不太多	3 有时/一半时间	4 大多数时间
Dep6 我感到害怕	1 很少/根本没有	2 不太多	3 有时/一半时间	4 大多数时间
Dep7 我的睡眠不好	1 很少/根本没有	2 不太多	3 有时/一半时间	4 大多数时间
Dep8 我很愉快	1 很少/根本没有	2 不太多	3 有时/一半时间	4 大多数时间
Dep9 我感到孤独	1 很少/根本没有	2 不太多	3 有时/一半时间	4 大多数时间
Dep10 我觉得我无法继续我的生活	1 很少/根本没有	2 不太多	3 有时/一半时间	4 大多数时间

注：总体 Cronbach's α 信度系数值为 0.761，单条目 Cronbach's α 信度系数值在 0.710～0.790，信度较好。

附表 7　第 9 章中 PSM 平衡性检验的参数值

处理变量	匹配方法	平衡指标	总样本	低受教育水平	中等受教育水平	高受教育水平
有朋友	1 对 2 最近邻	伪 R^2	0.000	0.002	0.001	0.001
		偏差均值(%)	0.60	3.00	2.30	1.40
		LR 卡方(p 值)	0.999	0.739	0.098	0.994
	1 对 5 最近邻	伪 R^2	0.000	0.001	0.001	0.001
		偏差均值(%)	0.80	1.90	1.20	1.90
		LR 卡方(p 值)	0.977	0.989	0.546	0.987
	卡尺匹配	伪 R^2	0.000	0.000	0.000	0.002
		偏差均值(%)	1.10	0.40	0.90	2.60
		LR 卡方(p 值)	0.921	1.000	0.972	0.898
	卡尺 1 对 2 最近邻	伪 R^2	0.000	0.001	0.001	0.001
		偏差均值(%)	0.60	2.10	1.40	2.10
		LR 卡方(p 值)	0.999	0.981	0.305	0.979
	核匹配	伪 R^2	0.000	0.000	0.000	0.001
		偏差均值(%)	1.00	0.40	0.80	2.10
		LR 卡方(p 值)	0.966	1.000	0.992	0.963

注：匹配后若协变量标准化偏差均值低于 10.0%，联合显著性检验（LR 卡方统计量）的 p 值在 0.1 以上，则平衡性好，否则平衡性差。其中"1 对 1 最近邻匹配"和"默认带宽的核匹配"存在平衡性差的匹配结果，故来在此报告。总样本模型中，支持域内样本量 $N = 13330$，低受教育水平组 $n = 3209$，中等受教育水平组 $n = 8479$，高受教育水平组 $n = 1634$。

后　记

　　我对社会资本与健康议题的研究兴趣始于 2015 年底，不过在硕士阶段和博士阶段初期，我主要针对年龄－时期－世代模型在健康领域的应用进行研究，同时也零星发表了一些关于社会资本与健康及其他健康相关方向的文章，这种多点训练方式也为我在本书中探讨社会资本健康效应的时间性提供了可能。考虑到行文与分析的连贯性，我在博士学位论文撰写时并没有加入对时间性的探讨，但在这次博士学位论文出版机会中，我还是决定将其纳入，以便读者能从更广阔的视角来审视社会资本的健康效应。

　　作为一个本科社会学、研究生卫生管理学科背景的研究者，我深知对社会资本进行深入研究必须跳出公共卫生学科，因为它是一个"舶来品"，是跨学科研究浪潮中偶然在医学领域结下的一个普通的果实。医学生对社会资本的研究大多平淡无奇，套用已有研究模式，缺乏理论关怀和情感温度，这促使我更加希望从社会学和社会科学中寻找社会资本研究的更多可能性。我曾经不断翻阅普特南关于社会资本的政治学研究以及林南、陈云松、陈福平等关于社会资本的社会学研究，思考如何跳出医学的窠臼，使研究更具有自己脑海中的所谓价值。如今，我在很大程度上算是失败了，因为在研究生期间缺乏系统的社会学专业训练使我难以做出令自己满意的研究；不过在某些方面我也可以算是成功的，因为我确实深受政治学和社会学的影响，在尝试着去完成一个有理论和人文关照的研究。不过，在将已有数据转化为脑海中的完美研究的过程中，我体会到深深的无力感，一方面是因为自己能力不足而无法深刻挖掘数据背后的含义，另一方面是因为数据本身不能完美匹配我的理想研究框架。

　　我认为，本书最大的挑战就是如何抽象出一套新的、内涵更广的社会资本测量框架。网络社会资本其实近几年已陆续有研究者提及，对它进行分析的正当性不言而喻。但是家庭取向社会资本就不一样了，读者很可能第一眼会以为我是"新瓶装旧酒"，在重提布迪厄的家庭社会资本，但仔细读下来发现是另一个东西。对家庭取向社会资本的引入在很大程度上源于我对生活和其他学科研究的观察和思考。正如很多人心里所想的那样，找工作就是找关系，在家庭中，父母或兄弟姐妹的关系就等同于你的关系，对找工作的帮助几乎是相同的。很显然，虽然创造性地悟出了新的概念框架，或者说将新的概念引入社会资本与健康研究中，但实际研究我并没有做得很成功，这不仅仅受限于数据可得性，也受限于个人能力。无论如何，我希望能为后来的研究以及后来的研究者提供一点值得借鉴的思路和经验，为社会资本注入新的活力贡献自己的力量。

社会资本研究领域内学术大家的思想也给予了我无数的启发和思路，毕竟搞学术研究是一种"站在巨人的肩膀上"的工作。在此我尤其要感谢以下两位。河内一郎，这位哈佛大学公共卫生学院教授、社会资本与健康研究的先驱之一，贯穿着我的研究生生涯，同时也深刻影响着课题组内其他同学的研究，尽管直到毕业，我投向他作为主编的 *Social Science & Medicine* 的数篇论文尚没有一篇被接收。陈云松，南京大学社会学院教授，是国内倡导关注社会资本内生性的引领者之一，也是目前社会科学大数据研究的引领者，第一次得知陈老师是在 2015 年的南京大学社会学暑期研修班上，当时他分享了关于谷歌图书大数据的一系列研究，从他的研究中我看到了趣味性、眼界、价值与科学性的有机整合，但可惜学得并不成功。一定程度上也可以说，这篇博士学位论文是上述两位先驱思想的结合体，当然，在研究高度和严谨性方面，我目前尚不能达到和两位先驱同样的境界，但他们可以成为我今后学术研究的标杆和榜样。

本书的主体内容来源于我的博士学位论文，但同时又增添了一些其他新的内容，因此在理论视角和框架上较之博士学位论文又有所扩展，即时间视角的纳入。本书部分成果已在一些期刊上发表，并在纳入本书时有一定程度的修改。其中第 7 章主体内容发表在 *Health & Social Care in the Community* 上（Jiang Song & Junfeng Jiang，申请授权号：600077257），第 8 章主体内容发表在 *Public Health* 上（Junfeng Jiang & Ru Kang），第 9 章主体内

容发表在 *Journal of Affective Disorders* 上（Junfeng Jiang & Peigang Wang）。这些内容的再出版已获得上述期刊出版社的授权同意。

最后，这本以博士学位论文为基础的书得以出版，离不开我的家人以及研究生导师王培刚教授和课题组其他成员的支持和帮助，离不开社会科学文献出版社编辑谢蕊芬、赵娜等人的帮助，在此表示感谢。华中师范大学社会学院为本书的出版提供了大部分的资金支持（额外的资金支持来自我的博士后科学基金项目"社会资本对疫情期间社区居民防疫与健康的影响"，批准号：2021M701364），使我无须顾虑出版经费负担，在此也对院内提供各项支持的老师们表示感谢。由于时间仓促、水平有限，书中难免有错误和疏漏之处，望同行专家不吝赐教、批评指正。

姜俊丰

于桂子山下

2022 年 4 月

主体、情境与时间：社会资本对中国居民健康的影响

图书在版编目（CIP）数据

主体、情境与时间：社会资本对中国居民健康的影
响 / 姜俊丰著 . -- 北京：社会科学文献出版社，
2022.12（2024.2 重印）
　（桂子山社会学论丛）
　ISBN 978 - 7 - 5228 - 0808 - 6

　Ⅰ . ①主…　Ⅱ . ①姜…　Ⅲ . ①社会资本 - 影响 - 居民
- 健康 - 研究 - 中国　Ⅳ . ①F124.7

　中国版本图书馆 CIP 数据核字（2022）第 176298 号

桂子山社会学论丛
主体、情境与时间：社会资本对中国居民健康的影响

著　　者 / 姜俊丰

出　版　人 / 冀祥德
组稿编辑 / 谢蕊芬
责任编辑 / 赵　娜
文稿编辑 / 张真真
责任印制 / 王京美

出　　版 / 社会科学文献出版社·群学出版分社 （010）59367002
　　　　　地址：北京市北三环中路甲 29 号院华龙大厦　邮编：100029
　　　　　网址：www. ssap. com. cn
发　　行 / 社会科学文献出版社 （010）59367028
印　　装 / 唐山玺诚印务有限公司

规　　格 / 开　本：787mm × 1092mm　1/16
　　　　　印　张：15.25　字　数：242 千字
版　　次 / 2022 年 12 月第 1 版　2024 年 2 月第 2 次印刷
书　　号 / ISBN 978 - 7 - 5228 - 0808 - 6
定　　价 / 98.00 元

读者服务电话：4008918866